Mandala

James Redfield

LA PROFEZIA DI CELESTINO

CORBACCIO

Titolo originale *The Celestine Prophecy*

Traduzione dall'originale americano
di *Alessandra De Vizzi*

I edizione Mandala: dicembre 1999

Il nostro indirizzo internet è: www.corbaccio.it

ISBN 88-7972-400-2

NOTA DELL'AUTORE

Da almeno mezzo secolo una nuova consapevolezza è entrata a far parte dell'universo umano, una presa di coscienza che può essere definita trascendente, spirituale. Se vi ritrovate a leggere questo libro, forse vi siete già accorti di cosa sta succedendo perché lo sentite dentro di voi.

In questo momento della storia noi sembriamo particolarmente sintonizzati con lo sviluppo stesso della vita, con quegli avvenimenti fortuiti che accadono proprio al momento giusto e ci fanno incontrare le persone capaci di avviare la nostra esistenza in una direzione nuova e ispiratrice.

Forse riusciamo a intuire il significato elevato di questi misteriosi avvenimenti più di quanto abbiano mai fatto le persone vissute prima di noi. Sappiamo che per ognuno di noi la vita è una rivelazione spirituale, seducente e magica, che nessuna filosofia o religione è riuscita finora a chiarire del tutto.

E siamo a conoscenza anche di qualcos'altro: sappiamo che nel momento in cui comprendiamo ciò che sta succedendo, mettendo in moto questa forma di crescita e mantenendola in vita, il genere umano effettuerà un incredibile balzo in avanti raggiungendo finalmente il nuovo stile di vita che ha inseguito nell'arco di tutta la sua storia.

Questa storia vi è offerta per conseguire la nuova comprensione. Se vi colpisce, esprimendo qualcosa che già percepite nella vita, passate questa vostra esperienza a qualcun altro – perché io credo che la nostra nuova consapevolezza della spiritualità si stia espandendo esattamente in questa direzione, non più tramite mode passeggere o pubblicità strampalate bensì a livello personale, attraverso una sorta di positivo contagio psicologico fra le persone.

Tutto ciò che dobbiamo fare è accantonare dubbi e distrazioni per il tempo necessario... e miracolosamente questa realtà diventerà nostra.

JR

Autunno 1992

A Sarah Virginia Redfield

I saggi brilleranno allora come lo splendore del firmamento e quelli che avranno insegnato a molti la giustizia, splenderanno come stelle per l'eternità. Or tu, Daniele, riponi queste parole e sigilla il libro fino al tempo della fine. Molti lo scruteranno e crescerà la loro conoscenza.

DANIELE 12,3-4

UNA MASSA CRITICA

Mi fermai davanti al ristorante e parcheggiai, appoggiandomi un attimo al sedile per pensare. Charlene mi aspettava già dentro, voleva parlarmi. Ma perché? Non la sentivo da sei anni: chissà per quale motivo si era fatta viva proprio una settimana dopo che mi ero ritirato a vita solitaria nei boschi. Uscii dal furgone e mi avviai verso il ristorante. Alle mie spalle l'orizzonte inghiottiva gli ultimi bagliori del tramonto e lame di luce color rame attraversavano il parcheggio bagnato. Soltanto un'ora prima un breve temporale aveva inzuppato ogni cosa, rinfrescando la serata estiva che la luce morente del crepuscolo rendeva quasi irreale. In cielo intanto era comparsa la luna.

Mentre camminavo la mia mente era affollata da vecchie immagini di Charlene. Era ancora bella e intensa? In che modo il tempo l'aveva cambiata? E cosa avrei dovuto pensare di quel manoscritto che mi aveva menzionato – un antico documento ritrovato in Sudamerica e di cui non vedeva l'ora di parlarmi?

«Devo aspettare due ore tra un volo e l'altro», mi aveva detto al telefono. «Possiamo vederci a cena? Il contenuto di questo manoscritto ti piacerà sicuramente – è proprio il genere di mistero che ti appassiona.»

Il mio genere di mistero? Che cosa aveva voluto dire?

Il ristorante era affollato, e alcune coppie stavano aspettando che si liberassero dei tavoli. La direttrice di sala mi disse che Charlene si era già accomodata e mi indirizzò verso una terrazza che sovrastava la sala da pranzo principale.

Salii alcuni gradini e mi accorsi che intorno a uno dei tavoli si era radunata una piccola folla. C'erano anche due poliziotti che a un tratto si girarono e scesero di corsa i gradini, oltrepassandomi. Appena l'assembramento di gente si disperse riuscii a vedere la persona che sembrava essere stata al centro dell'attenzione – una donna ancora seduta al tavolo... Charlene!

Mi avvicinai velocemente. «Charlene, cosa sta succedendo? C'è qualcosa che non va?»

Gettò indietro la testa, fingendosi esasperata, e si alzò esibendo il suo famoso sorriso. Mi accorsi che i suoi capelli avevano qualcosa di diverso, ma il viso era esattamente come lo ricordavo: lineamenti delicati, labbra carnose e grandi occhi blu.

«Non ci crederai mai», esclamò avvolgendomi in un abbraccio affettuoso. «Qualche minuto fa sono andata in bagno e qualcuno mi ha rubato la valigetta.»

«Cosa conteneva?»

«Niente di importante, solo libri e giornali che mi ero portata per il viaggio. È incredibile. La gente seduta agli altri tavoli mi ha raccontato che un tizio è venuto fin qui, l'ha presa e se ne è andato. Hanno fornito una descrizione alla polizia e gli agenti hanno detto che avrebbero perlustrato la zona.»

«Forse dovrei aiutarli.»

«No, no, lascia perdere. Non ho molto tempo a disposizione e ho bisogno di parlarti.»

Feci un cenno d'assenso, e Charlene suggerì di sederci. Si avvicinò un cameriere, e dopo aver sbirciato il menù facemmo le nostre ordinazioni. Per una quindicina di minuti discorremmo del più e del meno. Accennai in termini vaghi al mio ritiro sul lago, ma Charlene non si lasciò distrarre dalla mia imprecisione. Chinandosi in avanti mi sorrise di nuovo.

«Allora, cosa ti sta *veramente* succedendo?» mi chiese.

La fissai negli occhi intensamente. «Vuoi sentire subito tutta la storia, vero?»

«Come sempre», mi rispose.

«Dunque, la verità è che in questo periodo ho deciso di dedicare tempo a me stesso e quindi me ne sto sul lago. Finora ho lavorato sodo, e adesso sto pensando di dare una svolta alla mia vita.»

«Ricordo che mi avevi parlato di quel lago, ma credevo che tu e tua sorella aveste dovuto venderе.»

«Non ancora. Il problema sono le tasse patrimoniali: il terreno è molto vicino alla città e così le imposte continuano ad aumentare.»

Charlene annuì. «Che farai dopo?»

«Non lo so ancora. Qualcosa di diverso.»

Mi lanciò un'occhiata divertita. «Mi sembri irrequieto come tutti gli altri.»

«Immagino», commentai. «Perché me lo chiedi?»

«È nel Manoscritto.»

La guardai a mia volta, senza fare nessun commento.

«Parlami di questo Manoscritto», dissi.

Si appoggiò allo schienale come se volesse raccogliere le idee, poi tornò a fissarmi negli occhi. «Credo di averti già detto per telefono che alcuni anni fa ho lasciato il giornale e sono andata a lavorare per un'agenzia di ricerche che indaga sui cambiamenti culturali e demografici per conto delle Nazioni Unite. Il mio ultimo incarico è stato in Perù.

«Mentre ero laggiù a completare alcune ricerche presso l'Università di Lima, sentivo continuamente parlare del ritrovamento di un antico manoscritto – ma nessuno mi forniva il benché minimo dettaglio, nemmeno gli incaricati dei dipartimenti di archeologia o antropologia. E quando ho contattato in proposito il governo, anche loro hanno negato di saperne qualcosa.

«Una persona mi ha però confidato che in effetti il governo stava lavorando per eliminarlo per qualche motivo, anche se non ne sapeva molto.

«Tu mi conosci», continuò. «Io sono curiosa, e così quando il mio incarico è terminato ho deciso di restare nei paraggi un altro paio di giorni per vedere cosa sarei riuscita a scoprire. All'inizio ogni traccia che seguivo sembrava finire in un vicolo cieco, ma una volta, cenando in un locale fuori Lima, notai un sacerdote che mi fissava. Dopo un po' si avvicinò per dirmi che mi aveva sentita chiedere informazioni a proposito del Manoscritto. Non volle rivelarmi il suo nome ma accettò di rispondere a tutte le mie domande.»

Esitò per un istante, continuando a fissarmi intensamente. «Mi raccontò che il Manoscritto risale al 600 a.C. e predice un'imponente trasformazione nella società umana.»

«A partire da quando?» chiesi.

«Dalle ultime decadi del ventesimo secolo.»

«Adesso??»

«Sì, adesso.»

«Che genere di trasformazione?»

Per un istante mi sembrò imbarazzata, poi proseguì con vigore: «Il sacerdote mi spiegò che si tratta di una specie di rinascita della coscienza che avverrà con molta lentezza. Non è di natura religiosa, ma spirituale. Stiamo scoprendo qualcosa di nuovo a proposito della vita umana su questo pianeta e del significato della nostra esistenza e, secondo il prete, questa conoscenza modificherà enormemente la cultura».

Fece un'altra pausa e poi aggiunse: «Il Manoscritto è diviso in sezioni o capitoli, ognuno dei quali dedicato a una particolare percezione della vita. Secondo il documento, proprio in questi anni gli esseri umani cominciano a comprendere il significato delle percezioni in modo sequenziale, una dietro l'altra, in modo da passare dallo stato in cui si trova la Terra attualmente a una cultura completamente spirituale.»

Scossi la testa, sollevando le sopracciglia, cinico. «E tu ci credi?»

«Bene», esclamò. «Io penso...»

«Guardati intorno», la interruppi, indicando la folla seduta nella sala sotto di noi. «Questo è il mondo reale. Laggiù vedi forse qualcuno che sta cambiando?»

Proprio mentre lo dicevo, da un tavolo all'estremità del salone si sentì un'esclamazione rabbiosa, una frase che non riuscii a capire ma che era stata abbastanza forte da zittire tutti i presenti. Dapprima pensai che si trattasse di un'altra rapina, ma mi accorsi ben presto che era solo una lite. Una donna sulla trentina si era alzata di scatto e fissava indignata l'uomo seduto davanti a lei.

«No», urlava. «La nostra relazione non va come volevo! Capisci? Non funziona affatto!» Si ricompose, lanciò il tovagliolo sul tavolo e se ne andò.

Charlene e io ci guardammo in faccia, sconvolti per il fatto che quell'esplosione fosse avvenuta nel momento stesso in cui parlavamo della gente seduta sotto di noi. Alla fine Charlene indicò con un cenno del capo l'uomo rimasto seduto da solo al tavolo e commentò: «È il mondo reale che sta cambiando».

«In che modo?» le chiesi, ancora scosso.

«La trasformazione inizia con la Prima Illuminazione, e secondo il sacerdote questa affiora sempre inconsciamente, causando un profondo senso di irrequietezza.»

«Irrequietezza?»

«Sì.»

«Cosa stiamo cercando?»

«È proprio questo il punto! All'inizio non ne siamo sicuri. Secondo il Manoscritto cominciamo a intravedere un genere alternativo di esperienza... momenti nella nostra vita che ci sembrano in qualche modo diversi, più intensi e carichi di ispirazione. Non sappiamo però cosa sia questa esperienza, e nemmeno come farla durare, e quando finisce ci sentiamo inquieti e insoddisfatti per una vita che ci sembra nuovamente banale.»

«Tu credi che dietro alla rabbia di quella donna ci sia l'irrequietezza di cui parli?»

«Sì. Lei è esattamente come il resto di noi. Siamo tutti alla ricerca di appagamento nella nostra esistenza e non vogliamo assolutamente accontentarci. Questa ricerca incessante è ciò che si nasconde dietro all'atteggiamento 'io-prima-di-tutti' che aveva caratterizzato gli ultimi decenni, influenzando tutti quanti, dagli uomini d'affari di Wall Street alle bande di strada.»

Mi fissò. «E quando si tratta di rapporti umani, siamo talmente pieni di pretese da renderli quasi impossibili.»

La sua osservazione mi fece pensare alle mie due ultime relazioni. Entrambe erano iniziate con grande intensità per fallire poi nel giro di un anno. Quando tornai a concentrarmi su Charlene mi accorsi che era rimasta pazientemente in attesa.

«Per l'esattezza, cosa stiamo facendo alle nostre relazioni affettive?» le chiesi.

«Ne ho parlato a lungo con il sacerdote», mi rispose. «E lui mi ha spiegato che quando due persone pretendono troppo, e ognuno dei due si aspetta che l'altro viva per forza nel suo mondo affiancandolo in tutte le sue attività, si scatena inevitabilmente un conflitto di personalità.»

Rimasi colpito. Quelle due relazioni erano davvero degenerate in lotte di potere. In entrambi i casi mi ero trovato coinvolto in un vero e proprio conflitto di impegni: il ritmo era stato troppo veloce e avevamo sempre poco tempo per coordinare le nostre idee a proposito di cosa fare, dove andare, quali interessi seguire. Alla fine la questione di chi dovesse avere il controllo e determinare l'andamento della giornata era diventata una difficoltà insormontabile.

«A causa di questa lotta per il controllo», proseguì Charlene, «il Manoscritto dice che per noi sarà molto difficile rimanere a lungo con la stessa persona.»

«Non mi sembra molto spirituale», osservai.

«È esattamente quello che ho detto al sacerdote», ribatté lei. «Mi ha raccomandato di tenere a mente che mentre la maggior parte dei recenti malesseri della società possono essere dovuti a questa irrequietezza e ricerca, il problema delle relazioni è invece temporaneo, e verrà risolto. Stiamo finalmente cominciando a renderci conto di cosa cerchiamo e di cosa sia in realtà questa esperienza più soddisfacente. Quando l'avremo compresa del tutto, avremo raggiunto la Prima Illuminazione.»

Nel frattempo era arrivato il pranzo. Restammo in silenzio alcuni minuti ad assaggiare le nostre pietanze mentre il cameriere ci versava il vino. Charlene si allungò per prendere un pezzo di salmone dal mio piatto, arricciando il naso e ridacchiando. Mi accorsi di quanto mi trovassi a mio agio con lei.

«Va bene», esclamai. «In cosa consiste l'esperienza che stiamo cercando? Che cos'è la Prima Illuminazione?»

Esitò, incerta su come iniziare.

«È difficile da spiegare. Il sacerdote l'ha messa in questi termini: ha detto che la Prima Illuminazione avviene quando ci rendiamo conto delle *coincidenze* che si presentano nella nostra vita.»

Si chinò verso di me. «Hai mai avuto un presentimento o un'intuizione a proposito di qualcosa che volevi fare, di un cambiamento che volevi imporre alla tua esistenza, senza però sapere come metterlo in pratica? E poi, dopo che te ne sei quasi dimenticato concentrandoti su altre cose, improvvisamente incontri qualcuno, leggi qualcosa o finisci in un posto che ti conduce proprio a quella stessa opportunità che avevi immaginato...

«Bene», continuò. «Secondo il sacerdote queste coincidenze avvengono sempre più frequentemente, colpendoci più di quanto ci si aspetterebbe dal caso puro e semplice. Sembrano dovute al destino, come se la nostra vita fosse guidata da una forza inspiegabile. L'esperienza provoca una sensazione di mistero ed eccitazione, e come risultato noi ci sentiamo più vivi.

«Il sacerdote mi ha spiegato che si tratta dell'esperienza che abbiamo solo intravisto e che adesso cerchiamo di rivivere in continuazione. Ogni giorno sempre più persone si convincono che questo misterioso movimento sia reale e abbia un significato, e che ci sia qualcosa oltre la vita di tutti i giorni. Questa presa di coscienza è la Prima Illuminazione.»

Mi guardò ansiosa, ma io non dissi nulla.

«Non capisci?» mi domandò. «La Prima Illuminazione è la nuova considerazione del mistero che circonda la vita di ognuno su questo pianeta. Viviamo queste strane coincidenze e anche se non le comprendiamo sappiamo che sono reali. Esattamente come ci accadeva durante l'infanzia, ci rendiamo conto che esiste un lato della vita che non abbiamo ancora scoperto, qualche altro processo che si sta svolgendo dietro la facciata esteriore.»

Charlene si era fatta ancora più vicina, gesticolando mentre parlava.

«Questa storia ti interessa sul serio, vero?» le chiesi.

«Ricordo che un tempo eri tu a parlare di queste esperienze», ribatté secca.

Il suo commento mi colpì. Aveva perfettamente ragione: c'era stato un periodo della mia vita in cui avevo sperimentato le coincidenze di cui parlava e avevo perfino cercato di capirle dal punto di vista psicologico. Ma a un certo punto del mio cammino avevo cambiato modo di vedere le cose: per chissà quale motivo avevo cominciato a considerare tali percezioni irreali e immature, arrivando al punto di non ammetterne più l'esistenza.

Fissai Charlene, esclamando in tono difensivo: «Probabilmente all'epoca stavo leggendo libri di filosofia orientale o misticismo cristiano. Ecco cosa ti ricordi. Comunque, in passato hanno scritto più volte di quella che tu definisci Prima Illuminazione. Che differenza può esserci adesso? In che modo la percezione di alcuni avvenimenti misteriosi può portare a una trasformazione culturale?»

Charlene abbassò per un istante lo sguardo sul tavolo, poi tornò a fissarmi. «Cerca di non fraintendermi. È naturale che questa presa di coscienza sia già stata provata e descritta. In effetti il sacerdote ha messo in evidenza il fatto che la Prima Illuminazione non è affatto una novità. Mi ha spiegato che nell'arco della storia le persone sono sempre state consapevoli di certe coincidenze inspiegabili, e che questa consapevolezza è responsabile di molti tentativi di elaborare filosofie e religioni. La differenza sta tutta nei numeri: secondo il sacerdote la trasformazione sta avvenendo adesso grazie alla quantità di persone che sta sperimentando contemporaneamente tale consapevolezza.»

«Cosa voleva dire esattamente?» le chiesi.

«Secondo il Manoscritto il numero di individui consapevoli di tali coincidenze sarebbe aumentato in modo considerevole nel sesto decennio del ventesimo secolo. Questa crescita sarebbe durata fino a un dato periodo vicino all'inizio del secolo successivo, quando si sarebbe raggiunto un livello specifico di tali individui – un livello che io definirei come massa critica.

«Il Manoscritto predice», proseguì Charlene, «che una volta raggiunta questa massa critica l'intera cultura comincerà a prendere sul serio le esperienze fortuite. Ci chiederemo in massa quale processo misterioso sia alla base della vita umana su questo pianeta. E sarà proprio questa domanda, fatta nello stesso momento da un numero sufficiente di persone, a permettere anche a chi ne era stato escluso di raggiungere la piena consapevolezza – perché secondo il Manoscritto quando un numero adeguato di individui si interrogherà seriamente sul significato della vita noi cominceremo a scoprirlo. Le altre Illuminazioni verranno rivelate... una dopo l'altra.»

Si fermò per inghiottire un boccone.

«E quando saremo consapevoli delle altre Illuminazioni ci sarà la svolta della nostra cultura?»

«Questo è ciò che mi ha detto il sacerdote», rispose.

La guardai per un istante, contemplando l'idea di una massa critica, prima di riprendere: «Sai, mi sembra incredibilmente sofisticato per un Manoscritto redatto nel 600 a.C..»

«Lo so, è una questione che mi sono posta anch'io, ma il sacerdote mi ha assicurato che gli studiosi che lo hanno tradotto per primi erano del tutto convinti della sua autenticità. Soprattutto perché era scritto in aramaico, la stessa lingua in cui è stato redatto gran parte del Vecchio Testamento.»

«Aramaico in Sudamerica? Come ha fatto ad arrivarci nel 600 a.C.?»

«Il sacerdote non lo sapeva.»

«La sua Chiesa tollera il Manoscritto?»

«No. Mi ha raccontato che la maggior parte del clero ha cercato disperatamente di tenerlo nascosto. Per questo motivo non ha potuto dirmi il suo nome, anzi, il fatto stesso di averne parlato lo ha messo in grave pericolo.»

«Ti ha spiegato perché gli ecclesiastici sono così fermamente contrari?»

«Sì: perché quel documento mette in discussione l'integrità della loro religione.»

«In che modo?»

«Non lo so con esattezza. Non mi ha dato molte spiegazioni, ma a quanto pare le Illuminazioni successive ripropongono alcune idee tradizionali della Chiesa in un modo che ha messo in allarme gli esponenti più anziani, i quali vogliono mantenere le cose immutate.»

«Capisco.»

«Il sacerdote non crede che il Manoscritto possa minare i principi basilari della Chiesa, anzi, secondo lui ne chiarisce addirittura il significato. È convinto che i capi della Chiesa se ne renderebbero conto se cercassero di vedere ancora la vita come un mistero, procedendo poi attraverso le altre Illuminazioni.»

«Ti ha detto quante sono queste Illuminazioni?»

«No, ma ha nominato la Seconda: mi ha spiegato che si tratta di una più corretta interpretazione della storia recente, in grado di chiarire ulteriormente la trasformazione.»

«Ha potuto spiegartela a fondo?»

«No, non ne ha avuto il tempo. Mi ha detto che doveva assentarsi per occuparsi di un affare urgente. Eravamo d'accordo di incontrarci a casa sua quel pomeriggio stesso, ma quando sono arrivata lui non c'era. L'ho aspettato inutilmente per tre ore e alla fine ho dovuto andarmene per prendere il volo di ritorno.»

«Vuoi dire che non sei più riuscita a parlare con lui?»

«Esatto. Da allora non l'ho più visto.»

«E non hai mai ricevuto dal governo nessuna conferma riguardante il Manoscritto?»

«Nessuna.»

«Quando è successo?»

«Circa un mese e mezzo fa.»

Continuammo a mangiare in silenzio per alcuni minuti. Alla fine Charlene sollevò lo sguardo e mi chiese: «Allora, cosa ne pensi?»

«Non saprei», risposi. Se una parte di me rimaneva scettica all'idea che gli esseri umani potessero davvero cambiare, ero comunque stupito al pensiero che un simile Manoscritto potesse realmente esistere.

«Ti ha mostrato una copia o qualcosa del genere?» le domandai.

«No. Ho solo i miei appunti.»

Restammo ancora in silenzio.

«Sai, avevo pensato che ti saresti eccitato a sentire queste cose.»

La fissai. «Credo di aver bisogno di qualche prova che dimostri la veridicità di ciò che afferma il Manoscritto.»

Charlene mi rivolse un ampio sorriso.

«Che c'è?»

«È esattamente quello che ho detto anch'io.»

«A chi, al sacerdote?»

«Sì.»

«E lui cosa ti ha risposto?»

«Mi ha detto che l'esperienza è la prova.»

«In che senso?»

«Voleva dire che la nostra esperienza convalida le affermazioni del Manoscritto. Quando riflettiamo su come ci sentiamo dentro, sul modo in cui sta procedendo la nostra esistenza in questo periodo della storia, possiamo vedere che le idee espresse nel Manoscritto hanno un senso e sembrano vere.» Esitò. «Per te tutto ciò ha senso?»

Ci pensai un momento. C'era davvero una logica? Gli altri erano veramente irrequieti come me? Se lo erano, questa agitazione dipendeva dalla semplice percezione, costruita in trent'anni di vita, che nell'esistenza c'è qualcosa di più di quanto sappiamo, di quanto possiamo provare?

«Non ne sono sicuro», risposi alla fine. «Credo di aver bisogno di pensarci su.»

Uscii nel giardino del ristorante e rimasi in piedi accanto a una panchina di legno di cedro, davanti alla fontana. Alla mia destra potevo vedere le luci intermittenti dell'aeroporto, e sentivo rombare i motori di un jet pronto al decollo.

«Che fiori meravigliosi», esclamò Charlene alle mie spalle. Mi girai e la vidi arrivare lungo il sentiero, mentre ammirava le file di petunie e begonie che delimitavano l'area in cui ci si poteva sedere. Si fermò di fianco a me e io le misi un braccio intorno alle spalle, sentendomi assalire dai ricordi. Anni prima, quando vivevamo entrambi a Charlottesville, in Virginia, trascorrevamo insieme le serate a chiacchierare. La maggior parte delle nostre discussioni riguardava teorie accademiche e crescita psicologica. Eravamo chiaramente affascinati dagli argomenti che affrontavamo e da noi stessi, ma era incredibile come la nostra relazione fosse sempre rimasta platonica.

«Non so dirti quanto piacere mi abbia fatto rivederti», esclamò.

«Lo so. Incontrarti mi ha riportato alla mente un sacco di ricordi.»

«Chissà perché non siamo rimasti in contatto!»

La sua domanda mi fece tornare al passato. Ripensai all'ultima volta che l'avevo vista: io ero alla guida della mia auto e lei mi stava salutando. Era un periodo in cui mi sentivo pieno di nuove idee, e stavo tornando nella mia città natale per lavorare con bambini vittime di gravi maltrattamenti. Credevo di sapere come superassero certe reazioni intense, di capire quel modo di comportarsi ossessivo che impediva loro di continuare a vivere normalmente, ma con il passare del tempo il mio approccio era fallito ed ero stato costretto ad ammettere la mia ignoranza. Il modo in cui gli esseri umani si liberavano del loro passato per me era ancora un mistero.

Riesaminando gli ultimi sei anni ero sicuro che l'esperienza fosse stata utile, anche se al tempo stesso mi sentivo spinto a muovermi. Ma per andare dove? E a fare che cosa? Dai tempi in cui mi aveva aiutato a focalizzare le mie teorie sui traumi infantili mi era capitato di pensare a Charlene ben poche volte, e ora eccola tornata nella mia vita – e la nostra conversazione era eccitante come allora.

«Credo di essere rimasto completamente assorbito dal mio lavoro», le confidai.

«Anch'io. Al giornale c'era una storia dopo l'altra, non avevo il tempo di staccare gli occhi dalla scrivania e di pensare ad altro.»

Le strinsi affettuosamente una spalla. «Sai, Charlene, mi ero dimenticato come sia bello parlare con te: le nostre chiacchierate sono sempre così piacevoli e rilassanti.»

Lo sguardo e il sorriso che mi rivolse confermarono la mia sensazione. «Lo so, parlare con te mi ha sempre caricato di energia.»

Stavo per fare un altro commento quando mi accorsi che stava fissando un punto oltre le mie spalle, vicino all'entrata del ristorante, improvvisamente pallida e ansiosa.

«C'è qualcosa che non va?» le chiesi, girandomi a guardare in quella direzione. Alcune persone camminavano verso il parcheggio, chiacchierando indifferenti, e sembrava che non ci fosse nulla di insolito. Mi girai nuovamente a guardare Charlene, che aveva ancora un'aria allarmata e confusa.

«Cos'è stato?» le chiesi di nuovo.

«Oltre la prima fila di auto – hai visto quell'uomo con la camicia grigia?»

Guardai ancora verso il parcheggio, e scorsi un altro gruppo di persone che stavano uscendo. «Quale uomo?»

«Credo che adesso non ci sia più», rispose, allungandosi per vedere meglio.

Mi fissò negli occhi. «Descrivendo l'uomo che mi ha rubato la valigetta, i clienti seduti agli altri tavoli hanno detto che aveva la barba e i capelli radi, e indossava un camicia grigia. Mi è sembrato di averlo visto laggiù vicino alle macchine... e ci guardava.»

Sentii un nodo d'ansia allo stomaco. Dissi a Charlene che sarei tornato subito e mi diressi verso il parcheggio per dare un'occhiata più da vicino, stando attento a non allontanarmi troppo. Ma non vidi nessuno che corrispondesse a quella descrizione.

Quando tornai alla panchina Charlene mi venne vicino e mi chiese dolcemente: «Secondo te quella persona è convinta che io possieda una copia del Manoscritto, e per questo mi ha rubato la valigetta? Magari vuole riprovarci...»

«Non saprei, ma in ogni caso dobbiamo chiamare nuovamente la polizia e raccontare ciò che hai visto. Credo che dovrebbero anche controllare i passeggeri del tuo volo.»

Tornammo dentro, e quando arrivarono gli agenti li informammo di ciò che era successo. Per una ventina di minuti controllarono ogni auto, e alla fine ci spiegarono che non potevano perdere altro tempo. Accettarono comunque di controllare tutti i passeggeri del volo di Charlene.

Dopo che la polizia se ne fu andata ci trovammo ancora da soli in piedi vicino alla fontana.

«Di cosa stavamo parlando prima che io vedessi quell'uomo?» mi chiese.

«Stavamo parlando di noi due», le risposi. «Charlene, perché hai pensato di contattare proprio me per questa faccenda?»

Mi lanciò un'occhiata perplessa. «Perché quando ero in Perù e il sacerdote mi parlava del Manoscritto tu continuavi a venirmi in mente.»

«Davvero?»

«All'epoca non ci ho fatto molto caso ma più tardi, dopo essere tornata in Virginia, ogni volta che pensavo al Manoscritto mi venivi in mente tu. Sono stata più volte sul punto di chiamarti, ma c'era sempre qualcosa che mi distraeva. Poi mi hanno affidato un incarico a Miami, dove sto andando, e dopo essere salita a bordo dell'aeroplano ho scoperto che avrei fatto scalo proprio qui. Appena atterrata ho cercato il tuo numero di telefono, e anche se la tua segreteria telefonica diceva di contattarti al lago solo in caso di emergenza ho deciso che sarebbe stato giusto chiamarti.»

La guardai per un istante, indeciso su cosa pensare. «Naturalmente», le risposi alla fine. «Sono felice che tu l'abbia fatto.»

Charlene diede un'occhiata all'orologio che aveva al polso. «Si sta facendo tardi, è meglio che vada all'aeroporto.»

«Ti accompagno», mi offrii.

Arrivammo al terminal principale e ci dirigemmo verso la zona di imbarco. Mi guardai intorno alla ricerca di qualcosa di insolito. Quando arrivammo le operazioni di imbarco erano già iniziate, e uno dei poliziotti che avevamo incontrato stava scrutando tutti i passeggeri. Gli andammo vicino e lui ci riferì di aver osservato tutti quelli che dovevano salire a bordo, ma nessuno di loro corrispondeva alla descrizione del ladro.

Lo ringraziammo e, dopo che lui se ne fu andato, Charlene mi guardò sorridendo. «Credo sia meglio che me ne vada», esclamò, allungandosi per abbracciarmi. «Questi sono i miei numeri di telefono. Stavolta cerchiamo di restare in contatto.»

«Senti, voglio che tu faccia molta attenzione. Se vedi qualcosa di strano chiama subito la polizia.»

«Non preoccuparti per me», replicò Charlene. «Andrà tutto bene.»

Per un ultimo istante ci fissammo intensamente negli occhi.

«Che cosa farai per il Manoscritto?» mi decisi a chiederle.

«Non lo so. Probabilmente aspetterò di sentire notizie in proposito.»

«E se dovessero distruggerlo?»

Charlene mi offrì un altro dei suoi incredibili sorrisi. «Sapevo che saresti rimasto incastrato! Che cosa hai intenzione di fare tu?»

Strinsi le spalle. «Vedrò se posso scoprire qualcos'altro.»

«Bene. Se ci riesci, fammelo sapere.»

Ci salutammo di nuovo e se ne andò. La guardai mentre si girava a farmi un cenno, poi scomparve lungo il corridoio d'imbarco. Tornai sul lago a bordo del mio furgone fermandomi solo una volta a far benzina.

Appena arrivato andai a sedermi in una delle sedie a dondolo sul portico. Il silenzio della sera era infranto dal canto dei grilli e delle rane, oltre che dal verso dei primi uccelli notturni in lontananza. Dall'altra parte del lago, a ovest, la luna era calata, riflettendo i suoi raggi sulla superficie dell'acqua.

La serata era stata interessante, ma io ero ancora scettico circa l'idea di una trasformazione culturale. Come molte altre persone ero stato preda dell'idealismo sociale degli anni Sessanta e Settanta, e persino degli interessi spirituali degli Ottanta. Ma era difficile giudicare cosa stesse realmente accadendo: quali potevano essere le nuove informazioni in grado di modificare l'umanità intera? Sembrava tutto troppo idealistico e forzato. In fin dei conti gli esseri umani vivevano da tempo immemore su questo pianeta: perché mai avrebbero dovuto raggiungere una nuova percezione proprio adesso, dopo così tanto tempo? Lasciai correre lo sguardo sull'acqua per un po', poi spensi le luci e andai a leggere in camera da letto.

Il mattino dopo mi svegliai di soprassalto con un sogno ancora vivo nella mente. Per un istante fissai il soffitto, ricordando perfettamente ciò che avevo sognato. Stavo avanzando in una foresta immensa e splendida alla ricerca di qualcosa.

Cercando, mi ero trovato ad affrontare situazioni che mi facevano sentire completamente perso e confuso, incapace di decidere come procedere. Incredibilmente, tutte le volte appariva dal nulla una persona che sembrava avere l'incarico di chiarire le mie mosse successive. Non riuscii a individuare l'oggetto della mia ricerca, ma il sogno mi aveva comunque lasciato sollevato e sicuro di me.

Mi misi a sedere e notai un raggio di sole che filtrava dalla finestra, attraversava la stanza e faceva brillare i granelli di polvere. Aprii le tende: era una giornata radiosa, con il cielo blu e il sole luminoso. Una brezza gelida faceva oscillare dolcemente gli alberi. A quell'ora le acque del lago erano sicuramente increspate e luccicanti, e il vento avrebbe fatto rabbrividire un nuotatore.

Uscii fuori a tuffarmi. Risalii a galla e nuotai raggiungendo il centro del lago, girandomi sulla schiena per poter vedere le montagne così familiari. Il lago era incastonato in una profonda vallata in cui convergevano i crinali di tre montagne, un panorama splendido scoperto in gioventù da mio nonno.

Era ormai passato un secolo da quando mio nonno aveva attraversato per la prima volta quelle montagne, un esploratore bambino, un vero prodigio cresciuto in un mondo ancora selvaggio con puma, orsi e indiani Creek che vivevano in capanne primitive più a nord. A quell'epoca aveva giurato a se stesso che sarebbe andato a vivere in quella valle perfetta con gli alberi antichi e massicci e le sue sette fonti, e alla fine ce l'aveva fatta – aveva creato un lago e costruito un cottage, dal quale era poi partito per innumerevoli passeggiate con il suo nipotino. Anche se non avevo mai compreso del tutto l'attrazione che mio nonno provava per quella vallata, mi ero sempre impegnato a conservare la terra, anche quando la civilizzazione era avanzata arrivando a cingerla d'assedio.

Dal centro del lago potevo vedere una roccia particolare che emergeva vicino alla cima del crinale più a nord. Il giorno prima, seguendo la tradizione di mio nonno, mi ero arrampicato fin lassù cercando di trovare un po' di pace nel panorama e nel modo in cui il vento soffiava fra le tre cime. Mentre me ne stavo là seduto sorvegliando il lago e il denso fogliame nella vallata ai miei piedi, avevo cominciato a sentirmi meglio come se l'energia e il panorama stessero rimuovendo un ostacolo che mi ostruiva la mente. Alcune ore più tardi avevo parlato con Charlene, e avevo sentito nominare per la prima volta il Manoscritto.

Nuotai verso riva e salii sul pontile di legno davanti alla casa. Ma tutto questo era troppo, perché io vi potessi credere. Voglio dire, me ne stavo nascosto in mezzo alle montagne, deluso dalla vita, quando a un tratto salta fuori Charlene e mi spiega le cause della mia irrequietezza – citando un vecchio manoscritto che promette di svelare il segreto dell'esistenza umana.

Ma al tempo stesso sapevo che l'arrivo di Charlene era proprio il tipo di coincidenza di cui parlava il Manoscritto, troppo improbabile per essere semplicemente frutto del caso. Era possibile che quell'antico documento dicesse il vero? Che avessimo lentamente creato, nonostante il nostro rifiuto e cinismo, una massa critica di persone consapevoli di queste coincidenze? Gli esseri umani erano dunque in grado di capire questo fenomeno e potevano finalmente comprendere il vero scopo dell'esistenza?

Mi domandai cosa avrebbe potuto essere questa nuova comprensione. Ce l'avrebbero forse detto le altre Illuminazioni del Manoscritto, così come aveva anticipato il sacerdote?

Dovevo prendere una decisione. A causa di quel manoscritto vedevo apparire nella mia vita una nuova direzione, un nuovo interesse. La questione era decidere cosa fare. Avrei potuto rimanere dov'ero o cercare il modo per continuare a indagare. Cercai di analizzare la questione del pericolo. Chi aveva rubato la valigetta di Charlene? Qualcuno era forse al lavoro per distruggere il Manoscritto? E io come avrei potuto scoprirlo?

Pensai a lungo a tutti i possibili rischi, ma alla fine il mio ottimismo ebbe il sopravvento. Decisi di non preoccuparmi: sarei stato molto attento e avrei agito con calma. Tornai in casa e telefonai all'agenzia di viaggi che aveva l'annuncio più vistoso sulle pagine gialle. L'agente con cui parlai mi assicurò che mi avrebbe organizzato il viaggio in Perù. Per puro caso avrei potuto approfittare di una cancellazione – si trattava di un volo completo di prenotazione già confermata presso un albergo di Lima. Mi disse che avrei ottenuto un grosso sconto sul pacchetto... se fossi partito nel giro di tre ore.

Tre ore?

UN PRESENTE PIÙ ESTESO

Dopo preparativi frenetici e una corsa folle sull'autostrada, arrivai all'aeroporto appena in tempo per ritirare il mio biglietto e prendere l'aereo per il Perù. Mi avviai verso la coda dell'aereo e mi lasciai cadere su un sedile accanto al finestrino, in preda alla stanchezza.

Pensai di schiacciare un sonnellino, ma quando mi allungai e chiusi gli occhi mi accorsi che non riuscivo a rilassarmi. Ero nervoso e perplesso per il viaggio. Ero forse impazzito a partire così senza nessuna preparazione? Dove sarei andato, e soprattutto, una volta in Perù, a chi mi sarei rivolto?

La sicurezza che avevo provato sul lago stava velocemente cedendo il posto allo scetticismo. Sia la Prima Illuminazione sia la trasformazione culturale tornarono a sembrarmi bizzarre e irreali. Per come la vedevo io, l'idea di una Seconda Illuminazione era altrettanto improbabile. Come avrebbe mai potuto una nuova prospettiva storica mettere in moto la nostra percezione delle coincidenze, rendendone consapevole la mente umana?

Mi allungai ancora un po' e tirai un respiro profondo. Forse sarebbe stato un viaggio inutile, conclusi tra me, una veloce scappata in Perù e ritorno. Una perdita di denaro, magari, ma senza danni veri e propri.

L'aereo fece un balzo in avanti e rullò sulla pista. Chiusi gli occhi e sentii un leggero senso di vertigine mentre il gigantesco reattore raggiungeva la velocità critica e si alzava in una spessa nube. Quando raggiungemmo la quota di crociera riuscii finalmente a rilassarmi e mi addormentai. Trenta o quaranta minuti dopo una forte turbolenza mi svegliò, e ne approfittai per andare alla toilette.

Attraversando l'area riservata al bar notai in piedi, accanto a un finestrino, un uomo alto con un paio di occhiali rotondi, che parlava con una hostess. Mi lanciò una breve occhiata e riprese subito a parlare. Aveva i capelli castano scuro e dimostrava circa quarantacinque anni. Per un istante mi sembrò di riconoscerlo, ma dopo averlo osservato da vicino mi ricredetti. Passandogli accanto ebbi modo di captare un brandello di conversazione.

«Grazie lo stesso», diceva l'uomo. «Pensavo, dal momento che va spesso in Perù, che magari avesse sentito parlare del Manoscritto.» Si girò, avviandosi verso la parte anteriore dell'aereo.

Ero sconvolto. Possibile che stesse parlando di *quel* Manoscritto? Andai alla toilette e cercai di decidere cosa fare. Una parte di me voleva dimenticare l'episodio: probabilmente quell'uomo stava parlando di chissà cosa, magari di un altro libro.

Tornai al mio posto e chiusi nuovamente gli occhi, deciso a cancellare l'incidente, felice di non dover chiedere allo sconosciuto di cosa stesse parlando. Ma mentre me ne stavo là seduto ripensai all'eccitazione che avevo provato sulle rive del lago. E se quell'uomo avesse davvero avuto qualche informazione sul Manoscritto? Cosa sarebbe potuto accadere in quel caso? Se non mi fossi interessato non lo avrei mai saputo.

Dopo una lunga esitazione, alla fine mi alzai e andai verso la parte anteriore dell'aereo. L'uomo era a metà del corridoio. Proprio dietro di lui c'era un posto vuoto. Tornai indietro e dissi a una hostess che avevo deciso di spostarmi, raccolsi tutta la mia roba e andai a sedermi. Dopo alcuni minuti gli diedi un colpetto sulla spalla.

«Mi scusi», dissi. «L'ho sentita parlare di un manoscritto: si riferiva forse a quello trovato in Perù?»

La sua prima reazione fu sorpresa, poi cauta. «Sì», mi rispose esitante.

Mi presentai, spiegandogli che una mia amica era stata in Perù recentemente e mi aveva informato dell'esistenza del Manoscritto. A quel punto l'uomo si rilassò e disse di chiamarsi Wayne Dobson, assistente di storia alla New York University.

Mentre parlavamo scorsi lo sguardo irritato del signore seduto di fianco a me. Era appoggiato allo schienale e stava evidentemente cercando di dormire.

«Lei ha visto il Manoscritto?» chiesi al professore.

«Alcune parti. E lei?»

«No, ma la mia amica mi ha parlato della Prima Illuminazione.» L'uomo accanto a me cambiò posizione.

Dobson lo guardò. «Mi scusi, signore, mi rendo conto che la disturbiamo. Le spiacerebbe cambiare di posto con me?»

«No», rispose l'uomo. «È senz'altro meglio.»

Ci alzammo tutti, spostandoci in corridoio, poi io scivolai di nuovo nel posto accanto al finestrino e Dobson sedette di fianco a me.

«Mi racconti quello che ha sentito a proposito della Prima Illuminazione», mi disse Dobson.

Restai un attimo in silenzio cercando di ricapitolare tutto ciò che avevo capito. «Credo che la Prima Illuminazione sia la consapevolezza dei fatti misteriosi che cambiano la vita di una persona, la sensazione che sia in atto qualche altro processo.»

Dicendo queste cose mi sentivo assurdo.

Dobson si accorse del mio disagio. «Cosa ne pensa di questa consapevolezza?»

«Non saprei.»

«Non si adatta molto al senso comune dei nostri giorni, vero? Non si sentirebbe meglio dimenticandosi di tutta questa faccenda e tornando a occuparsi di cose più pratiche?»

Scoppiai a ridere, facendo cenno di sì con la testa.

«Vede, questa è la tendenza generale. Anche se di tanto in tanto abbiamo la chiara visione che nella vita ci sia qualcosa di più, il nostro modo abituale di pensare ci porta a credere che sia impossibile riconoscere tali sensazioni, ignorando di conseguenza la relativa presa di coscienza. Ecco perché è necessaria la Seconda Illuminazione: se inseriamo la nostra nuova consapevolezza nel giusto scenario storico ci sembrerà senz'altro più valida.»

Feci un altro cenno d'assenso. «Dunque, in qualità di storico lei pensa che la predizione del Manoscritto riguardante una trasformazione globale sia esatta?»

«Sì.»

«In qualità di storico?»

«Sì. Bisogna però considerare la storia nel modo esatto.» Tirò un respiro profondo. «Mi creda, io faccio questa affermazione dopo aver studiato e insegnato storia per molti anni nel modo sbagliato! Ero solito concentrarmi esclusivamente sui successi tecnologici della civiltà e sui grandi uomini che avevano reso possibili tali progressi.»

«Che cosa c'è di sbagliato in questo approccio?»

«Niente, entro certi limiti. Ma ciò che conta davvero è la

visione del mondo di ogni periodo storico, ciò che la gente sentiva e pensava. Mi ci è voluto molto tempo per capirlo. La storia dovrebbe fornire la conoscenza del contesto più ampio entro il quale si svolge la nostra vita: non è solo l'evoluzione della tecnologia, ma anche e soprattutto quella del pensiero. Se riusciamo a capire la realtà delle persone che ci hanno preceduto possiamo capire perché abbiamo una determinata visione del mondo e quale sia il nostro contributo per un ulteriore progresso. Si può dire che, identificando con precisione la nostra provenienza nel più ampio sviluppo della civiltà, possiamo capire dove stiamo andando.»

Fece una breve pausa prima di aggiungere: «L'effetto della Seconda Illuminazione è quello di fornire con esattezza questo tipo di prospettiva storica, almeno dal punto di vista del pensiero occidentale. Colloca le predizioni del Manoscritto in un contesto più ampio che le rende non solo più credibili ma addirittura inevitabili».

Chiesi a Dobson quante Illuminazioni avesse visto, e lui mi rispose di aver letto solo le prime due. Le aveva scovate, mi spiegò, dopo che alcune voci sul Manoscritto l'avevano spinto a un breve viaggio in Perù tre settimane prima.

«Una volta arrivato in Perù», continuò, «incontrai due persone che mi confermarono l'esistenza del Manoscritto, anche se apparivano terrorizzate solo a parlarne. Mi raccontarono che il governo era impazzito e stava minacciando anche fisicamente chiunque fosse in possesso di copie o si limitasse a divulgare informazioni.»

Si fece serio. «Ciò mi rese nervoso, ma più tardi in albergo un cameriere mi raccontò di un sacerdote che parlava spesso del Manoscritto. Quando mi riferì che il prete stava combattendo contro il governo, determinato a distruggere il documento, non potei fare a meno di andare nella casa in cui si diceva che questo religioso trascorresse gran parte del suo tempo.»

Dovetti sembrare stupito, perché Dobson mi chiese: «C'è qualcosa che non va?»

«La mia amica», gli risposi, «quella che mi ha parlato del Manoscritto, ha saputo tutto da un sacerdote. Non ha voluto dirle il suo nome, ma hanno discusso insieme della Prima Illuminazione. Avrebbe dovuto incontrarlo ancora ma lui non si è più fatto vedere.»

«Può darsi sia lo stesso uomo», osservò Dobson. «Neanch'io sono riuscito a trovarlo. La casa era sbarrata e sembrava disabitata.»

«Non l'ha mai visto?»

«No, ma decisi di dare un'occhiata in giro. Sul retro c'era un vecchio edificio adibito a magazzino, aperto, e per chissà quale ragione andai a esplorarne l'interno. Dietro a un mucchio di immondizia, sotto una trave, trovai la traduzione della Prima e della Seconda Illuminazione.»

Mi guardò con l'aria di chi la sa lunga.

«Le è semplicemente capitato di trovarle?»

«Sì.»

«E le ha portate con sé in questo viaggio?»

Scrollò la testa. «No, ho pensato di studiarle attentamente e di lasciarle poi a qualche mio collega.»

«Potrebbe farmi un riassunto della Seconda Illuminazione?» gli chiesi.

Vi fu una lunga pausa, poi Dobson sorrise e annuì. «Credo sia il motivo per cui siamo qui.»

«La Seconda Illuminazione», mi spiegò, «inserisce la nostra attuale presa di coscienza in una prospettiva storica più ampia. Dopo tutto, quando gli anni Novanta saranno conclusi ci troveremo alla fine non solo del ventesimo secolo ma anche di un periodo storico di mille anni. Avremo terminato il secondo millennio. Per riuscire a comprendere dove siamo e cosa sta per accaderci, noi occidentali dobbiamo prima capire cosa è realmente avvenuto nell'arco di questi mille anni.»

«Cosa dice esattamente il Manoscritto?»

«Dice che alla fine del secondo millennio – e cioè adesso – saremo in grado di vedere l'intero periodo storico nella sua completezza, identificando una particolare preoccupazione che si era sviluppata nella seconda metà di questo millennio in quella che è stata definita l'Era Moderna. La nostra consapevolezza delle coincidenze rappresenta oggi una sorta di risveglio da questa preoccupazione.»

«Ma in cosa consiste questa preoccupazione?»

Mi rivolse un sorrisetto malizioso. «È pronto a rivivere il millennio?»

«Certo, dica pure.»

«Non è abbastanza che io gliene parli. Si ricordi ciò che ho detto prima: per capire la storia lei deve comprendere il modo in cui si è sviluppata la sua visione quotidiana del mondo, così come è stata creata dalla realtà delle persone che hanno vissuto prima di lei. Ci sono voluti mille anni perché si evolvesse la moderna visione del mondo e, per capire veramente dove si trova oggi, lei deve ritornare all'anno mille e avanzare poi attraverso il millennio in modo empirico, come se avesse effettivamente vissuto l'intero periodo storico nell'arco della sua vita.»

«Come posso fare?»

«La guiderò io.»

Esitai un istante, sbirciando fuori dal finestrino la terra che si estendeva sotto di noi. Cominciavo già a percepire il tempo in modo diverso.

Mi decisi infine ad accettare. «Ci proverò.»

«Benissimo. Provi a immaginare di vivere nell'anno Mille in quello che abbiamo chiamato Medio Evo. La prima cosa da capire è che la realtà di questa epoca viene definita dai potenti ecclesiastici della Chiesa cristiana. Grazie alla loro posizione questi uomini avevano una grande influenza sulle menti del popolo. E il mondo da loro descritto come reale è prima di tutto spirituale. Essi creano una realtà che mette la loro teoria riguardante il progetto di Dio per il genere umano al centro stesso dell'esistenza.

«Provi a visualizare questo», continuò Dobson. «Lei si ritrova nella stessa classe sociale di suo padre – che può essere un contadino o un aristocratico – e sa che per tutta la vita sarà confinato in tale ceto. Ma senza preoccuparsi della classe di cui fa parte o del lavoro specifico che è costretto a svolgere, lei si rende ben presto conto che la posizione sociale è secondaria rispetto alla realtà spirituale della vita come la definiscono gli ecclesiastici.

«Scopre quindi che la vita consiste nel superare una prova spirituale. Gli uomini di Chiesa spiegano che Dio ha messo l'uomo al centro del suo universo, circondato dal cosmo intero, per un solo scopo: ottenere o perdere la salvezza. E in questa prova lei deve scegliere correttamente tra due forze opposte: il potere di Dio e le tentazioni nascoste del diavolo.

«Deve rendersi conto che non sta affrontando questa contesa da solo», continuò. «In effetti, come individuo lei non è qualificato a determinare la sua posizione. Questa è di dominio degli uomini di Chiesa: sono loro a interpretare le Scritture e a dire in ogni momento se una persona si comporta seguendo le regole di Dio o se viene tratta in inganno da Satana. Se lei segue le loro istruzioni può essere sicuro che sarà ampiamente ricompensato nell'altra vita. Ma se non le tiene nel debito conto... l'aspettano la scomunica e la dannazione sicura.»

Dobson mi fissò con intensità. «Il Manoscritto dice che la cosa importante da capire è che ogni aspetto del mondo medievale è definito in termini ultra-mondani. Tutti i fenomeni della vita – dal temporale al terremoto, dall'abbondanza del raccolto alla morte di una persona cara – vengono definiti come espressione della volontà di Dio o della malvagità del demonio. Non esiste alcun concetto di clima, forze geologiche, orticoltura o malattia: tutto ciò sarà spiegato più in là nel tempo. Per il momento lei deve credere senza riserve agli uomini di Chiesa; il mondo che lei dà per scontato agisce esclusivamente secondo mezzi spirituali.»

Smise di parlare, fissandomi. «Mi segue?»

«Sì, riesco a vedere quella realtà.»

«Bene, adesso provi a immaginare che quella realtà cominci a sgretolarsi.»

«In che senso?»

«La visione del mondo medievale, che è poi la sua, inizia ad andare a pezzi tra il quattordicesimo e il quindicesimo secolo. Per prima cosa lei nota alcune scorrettezze da parte degli ecclesiastici: per esempio la violazione del voto di castità, o una evidente complicità con il potere che viene alla luce quando i responsabili del governo violano le leggi delle Sacre Scritture.

«Queste improprietà la mettono in allarme perché gli uomini di Chiesa si sono sempre dichiarati l'unico legame fra l'uomo e Dio. Si ricordi che sono gli interpreti esclusivi delle Sacre Scritture, i soli arbitri della sua salvezza.

«Di colpo si trova nel mezzo di una improvvisa ribellione. Un gruppo guidato da Martin Lutero chiede il distacco totale dalla cristianità papale, dichiarando che gli ecclesiastici sono corrotti ed è quindi necessario che il loro controllo sulle menti della gente abbia fine. Sorgono così nuove Chiese basate sull'idea che ogni persona deve essere in grado di accedere direttamente alle Scritture e interpretarle come preferisce, senza nessun intermediario.

«Lei assiste sconvolto al successo di questa ribellione. Gli uomini di Chiesa cominciano a perdere. Per secoli hanno definito la realtà e ora, proprio davanti ai suoi occhi, stanno perdendo la loro credibilità. Di conseguenza il mondo intero viene messo in discussione. Il chiaro consenso circa la natura dell'universo e lo scopo dell'esistenza del genere umano, basato com'era sulla descrizione degli ecclesiastici, sta crollando – lasciando lei e tutti gli altri esseri umani che vivono secondo la cultura occidentale in una posizione molto precaria.

«Dopo tutto, lei è abituato ad avere un'autorità superiore che definisce la realtà e senza questa direzione esterna si sente perso e confuso. Se la definizione di realtà data dai preti e la loro giustificazione dell'esistenza umana sono sbagliate, si domanda lei, allora che cosa è giusto?»

Si fermò un istante. «Riesce a vedere che impatto ha avuto questo crollo sulla gente dell'epoca?»

«Immagino sia stato abbastanza sconvolgente.»

«A dir poco», replicò Dobson. «Ci fu un cambiamento radicale. La visione del vecchio mondo veniva messa in discussione ovunque. Prima della fine del 1600 gli astronomi avevano dimostrato oltre ogni ragionevole dubbio che il sole e le stelle non ruotavano intorno alla terra come dichiarato dalla Chiesa. La terra non era altro che un minuscolo pianeta che orbitava intorno a un sole minore in una galassia contenente miliardi di astri.»

Si chinò verso di me. «Questo è importante: il genere umano ha perso la sua posizione al centro dell'universo di Dio. Vede l'effetto che ha avuto? Quello che lei prova ora vedendo il variare del clima, le piante che crescono o qualcuno che muore improvvisamente è una sensazione di ansiosa perplessità. In passato avrebbe detto che il responsabile era Dio o il diavolo, ma con il dissolversi della visione medievale questa certezza scompare. Tutte le cose che aveva dato per scontate hanno bisogno di una nuova definizione, specialmente per ciò che riguarda la natura di Dio e del rapporto tra Dio e l'uomo.

«Con tale consapevolezza», proseguì Dobson, «inizia l'Era Moderna. Con un crescente spirito democratico e una sfiducia diffusa nei confronti dell'autorità, papale o laica. Le definizioni dell'universo basate sulla speculazione o sulla fede nelle Scritture non vengono più automaticamente accettate. Nonostante la perdita di tali certezze la gente non è più disposta a rischiare che qualche nuovo gruppo controlli la realtà come avevano fatto gli uomini di Chiesa. Se lei fosse stato presente all'epoca avrebbe partecipato alla creazione di un nuovo mandato per la scienza.»

«Di cosa?»

Dobson scoppiò a ridere. «Lei avrebbe dato un'occhiata al vasto e indefinito universo e avrebbe pensato, proprio come facevano i filosofi, che era necessario trovare un metodo per creare un nuovo metro di giudizio, un modo per esplorare sistematicamente questo nuovo mondo. E avrebbe chiamato questo nuovo sistema di scoprire la realtà 'metodo scientifico', cioè verificare un'idea circa il funzionamento dell'universo, arrivare poi a una conclusione e offrire il risultato agli altri per vedere se sono d'accordo.

«Poi», continuò, «avrebbe istruito esploratori in grado di analizzare questo nuovo universo, tutti armati di metodo scientifico, e avrebbe affidato loro una missione storica: Esplorate questo luogo, scoprite come funziona e cosa significa il fatto che noi viviamo qui.

«Lei sapeva di aver perso la certezza di un universo governato da Dio e di conseguenza la certezza della natura di Dio stesso. Ma sentiva anche di avere un metodo, un processo per creare un'opinione pubblica con cui avrebbe potuto scoprire la natura di tutto ciò che la circondava, compresi Dio e il vero scopo dell'esistenza dell'umanità sul pianeta. Così ha inviato esploratori alla scoperta della vera natura della vostra situazione che tornassero a riferire.»

Si interruppe di nuovo.

«Il Manoscritto», riprese, «dice che a questo punto per noi uomini è iniziata la preoccupazione da cui ci stiamo liberando adesso. Abbiamo mandato in giro gli esploratori perché ci riportassero la spiegazione completa della nostra esistenza, ma a causa della complessità dell'universo i nostri inviati non riuscirono a fare ritorno in tempo.»

«In cosa consisteva la preoccupazione?»

«Ritorni ancora a quel tempo», mi suggerì. «Quando il metodo scientifico non riuscì a scoprire una nuova immagine di Dio e dello scopo dell'umanità sulla terra, la mancanza di certezza e significato influenzò profondamente la cultura occidentale. Avevamo bisogno di qualcos'altro da fare finché non fossero emerse le risposte alle nostre domande. Alla fine giungemmo a quella che sembrava una soluzione perfettamene logica. Ci guardammo in faccia e: 'Bene, dato che gli esploratori non sono ancora tornati per svelarci la nostra effettiva situazione spirituale, perché nell'attesa non ci sistemiamo meglio in questo mondo? Di sicuro stiamo imparando abbastanza per riuscire a utilizzare a nostro favore il nuovo universo: perché nel frattempo non ci diamo da fare per migliorare il nostro livello di vita e il senso di sicurezza?' »

Dobson mi sorrise. «Ed è proprio ciò che abbiamo fatto. Quattro secoli fa! Ci scrollammo di dosso quella sensazione di smarrimento prendendo possesso dei nostri destini, dedicandoci alla conquista della terra e allo sfruttamento delle sue risorse per migliorare la qualità di vita. Solo adesso, che ci avviciniamo alla fine del millennio, siamo in grado di vedere che cosa successe. La nostra concentrazione si era lentamente trasformata in una preoccupazione. Ci eravamo persi completamente sostituendo una sicurezza laica di tipo economico a quella spirituale di un tempo. La questione del perché vivevamo e degli eventi spirituali venne lentamente messa da parte e poi cancellata.»

Mi guardò intensamente e aggiunse: «Lavorare per raggiungere una alta qualità di vita è infine diventata l'unica ragione della nostra esistenza, e noi abbiamo gradualmente e sistematicamente dimenticato la domanda originaria... Abbiamo scordato che ancora oggi non sappiamo perché sopravviviamo».

Fuori dal finestrino, in lontananza sotto di noi, potevo distinguere una grande città. A giudicare dalla rotta doveva trattarsi di Orlando, in Florida. Rimasi colpito dallo schema geometrico di strade e viali, dalla configurazione così ordinata e precisa di ciò che gli esseri umani avevano costruito. Guardai Dobson: aveva gli occhi chiusi e sembrava stesse dormendo. Per un'ora mi aveva dato altre informazioni riguardanti la Seconda Illuminazione, finché era stato servito il pranzo. Mentre mangiavamo gli avevo raccontato di Charlene e del motivo per cui avevo deciso di andare in Perù. In seguito avevo avuto voglia solo di lasciar correre lo sguardo sulle formazioni di nubi, meditando su ciò che Dobson mi aveva raccontato.

«Allora, cosa ne pensa?» mi domandò a un tratto scrutandomi con aria assonnata. «È riuscito ad afferrare la Seconda Illuminazione?»

«Non ne sono sicuro.»

Indicò con un cenno del capo gli altri passeggeri. «Le sembra di avere una prospettiva più chiara sull'universo umano? Si è accorto di quanto siano preoccupati gli altri? Questa prospettiva spiega molte cose. Quante persone conosce ossessionate dal lavoro, che soffrono di malattie dovute all'eccessiva tensione e che non riescono a rallentare il ritmo? Non possono farlo perché usano le loro abitudini per distrarsi, per ridurre la vita alle considerazioni più pratiche. E lo fanno per non pensare all'incertezza del significato dell'esistenza.

«La Seconda Illuminazione amplia la nostra consapevolezza del tempo storico», aggiunse. «Ci insegna a osservare la cultura non solo dal punto di vista della nostra esperienza ma da quello di un intero millennio. Emerge così la nostra preoccupazione, e in questo modo siamo in grado di superarla. Lei ha appena sperimentato questa storia ampliata, e adesso vive in un presente più esteso. Guardando il genere umano dovrebbe riuscire a vedere la mania ossessiva che è l'intensa preoccupazione legata al progresso economico.»

«Ma cosa c'è di sbagliato in tutto ciò?» protestai. «È proprio quello che ha reso così grande la civiltà occidentale.»

Dobson scoppiò in una sonora risata. «Naturalmente lei ha ragione, nessuno afferma che ciò sia sbagliato. In effetti secondo il Manoscritto la preoccupazione è stata una forma di sviluppo necessario, una fase dell'evoluzione umana. A questo punto però abbiamo dedicato abbastanza tempo a sistemarci nel mondo. È arrivato il momento di destarci e prendere in esame la questione originaria: cosa c'è oltre la vita su questo pianeta? Qual è il vero motivo per cui ci troviamo qui?»

Lo fissai a lungo, poi mi decisi a chiedergli: «Lei crede che le altre Illuminazioni siano la risposta a queste domande?»

Dobson inclinò la testa. «Credo valga la pena di dar loro un'occhiata. Spero solo che nessuno distrugga il resto del Manoscritto prima di riuscire a scoprirlo.»

«Come è possibile che il governo peruviano creda di poter distruggere un documento così importante e di cavarsela senza problemi?» gli domandai.

«Ovviamente lo farebbero di nascosto», rispose. «La versione ufficiale è che non esiste nessun Manoscritto.»

«Mi sarei aspettato un attacco deciso da parte della comunità scientifica.»

L'espressione sul viso di Dobson era decisa. « Infatti. Questo è il motivo per cui sto tornando in Perù. Io rappresento una decina di importanti studiosi che hanno fatto richiesta affinché il documento originale venga reso pubblico. Ho inviato una lettera ai responsabili dei dipartimenti interessati del governo peruviano avvisandoli del mio arrivo e specificando che mi aspetto collaborazione. »

« Capisco. Mi domando quale sarà la loro reazione. »

« Probabilmente negheranno, ma almeno ci sarà stato un avvio ufficiale. »

Si girò dall'altra parte, profondamente assorto nei suoi pensieri, e io ripresi a guardare fuori dal finestrino. Vedendo la terra sotto di noi, mi trovai a pensare che la tecnologia dell'aeroplano su cui ci trovavamo racchiudeva quattro secoli di progresso. Avevamo imparato molto sul modo di utilizzare le risorse della terra. Mi chiesi quante persone, anzi, quante generazioni fossero state necessarie per creare i prodotti e la tecnologia che aveva permesso la fabbricazione di quell'aeroplano. E quanti avevano trascorso l'intera esistenza concentrandosi su un minuscolo dettaglio, un piccolissimo miglioramento, senza mai sollevare il capo dalla loro preoccupazione personale?

Improvvisamente, il periodo storico di cui Dobson e io avevamo discusso sembrò comporsi integralmente nella mia coscienza. Riuscivo a vedere con chiarezza l'intero millennio come se facesse parte della mia stessa vita. Un migliaio di anni prima avevamo vissuto in un mondo in cui Dio e la spiritualità umana erano chiaramente definiti. E poi l'avevamo perso, o meglio, avevamo stabilito che doveva esserci qualcosa di più. Proprio per questo avevamo inviato nel mondo gli esploratori che avrebbero dovuto scoprire la verità e tornare a informarci, e vedendo che ci mettevano troppo tempo avevamo cominciato a concentrarci su un altro scopo, nuovo e laico: quello di sistemarci il meglio possibile nel nostro mondo, rendendoci la vita più confortevole.

E infatti ci eravamo sistemati. Avevamo scoperto che i metalli potevano essere fusi per fabbricare utensili di ogni genere, avevamo scoperto poi forme di energia (prima il vapore, poi il gas, l'elettricità e infine la fissione nucleare) e organizzato l'agricoltura e la produzione di massa. Eravamo così arrivati a controllare immensi magazzini pieni di merci e vaste reti di distribuzione.

Alla base di tutto c'era la spinta al progresso, il desiderio di ogni individuo di provvedere alla propria sicurezza personale, suo scopo principale in attesa della rivelazione della verità. Avevamo deciso di creare una vita più piacevole per noi e i nostri figli, e nel giro di soli quattrocento anni la nostra preoccupazione aveva dato origine a un mondo in cui si produceva tutto ciò che era indispensabile a un migliore tenore di vita. Il problema era che la nostra spinta unidirezionale e ossessiva per la conquista della natura e del benessere aveva inquinato i sistemi naturali del pianeta, portandoli sulla soglia del collasso. Non potevamo più andare avanti in questo modo.

Dobson aveva ragione. La Seconda Illuminazione avrebbe reso inevitabile la nostra nuova consapevolezza. La nostra cultura stava per raggiungere lo scopo. Stavamo per ottenere ciò che avevamo collettivamente deciso di perseguire, e proprio mentre ciò accadeva la nostra preoccupazione cominciava a svanire e noi diventavamo consapevoli di qualcos'altro. Potevo quasi vedere l'impulso dell'Era Moderna diminuire d'intensità con l'avvicinarsi della fine del millennio. L'ossessione che durava da quattrocento anni si era ormai esaurita: avevamo creato i mezzi necessari alla sicurezza materiale e ora sembravamo pronti – anzi, decisi – a scoprire perché l'avevamo fatto.

Sui volti dei passeggeri intorno a me potevo vedere le tracce della preoccupazione, ma mi sembrò di scorgere anche quelle della nuova consapevolezza. Mi chiesi in quanti avessero già notato le coincidenze.

L'aereo si inclinò in avanti e iniziò la sua discesa mentre l'assistente di volo annunciava che stavamo per atterrare a Lima.

Diedi a Dobson il nome del mio albergo e gli chiesi dove avrebbe soggiornato. Mi disse il nome del suo hotel, spiegandomi che si trovava solo a un paio di chilometri dal mio.

«Qual è il suo programma?» gli chiesi.

«Ci stavo pensando prima», mi rispose. «Credo che per prima cosa dovrei andare all'ambasciata americana e informarli del mio arrivo, così, per sicurezza.»

«Buona idea.»

«Dopo di che, ho intenzione di parlare con il maggior numero possibile di studiosi peruviani. Quelli che ho incontrato all'Università di Lima mi hanno già detto di non sapere nulla del Manoscritto, ma ce ne sono altri che hanno lavorato a vari scavi e che potrebbero essere più disposti a parlare. E i suoi piani?»

«Non ne ho nessuno. Le spiace se mi aggrego?»

«Nient'affatto, stavo per suggerirlo io!»

Dopo l'atterraggio ritirammo i bagagli e decidemmo d'incontrarci più tardi al suo albergo. Uscii dall'aeroporto e salii su un taxi nella luce tenue del crepuscolo. L'aria era secca e il vento frizzante.

Allontanandomi in auto mi accorsi che un altro taxi si era velocemente piazzato dietro di noi, finendo poi imbottigliato nel traffico. Svoltammo varie volte, e il nostro inseguitore ci restò sempre alle calcagna. Riuscii a scorgere una figura solitaria sul sedile posteriore. Sentendomi assalire dal nervosismo chiesi all'autista, che parlava inglese, di non andare direttamente in albergo ma di fare un giro nei paraggi. Gli spiegai che mi interessava vedere il panorama, e lui ubbidì senza fare commenti. Il taxi continuava a seguirci. Che stava succedendo?

Quando arrivammo in albergo ordinai all'autista di rimanere in macchina, poi aprii la portiera e feci finta di pagare la corsa. Il taxi che ci seguiva accostò al marciapiede a poca distanza da noi, l'uomo scese e si incamminò verso l'entrata dell'hotel.

Balzai di nuovo in taxi e chiusi la portiera, ordinando all'autista di ripartire. Mentre ci allontanavamo a tutta velocità l'uomo corse in mezzo alla strada e ci osservò finché scomparimmo dalla sua visuale. Potevo vedere la faccia del mio autista dallo specchietto retrovisore, e mi accorsi che mi stava osservando, teso. «Mi spiace», esclamai. «Ma ho deciso di cambiare sistemazione.» Cercai di sorridere, poi gli diedi il nome dell'albergo di Dobson – anche se una parte di me voleva precipitarsi all'aeroporto e prendere il primo volo per gli Stati Uniti.

A un isolato circa dalla nostra destinazione chiesi all'autista di fermarsi. «Mi aspetti qui, torno subito.»

Le strade erano affollate, per la maggior parte indigeni peruviani. Ma vidi anche europei e americani, e la presenza dei turisti mi fece sentire al sicuro.

Arrivato a cinquanta metri dall'hotel mi fermai. Qualcosa non andava. A un tratto, proprio mentre stavo guardando, si sentirono grida e colpi di arma da fuoco. Le persone davanti a me si gettarono a terra, offrendomi una visuale completa. Dobson correva verso di me, con gli occhi sbarrati dal terrore. Alcuni uomini lo inseguivano. Uno sparò un colpo in aria e gli ordinò di fermarsi.

Quando Dobson mi fu abbastanza vicino mi riconobbe. «Corra!» mi urlò. «Per amor di Dio, si metta a correre!» Mi girai atterrito e mi infilai in un vicolo. Davanti a me la strada era sbarrata da una palizzata alta quasi un metro. Quando la raggiunsi saltai più in alto che potei e mi aggrappai alla sommità della staccionata spingendo dall'altra parte la gamba sinistra. Mentre scavalcavo guardai giù nel vicolo e vidi Dobson che correva disperatamente. Gli spararono altri colpi finché inciampò e cadde.

Continuai a correre alla cieca, saltando mucchi di immondizia e pile di cartoni. Per un istante mi sembrò di sentire un rumore di passi alle mie spalle, ma non ebbi il coraggio di voltarmi. Davanti a me il vicolo sfociava in una strada piena di gente apparentemente tranquilla. La raggiunsi e solo allora osai guardarmi alle spalle, con il cuore che mi batteva all'impazzata. Non vidi nessuno. Mi affrettai per confondermi in mezzo alla folla, domandandomi perché mai Dobson stesse correndo e se l'avessero ucciso.

«Aspetti un attimo», mormorò qualcuno alla mia sinistra. Mi misi a correre ma l'uomo allungò un braccio per trattenermi. «Per favore, aspetti un attimo», proseguì. «Ho visto quello che è successo, e vorrei aiutarla.»

«Chi è lei?» gli domandai tremando.

«Mi chiamo Wilson James», mi rispose. «Le spiegherò più tardi. Adesso dobbiamo andare via di qui.»

Qualcosa nella sua voce e nel suo modo di fare riuscì a calmarmi, e decisi di seguirlo. Ci incamminammo ed entrammo in un negozio di articoli in pelle. Il mio accompagnatore rivolse un cenno d'intesa all'uomo in piedi dietro al bancone e mi condusse in una stanzetta ammuffita sul retro. Appena entrato si chiuse la porta alle spalle e tirò le tendine.

Era un uomo sulla sessantina, anche se lo faceva sembrare più giovane il bagliore del suo sguardo. Dalla pelle scura e dai capelli neri sembrava peruviano, ma l'inglese che parlava aveva un accento quasi americano. Indossava una maglietta blu girocollo e un paio di jeans.

«Qui sarà al sicuro per un po'», disse. «Perché la inseguivano?»

Non risposi.

«Lei è qui per il Manoscritto, vero?» continuò.

«Come fa a saperlo?»

«Immagino che l'uomo che era con lei fosse qui per lo stesso motivo.»

«Sì. Si chiama Dobson. Come fa a sapere che eravamo in due?»

«Ho una stanza che dà sul vicolo, e guardavo fuori dalla finestra mentre vi inseguivano.»

«Dobson è stato colpito?» gli chiesi, terrorizzato dalla possibile risposta.

«Non lo so, non sono riuscito a vedere. Ma quando mi sono accorto che lei era sfuggito sono sceso di corsa dalle scale di servizio per riuscire a raggiungerla. Ho pensato che avrei potuto esserle d'aiuto.»

«Perché?»

Mi fissò per un istante, come se non sapesse che cosa rispondermi, poi la sua espressione si fece più amichevole. «Lei non mi capirà di sicuro, ma io me ne stavo là alla finestra quando mi è venuto in mente un mio vecchio amico che adesso è morto. Ed è morto proprio perché pensava che la gente dovesse sapere del Manoscritto. Appena ho visto cosa stava succedendo nel vicolo ho sentito di dovervi aiutare.»

Aveva ragione, non capivo, ma provavo comunque la sensazione che quell'uomo fosse sincero. Stavo per fargli un'altra domanda quando riprese a parlare.

«Possiamo discuterne più tardi, credo che adesso sia meglio spostarci in un luogo più sicuro.»

«Aspetti un attimo, Wilson», lo interruppi. «Io voglio semplicemente tornarmene negli Stati Uniti. Come posso fare?»

«Chiamami Wil. Credo che non dovresti provare all'aeroporto, almeno per il momento. Se ti stanno ancora cercando sarà il primo posto che controlleranno. Ho degli amici che abitano fuori città e che possono tenerti nascosto. Esistono vari modi per uscire dal paese, e quando sarai pronto i miei amici ti mostreranno dove andare.»

Aprì la porta e controllò l'interno del negozio, poi uscì a dare un'occhiata in strada. Quando tornò mi fece cenno di seguirlo. Ci incamminammo verso una jeep blu. A bordo, mi accorsi che il sedile posteriore era pieno di viveri, tende e borse, come se ci fosse in programma una lunga gita.

Viaggiammo in silenzio. Mi appoggiai allo schienale, cercando di pensare, ma avevo lo stomaco contratto dalla paura. Non mi sarei mai aspettato una cosa del genere. E se mi avessero arrestato, gettandomi in un carcere peruviano, o addirittura ucciso? Dovevo valutare con chiarezza la mia situazione: ero senza vestiti di ricambio ma in compenso avevo del denaro e una carta di credito, e per chissà quale ragione mi fidavo di Wil.

«Che cosa avevate fatto tu e – come si chiamava, Dobson? – per farvi inseguire da quella gente?»

«Niente, che io sappia. Avevo incontrato Dobson in aereo. Lui è uno storico ed è venuto qui in Perù per indagare ufficialmente sul Manoscritto per conto di un gruppo di studiosi.»

Wil sembrò sorpreso. «Il governo era al corrente del suo arrivo?»

«Sì, aveva scritto ad alcuni membri del governo avvisandoli che si aspettava la loro collaborazione. Non posso credere che abbiano cercato di arrestarlo: non aveva nemmeno con sé le sue copie.»

«Dobson possiede copie del Manoscritto?»

«Solo delle prime due Illuminazioni.»

«Non avevo idea che ci fossero delle copie negli Stati Uniti. Dove le ha prese?»

«Nel corso di un viaggio precedente gli avevano raccontato che un certo sacerdote sapeva del Manoscritto. Non riuscì a trovarlo, ma scoprì le copie delle Illuminazioni nascoste dietro la sua abitazione.»

Wil si fece improvvisamente triste. «José.»

«Chi?» domandai.

«Era l'amico di cui ti ho parlato, quello che è stato ucciso. Voleva che più gente possibile fosse a conoscenza del Manoscritto.»

«Che cosa gli è successo?»

«È stato ucciso, non si sa da chi. Il suo corpo è stato ritrovato nella foresta a molti chilometri da casa sua. Io credo siano stati i suoi nemici.»

«Il governo?»

«Alcuni del governo, alcuni della Chiesa.»

«La sua stessa Chiesa sarebbe arrivata a tanto?»

«Forse, dato che è segretamente avversa al Manoscritto. Ci sono pochi sacerdoti che capiscono il valore del documento e lo difendono di nascosto. Ma devono stare molto attenti. José invece ne parlava apertamente con chiunque fosse interessato. Era da mesi che lo avvisavo di essere più prudente, di smetterla di distribuire copie in giro, ma lui mi rispondeva sempre che stava facendo ciò che sapeva di dover fare.»

«Quando fu scoperto il Manoscritto?» gli domandai.

«Venne tradotto per la prima volta tre anni fa, ma nessuno sa quando fu scoperto. L'originale restò in circolazione per alcuni anni fra gli Indiani, almeno così pensiamo, finché fu trovato da José che lo fece tradurre. Naturalmente quando la Chiesa scoprì il contenuto del Manoscritto cercò di distruggerlo. Ora abbiamo solo delle copie, siamo convinti che siano riusciti a distruggere l'originale.»

Wil si era diretto a est, fuori dalla città, e in quel momento ci trovavamo su una strada a due corsie piuttosto stretta che attraversava una zona di canali. Oltrepassammo numerose casette di legno e un ampio pascolo cintato.

«Dobson ti ha parlato delle prime due Illuminazioni?» mi chiese Wil.

«Mi ha raccontato della Seconda Illuminazione, e una mia amica mi ha descritto la Prima. Ne era stata informata da un sacerdote. Immagino si trattasse di José.»

«Capisci il significato di queste due Illuminazioni?»

«Credo di sì.»

«Ti rendi conto che gli incontri casuali hanno spesso un significato molto più profondo?»

«Sembra che questo viaggio sia stato un vero e proprio susseguirsi di coincidenze», gli feci notare.

«Accade quando si diventa consapevoli e si entra in contatto con l'energia.»

«In contatto?»

Wil sorrise. «Questo è un concetto di cui si parla più in là nel Manoscritto.»

«Mi piacerebbe saperne di più.»

«Ne parleremo dopo», tagliò corto svoltando in un vialetto. A un centinaio di metri c'era una casetta di legno. Wil si fermò ai piedi di un albero gigantesco a destra dell'abitazione.

«Il mio amico lavora per il proprietario di una grossa fattoria che possiede gran parte della terra in questa zona. Si tratta di un uomo molto potente che sostiene segretamente il Manoscritto. Qui sarai al sicuro.»

Si accese una luce sul portico. Un peruviano piccolo e tozzo uscì di corsa dalla casa rivolgendoci un ampio sorriso ed esclamando entusiasticamente qualcosa in spagnolo. Si avvicinò alla jeep, diede a Wil una pacca sulla schiena e mi guardò amichevolmente. Prima di presentarci Wil gli chiese di parlare in inglese.

«Ha bisogno d'aiuto», gli spiegò. «Vuole tornare negli Stati Uniti ma deve stare molto attento. Credo che dovrò lasciarlo con te.»

L'uomo fissò attentamente Wil. «Stai nuovamente andando a cercare la Nona Illuminazione, vero?»

«Sì», ammise Wil, scendendo dalla jeep.

Aprii la portiera e scesi anch'io. Wil e il suo amico si erano avviati verso la casa, immersi in una conversazione che io non potevo sentire.

Mentre mi avvicinavo l'uomo esclamò: «Comincio subito con i preparativi». Appena si allontanò, Wil si girò verso di me.

«Cosa voleva dire a proposito della Nona Illuminazione?» gli chiesi.

«Si tratta della parte del Manoscritto che non è mai stata trovata. Nel testo originale c'erano Otto Illuminazioni ma ne veniva citata un'altra, la Nona. Molta gente ha provato a cercarla.»

«Tu sai dove si trova?»

«No, non esattamente.»

«Allora come farai a trovarla?»

Wil sorrise. «Nello stesso modo in cui José ha trovato le otto originali, e tu le prime due prima di trovare me. Se una persona è in grado di collegare e accumulare abbastanza energia, gli avvenimenti casuali iniziano a verificarsi con una notevole frequenza.»

«Dimmi come si fa», lo implorai. «Di che Illuminazione si tratta?»

Wil mi scrutò come se volesse capire fino a che punto ero in grado di comprendere. «Il modo per entrare in contatto con l'energia non riguarda una sola Illuminazione ma tutte quante. Ti ricordi il punto della Seconda Illuminazione in cui si cita la missione degli esploratori, inviati nel mondo per scoprire con metodi scientifici il significato della vita su questo pianeta e che non sono mai ritornati?»

«Sì.»

«Bene, le altre Illuminazioni rappresentano le risposte tanto attese. Non provengono però dalla scienza istituzionale, ma da aree diverse di indagine. Le scoperte della fisica, della psicologia, del misticismo e della religione si riuniscono in una nuova sintesi basata sulla percezione delle coincidenze.

« Stiamo imparando nei dettagli il significato delle coincidenze, oltre al loro funzionamento, e nel farlo costruiamo una visione della vita completamente nuova, Illuminazione dopo Illuminazione. »

« Voglio sapere tutto su ogni Illuminazione », esclamai. « Puoi spiegarmele prima di partire? »

« Mi sono accorto che non funziona in questo modo. Devi scoprirle tu stesso una alla volta, e ognuna in modo diverso. »

« Come? »

« Succede e basta. Non servirebbe a nulla se te ne parlassi io: tu potresti avere le informazioni relative a ognuna ma ti sfuggirebbero le Illuminazioni stesse. Devi scoprirle da solo nel corso della tua esistenza. »

Ci fissammo in silenzio, poi Wil sorrise. Parlare con lui mi faceva sentire incredibilmente vivo.

« Perché vai a cercare la Nona Illuminazione proprio adesso? »

« È il momento giusto. Ho fatto la guida da queste parti, conosco i luoghi e sono informato su tutte e otto le Illuminazioni. Quando ero affacciato alla mia finestra sul vicolo, pensando a José, avevo già deciso di andare un'altra volta a nord. La Nona Illuminazione è là da qualche parte, lo so, e io non sto certo ringiovanendo. Come se non bastasse, ho avuto una visione di me stesso nell'atto di trovare l'Illuminazione e di realizzarne il contenuto. So che si tratta della più importante, quella che mette tutte le altre nella giusta prospettiva e ci dà il vero significato della vita. »

Si interruppe di colpo, diventando pensoso. « Sarei partito mezz'ora prima, ma avevo la strana sensazione di essermi dimenticato qualcosa. » Si fermò di nuovo. « E in quel preciso istante sei apparso tu. »

Ci guardammo a lungo.

« Credi che dovrei venire con te? » mi decisi a chiedergli.

« Tu che ne pensi? »

« Non saprei », gli risposi, incerto. Ero confuso. La storia del mio viaggio peruviano mi passò come un film davanti agli occhi:

Charlene, Dobson, ora Wil. Ero venuto in Perù spinto da una lieve curiosità e ora mi ritrovavo nascosto, un fuggitivo involontario che non sapeva nemmeno chi fossero i suoi inseguitori. Ma la cosa più strana era che invece di sentirmi terrorizzato e in preda al panico, in quel momento mi sentivo incredibilmente eccitato. Anziché ricorrere a tutto il mio ingegno e all'istinto di sopravvivenza per trovare il sistema di tornare a casa, in realtà desideravo sopra ogni cosa partire con Wil per cacciarmi sicuramente in guai ancora più grossi.

Mentre consideravo le mie possibilità, mi resi conto di non avere scelta. La Seconda Illuminazione mi aveva impedito di tornare alle mie antiche preoccupazioni. Se volevo mantenere la mia consapevolezza, dovevo andare avanti.

«Ho intenzione di fermarmi per la notte», mi spiegò Wil. «Così hai tempo fino a domani mattina per decidere.»

«Ho già deciso», lo informai. «Voglio partire.»

UNA QUESTIONE DI ENERGIA

Ci alzammo all'alba e ci dirigemmo in auto verso est, immersi nel silenzio più totale. Prima di partire Wil si era limitato a dirmi che avremmo attraversato le Ande passando per quella che lui aveva chiamato la Selva Superiore, una zona di colline boschive e altipiani.

Gli avevo rivolto varie domande a proposito delle sue esperienze precedenti nonché della nostra attuale destinazione, ma ogni volta lui aveva gentilmente evitato l'argomento facendomi capire che voleva concentrarsi sulla guida. Alla fine avevo smesso di parlare e mi ero messo a osservare il paesaggio. La vista dalla cima delle montagne era a dir poco stupefacente.

Intorno a mezzogiorno, giunti sull'ultima cima che delimitava la selva ci fermammo in uno spiazzo panoramico. Mangiammo qualche panino restando seduti nella jeep e lasciando correre lo sguardo sull'ampia e deserta vallata che si stendeva davanti a noi. Dalla parte opposta della valle si ergevano delle colline più basse dalla vegetazione lussureggiante. Mentre mangiavamo Wil mi spiegò che avremmo trascorso la notte alla Residenza del Viciente, una vecchia tenuta del diciannovesimo secolo, appartenuta alla chiesa cattolica spagnola. L'attuale proprietario era un suo amico, mi spiegò Wil, e aveva trasformato la tenuta in un luogo di soggiorno particolarmente indicato per convegni scientifici e d'affari.

Dopo questa breve spiegazione ci rimettemmo in marcia, proseguendo sempre in silenzio. Un'ora dopo arrivammo al Viciente e, oltrepassato un ampio cancello in pietra e ferro, avanzammo verso nord-est lungo uno stretto vialetto di ghiaia. Ancora una volta provai a fare qualche domanda sul Viciente e sul motivo della nostra presenza lì, ma, come prima, Wil evitò di rispondermi, suggerendomi, anzi, di concentrarmi sul paesaggio.

Rimasi subito colpito dalla bellezza del Viciente. Eravamo circondati da pascoli e frutteti colorati, e persino l'erba sembrava insolitamente verde e fitta. Il prato era rigoglioso anche sotto le querce gigantesche. Gli alberi erano piantati ogni cento metri e avevano un fascino indefinibile.

Dopo quasi un chilometro la strada curvava a est, saliva leggermente, e in cima alla collina c'era l'albergo, un grosso edificio in stile spagnolo costruito con travi e pietra grigia a vista. Sembrava potesse contenere almeno cinquanta camere. Un ampio portico cintato occupava l'intera parete meridionale. Nel giardino c'erano altre querce gigantesche, aiuole di fiori esotici e sentieri delimitati da felci e splendidi fiori. Gruppi di persone chiacchieravano tranquillamente sul portico e fra gli alberi.

Quando scendemmo dalla jeep Wil rimase un attimo a fissare il paesaggio. Oltre l'albergo, verso est, il terreno digradava dolcemente fino ad appiattirsi per lasciare spazio a prati e boschi. In lontananza si intravedeva il profilo bluastro e purpureo di un'altra fila di colline.

« È meglio che entri a controllare se c'è posto », esclamò Wil. « Perché non dai un'occhiata in giro? Vedrai che questo posto ti piacerà! »

« Ne sono sicuro! »

Mentre si allontanava si girò a guardarmi un'ultima volta. « Cerca di dare un'occhiata ai giardini di ricerca. Ci vediamo all'ora di cena. »

Era evidente che mi stava lasciando da solo per qualche motivo particolare, ma non persi tempo a chiedermi quale: mi sentivo in ottima forma e non ero per niente preoccupato. Wil mi aveva spiegato che, grazie alla notevole quantità di dollari che il Viciente faceva entrare nel paese con il turismo, il governo aveva sempre riservato al posto un trattamento di favore, nonostante vi si discutesse frequentemente del Manoscritto.

Attratto da alcuni grossi alberi e da un sentiero tortuoso che portava a sud mi avviai in quella direzione. Quando fui vicino agli alberi mi accorsi che il viottolo proseguiva oltre un piccolo cancello di ferro con alcuni gradini di pietra che portavano a un prato pieno di fiori selvatici. In lontananza potevo distinguere un frutteto, un torrente e la foresta che riprendeva vigore. Giunto al cancello mi fermai e respirai più volte a fondo, ammirando la bellezza che si stendeva sotto di me.

«È veramente delizioso, non crede?» chiese una voce alle mie spalle.

Mi girai di scatto, trovandomi davanti una donna sulla quarantina che portava uno zaino.

«Davvero», risposi. «Non ho mai visto niente di simile.»

Per un istante guardammo i campi e le piante tropicali coltivate sulle terrazze digradanti intorno a noi, finché mi decisi a chiedere: «Sa per caso dove si trovano i giardini di ricerca?»

«Certo, ci sto proprio andando. Le mostrerò la strada.»

Dopo le presentazioni scendemmo i gradini e ci avviammo lungo il sentiero che portava a sud. La donna si chiamava Sarah Lorner, aveva i capelli biondi, gli occhi blu e avrebbe potuto essere definita una ragazzina se non fosse stato per i suoi modi sostenuti. Camminammo in silenzio per alcuni minuti.

«È la tua prima visita?» mi chiese.

«Sì, e non ne so molto di questo posto.»

«Io faccio avanti e indietro da quasi un anno, e quindi posso darti qualche informazione. Una ventina d'anni fa questa proprietà divenne famosa come luogo di ritrovo per gli studiosi di tutto il mondo. Varie organizzazioni scientifiche vi organizzavano i loro incontri, gente che si occupava soprattutto di fisica e biologia. Finché, alcuni anni fa...»

Si interruppe e mi fissò. «Hai mai sentito parlare del Manoscritto ritrovato qui in Perù?»

«Sì, ho saputo qualcosa sulle prime due Illuminazioni.» Avrei voluto dirle quanto ero rimasto affascinato da quel documento ma riuscii a trattenermi, incerto se fosse il caso di fidarsi completamente di lei.

«Lo immaginavo», fu il suo commento. «Mi è sembrato che tu stessi assorbendo l'energia di questo luogo.»

Stavamo attraversando un ponte di legno che sovrastava il ruscello. «Quale energia?» le chiesi.

Si fermò, appoggiandosi al parapetto. «Tu sai qualcosa a proposito della Terza Illuminazione?»

«Nulla.»

«Descrive una nuova comprensione del mondo fisico, spiegando che impareremo a percepire quella che in passato era una forma invisibile di energia. L'albergo è diventato un centro di incontro per tutti gli scienziati interessati allo studio e alla discussione di questi fenomeni.»

«Allora gli studiosi credono che questa energia sia reale?»

Riprendendo a camminare, la donna attraversò il ponte. «Solo alcuni», mi spiegò. «E così a volte noi finiamo nei guai.»

«Questo significa che anche lei è una scienziata?»

«Insegno fisica in un piccolo college del Maine.»

«Come mai non siete tutti d'accordo?»

Sarah restò in silenzio, assorta nei suoi pensieri. «Devi capire la storia della scienza», cominciò a spiegarmi, guardandomi con aria interrogativa quasi a chiedermi se volessi approfondire l'argomento. Le feci cenno col capo di proseguire.

«Prova a pensare per un attimo alla Seconda Illuminazione. Dopo la caduta della visione medievale del mondo, qui in Occidente ci siamo improvvisamente accorti di vivere in un universo del tutto sconosciuto, e per riuscire a comprenderne la natura sapevamo di dover separare in qualche modo la realtà dalla superstizione. A questo proposito noi studiosi abbiamo assunto un particolare atteggiamento noto come scetticismo scientifico, grazie al quale è necessario provare ogni nuova affermazione sul funzionamento del mondo. Prima di credere volevamo avere un riscontro tangibile e manifesto, e ogni ipotesi non dimostrabile dal punto di vista fisico veniva sistematicamente scartata.»

«Questo comportamento», proseguì, «fu molto utile con i fenomeni naturali più evidenti, con oggetti come le rocce, i corpi e gli alberi, dei quali anche i più scettici non avrebbero potuto negare l'evidenza. Avanzammo a gran velocità, dando un nome a ogni parte del mondo fisico e cercando di scoprire perché l'universo funziona in un certo modo. Alla fine giungemmo alla conclusione che tutto ciò che accade in natura agisce seguendo una legge, e ogni avvenimento ha una causa diretta fisica e comprensibile.» Mi rivolse un sorriso malizioso. «Vedi, sotto molti punti di vista gli studiosi non erano poi molto diversi dalle altre persone: la decisione di governare il luogo in cui ci trovavamo fu infatti presa collettivamente. L'idea di base era quella di creare una comprensione dell'universo che facesse apparire il mondo come un luogo sicuro e governabile, e lo scetticismo ci aiutava a restare concentrati sui problemi reali che avrebbero reso più sicura la nostra esistenza.»

Dopo aver attraversato un praticello avevamo seguito il sentiero serpeggiante dal ponte fino a una zona fitta di alberi.

«Grazie a questo atteggiamento», riprese Sarah, «la scienza

rimosse sistematicamente dal mondo tutto ciò che era incerto ed esoterico. Giungemmo così alla conclusione, seguendo il pensiero di Isacco Newton, che l'universo agiva sempre in modo prevedibile, simile a un enorme macchinario: per lungo tempo non fu possibile dimostrare altro. Gli avvenimenti che accadevano in contemporanea con altri fatti, ma non avevano nessun collegamento causale con essi, venivano attribuiti alla sorte.

«Poi furono fatte due scoperte che aprirono nuovamente i nostri occhi ai misteri dell'universo. Negli ultimi decenni si è scritto molto a proposito della rivoluzione della fisica, ma in realtà i cambiamenti hanno avuto origine dalla scoperta della meccanica dei quanti e dall'opera di Albert Einstein.

«Il lavoro di Einstein ci avrebbe dimostrato che ciò che noi percepiamo come materia solida consiste principalmente in uno spazio vuoto attraversato da un flusso di energia di cui noi stessi facciamo parte. La fisica dei quanti ha invece provato che quando guardiamo questi modelli di energia a livelli sempre più piccoli possiamo vedere qualcosa di davvero sorprendente. Alcuni esperimenti hanno rivelato che quando si frantuma questa energia in minuscole parti (quelle che si chiamano particelle elementari) e cerchiamo di osservare come agiscono, l'atto stesso di osservare altera i risultati – come se il loro comportamento venisse influenzato dalle aspettative di chi compie l'esperimento. Ciò accade anche quando le particelle appaiono in luoghi in cui, secondo le leggi dell'universo così come le conosciamo, non sarebbe possibile: in due posti diversi nello stesso momento, avanti o indietro nel tempo, tanto per capirci.»

Si fermò di nuovo. «In altre parole, la materia basilare dell'universo, il suo stesso centro, si presenta come una specie di energia pura che si piega alle intenzioni e aspettative umane in un modo che sfida l'antico modello meccanicistico del cosmo – come se le nostre speranze proiettassero nel mondo la nostra energia, influenzando altri sistemi energetici. Il che, naturalmente, è esattamente ciò che la Terza Illuminazione ci porterà a credere.»

Scrollò la testa. «Sfortunatamente, la maggior parte degli studiosi non prende sul serio questa teoria. Preferisce rimanere scettica, aspettando che riusciamo a dimostrarlo.»

«Ehi, Sarah, siamo qua!» risuonò una voce in lontananza. A una cinquantina di metri sulla destra, in mezzo agli alberi, scorgemmo qualcuno che faceva dei cenni con la mano.

Sarah mi guardò. «Devo scambiare qualche parola con quelle persone. Ho con me una traduzione della Terza Illuminazione, se vuoi puoi andare a leggertela in un posto tranquillo intanto che mi aspetti.»

«Lo farò volentieri.»

Prese dallo zaino un fascicolo e me lo porse, prima di allontanarsi.

Mi guardai intorno alla ricerca di un posto per sedermi. In quel punto c'erano molti cespugli ma l'erba era bagnata. Verso est il terreno saliva verso quella che sembrava un'altra collina. Decisi di incamminarmi in quella direzione alla ricerca di un pezzo di terra asciutta.

Giunto in cima alla salita rimasi colpito dall'incredibile bellezza di quell'angolo di mondo. Le querce nodose erano a un metro e mezzo di distanza l'una dall'altra, e le loro folte chiome si univano in cima, creando così un'arcata verde. Vi crescevano piante tropicali, alte più di un metro, dalle foglie gigantesche larghe una ventina di centimetri, felci enormi e cespugli dai lussureggianti fiori bianchi. Mi sedetti in un angolo asciutto, inspirando a pieni polmoni l'odore pungente delle foglie e l'intensa fragranza dei fiori.

Aprii il fascicolo e cominciai a leggere. Una breve introduzione spiegava, con parole che ricordavano il racconto di Sarah, che la Terza Illuminazione porta con sé una comprensione radicalmente mutata dell'universo fisico. Secondo la predizione, intorno alla fine del secondo millennio gli uomini dovrebbero scoprire una nuova energia che è alla base di tutte le cose, esseri umani compresi, e che da queste si irradia.

Meditai alcuni istanti su quell'idea, poi lessi qualcosa che mi affascinò: secondo il Manoscritto la percezione umana di questa energia avrebbe avuto inizio con una maggiore sensibilità nei confronti della bellezza. Mentre meditavo venni distratto da un rumore di passi, e vidi Sarah alzare lo sguardo verso la collinetta dove mi trovavo.

«Questo posto è fantastico», esclamò avvicinandosi. «Sei già arrivato al punto che riguarda la percezione della bellezza?»

«Sì, ma non sono sicuro di aver capito cosa voglia dire.»

«Più avanti il Manoscritto entra maggiormente nei dettagli, ma adesso cercherò di spiegartelo brevemente. La percezione della bellezza è una specie di barometro che indica a ognuno di noi quanto siamo effettivamente vicini ad avvertire l'energia. Tutto diventa molto chiaro perché dopo aver preso coscienza dell'energia ci si accorge che è sulla stessa linea d'onda della bellezza.»

«Da come parli si direbbe che tu la veda», osservai.

Sarah mi guardò senza manifestare il benché minimo imbarazzo. «Sì, certo, ma per prima cosa ho sviluppato una più intensa comprensione della bellezza.»

«Ma come funziona? La bellezza non è forse un concetto relativo?»

La donna scosse la testa. «Le cose che noi riteniamo meravigliose possono essere diverse, ma le caratteristiche di base che attribuiamo loro sono simili. Prova a pensarci: quando qualcosa ci colpisce perché ci sembra bellissimo ha per noi un aspetto più rilevante, una maggiore nitidezza delle forme e colori più vivaci. Spicca, brilla, sembra quasi iridescente in confronto al grigiore degli altri oggetti meno attraenti.»

Annuii.

«Guarda per esempio questo posto», continuò. «So che ti attrae perché capita a tutti noi. È qualcosa che salta agli occhi, i colori e le forme sembrano ingigantiti. Bene, il livello successivo di percezione si raggiunge vedendo il campo di energia che circonda ogni cosa.»

Dovevo avere un'aria sconcertata perché Sarah scoppiò a ridere. Poi, seria: «Forse dovremmo passeggiare nei giardini. Sono a circa mezzo chilometro da qui, e penso che li troverai molto interessanti», disse. La ringraziai per il tempo che mi aveva dedicato illustrandomi il Manoscritto, nonostante fossi per lei un perfetto sconosciuto, e anche per avermi mostrato il Viciente. Sarah si strinse nelle spalle.

«Mi sembri una persona ben disposta nei confronti di ciò che stiamo tentando di fare», mi spiegò. «E qui siamo tutti consapevoli di dover svolgere un compito di pubbliche relazioni. Affinché questa ricerca continui dobbiamo riuscire a informare chi si trova negli Stati Uniti e negli altri paesi. Le autorità locali non sembrano amarci molto.»

Si sentì improvvisamente una voce alle nostre spalle. «Per cortesia!» Ci girammo: tre uomini stavano velocemente risalendo il sentiero nella nostra direzione. Erano tutti di mezz'età e indossavano vestiti eleganti.

«Uno di voi potrebbe dirmi dove sono i giardini di ricerca?» chiese il più alto dei tre.

«E lei potrebbe dirmi qual è il motivo della vostra presenza qui?» domandò Sarah.

«I miei colleghi e io siamo stati autorizzati dal proprietario di questa tenuta a esaminare i giardini e a parlare con qualcuno a proposito della cosiddetta ricerca che viene effettuata qui. Siamo dell'Università del Perù.»

«Si direbbe che non condividiate le nostre scoperte», osservò sorridendo Sarah nell'evidente tentativo di alleggerire l'atmosfera.

«Assolutamente no», esclamò uno degli altri due. «Secondo noi è assurdo dichiarare che adesso è possibile vedere una misteriosa forma di energia mai osservata in precedenza.»

«Lei ha cercato di vederla?» si informò Sarah.

L'uomo ignorò la domanda e chiese nuovamente: «Potete spiegarci come raggiungere i giardini?»

«Naturalmente», replicò Sarah. «A un centinaio di metri da qui troverete un sentiero diretto a est: seguitelo e dopo cinquecento metri li troverete.»

«La ringrazio», si congedò l'uomo più alto mentre si precipitavano tutti e tre verso il sentiero.

«Li hai mandati nella direzione sbagliata», osservai.

«Non proprio», si difese Sarah. «Da quella parte ci sono altri giardini, e le persone che vi si trovano sono più preparate per discutere con quel genere di scettici. Di tanto in tanto ci ritroviamo qui gente del genere, scienziati o semplici curiosi, persone che non riescono nemmeno a immaginare cosa stiamo facendo... il che mette in evidenza il problema che esiste nell'ambito della comprensione scientifica.»

«Cosa intendi dire?»

«Come ti ho spiegato prima, l'antico atteggiamento basato sullo scetticismo ha funzionato benissimo finché si è trattato di esplorare i fenomeni più ovvi e visibili dell'universo, come gli alberi, i raggi del sole o i tuoni. Esiste però un altro gruppo di fenomeni palesi ma più indefinibili che non è possibile studiare – a dire il vero, non si può nemmeno identificarne la presenza – a meno che non si metta da parte lo scetticismo sforzandosi di vederli. Una volta riusciti a farlo, si può ritornare al proprio rigoroso metodo di studio.»

«Interessante.»

Davanti a noi si intravedeva il limite del bosco, e potevo scorgere decine di campi coltivati. In ognuno di questi cresceva un diverso tipo di pianta, quasi sempre commestibile, dalle banane agli spinaci. Sul lato orientale di ogni appezzamento si stendeva un largo sentiero di ghiaia diretto a nord, verso quella che sembrava una strada pubblica. Lungo il sentiero si trovavano tre edifici di lamiera accanto ai quali lavoravano quattro o cinque persone.

«Vedo laggiù alcuni miei amici.» Sarah indicò la costruzione più vicina. «Andiamo, vorrei farteli conoscere.»

Mi presentò quindi tre uomini e una donna, tutti coinvolti nella ricerca. Gli uomini scambiarono con me poche parole poi si scusarono e tornarono al lavoro ma la donna, una biologa di nome Marjorie, sembrava disposta a parlare.

Fissandola intensamente le domandai: «Che cosa state cercando qui?»

Colta di sorpresa, la donna mi rispose con un sorriso: «È difficile decidere da dove cominciare. Ne sai qualcosa del Manoscritto?»

«Conosco le prime sezioni, e ho appena iniziato la Terza Illuminazione.»

«È proprio quello il motivo per cui ci troviamo qui. Vieni, ti faccio vedere.» Mi fece segno di seguirla, e ci incamminammo insieme verso un campo di fagioli dietro la casetta di lamiera. I legumi erano incredibilmente sani, senza i segni dei danni causati dagli insetti o di foglie morte. Le piante crescevano in un terreno ricco di humus, soffice, ed erano ben distanziate tra loro, con i fusti e le foglie che si sfioravano senza toccarsi.

Marjorie mi indicò la pianta più vicina. «Abbiamo cercato di considerare ognuna di esse come un sistema globale di energia, pensando a tutto ciò di cui ha bisogno per prosperare – terra, elementi nutritivi, umidità, luce. Abbiamo così scoperto che l'ecosistema che circonda ogni singola pianta è in realtà un organismo vivente, e la salute di ogni sua parte ha un effetto diretto sulla salute dell'intero organismo.»

Esitò un attimo prima di aggiungere: «Il punto fondamentale è che dopo aver considerato l'energia che circonda le piante abbiamo iniziato a ottenere risultati sorprendenti. Quelle che studiavamo non erano più grandi ma erano senz'altro più forti, perché meglio nutrite».

«Ma in che modo si misurava tale forza?»

«Abbiamo scoperto che contenevano più proteine, carboidrati, vitamine e minerali.»

Mi guardò ansiosa. «La scoperta più sorprendente è avvenuta però quando ci siamo accorti che le piante che ricevevano maggiore attenzione erano ancora più vigorose.»

«Che genere di attenzione?»

«Sistemare il terreno accanto a loro, controllarle ogni giorno... Abbiamo fatto un esperimento con un gruppo di controllo: alcuni vegetali ricevevano attenzione speciale, altri no, e i risultati hanno confermato le nostre teorie. Spingendosi oltre, un ricercatore è arrivato addirittura a chiedere loro mentalmente di crescere più forti: si sedeva vicino alle piante concentrando ogni cura e sollecitudine sulla loro crescita.»

«E sono davvero cresciute di più?»

«Di più e più velocemente.»

«È incredibile!»

«Sì, è...» Si interruppe alla vista di un uomo sulla sessantina che avanzava verso di noi.

«Il signore che si sta avvicinando è il professor Hains, un micro-nutrizionista che ha compiuto alcuni notevoli studi», mi informò a voce bassa. «È arrivato qui per la prima volta circa un anno fa e ha subito chiesto un congedo dalla Washington State University.»

Marjorie mi presentò il professore, un uomo robusto dai capelli neri appena brizzolati sulle tempie, e gli chiese di farmi un breve riassunto delle sue ricerche. Si interessava, mi disse, al funzionamento delle varie parti del corpo valutato in base a esami del sangue particolarmente sofisticati, e soprattutto al rapporto tra il funzionamento stesso e la qualità del cibo ingerito.

Lo avevano molto colpito i risultati di un particolare studio secondo cui i vegetali ricchi di valori nutrizionali come quelli che crescevano a Viciente aumentavano in modo notevole l'efficienza del corpo umano. Tale aumento era superiore a quello che ci si poteva ragionevolmente aspettare dagli elementi nutritivi secondo il loro normale funzionamento nella fisiologia umana. Qualcosa nella struttura di quelle piante creava un effetto inspiegabile.

Dopo aver lanciato un'occhiata a Marjorie domandai: «Così il fatto di concentrare l'attenzione su quei vegetali ha dato loro qualcosa che aumenta la forza di chi li mangia. È questa l'energia di cui parla il Manoscritto?»

Marjorie guardò il professore, il quale accennò un sorriso. «Non lo so ancora», rispose.

Gli chiesi informazioni sulle sue ricerche future, e lui mi spiegò che aveva intenzione di riprodurre il giardino presso la Washington State University, avviando uno studio a lungo termine per verificare se la gente che si nutriva di quelle piante aveva più energia o godeva di una salute migliore nell'arco di un periodo di tempo più lungo. Mentre parlava io non riuscivo a fare a meno di guardare Marjorie. Di colpo era diventata bellissima. Il suo corpo appariva alto e snello nonostante i jeans flosci e la maglietta sformata. Gli occhi e i capelli erano castani scuri, e il suo volto era incorniciato da riccioli folti e morbidi.

Provai una potente attrazione fisica nei suoi confronti. Nel momento stesso in cui me ne resi conto Marjorie si girò a fissarmi negli occhi, allontandosi di alcuni passi.

«Devo incontrare qualcuno», esclamò. «Magari ci vediamo più tardi.» Salutò Hains, mi rivolse un sorriso timido e si avviò lungo il sentiero, oltre la casa.

Dopo aver parlato qualche minuto con il professore mi congedai, gli augurai di ottenere presto successo, e tornai da Sarah. Stava ancora discutendo animatamente con uno degli altri ricercatori, ma come le andai incontro mi seguì con lo sguardo.

Quando le arrivai vicino l'uomo con cui stava parlando sistemò i fogli che aveva in mano e si allontanò sorridendo, diretto all'interno dell'edificio.

«Scoperto qualcosa?» mi domandò Sarah.

«Sì», le risposi distrattamente. «Sembra che quelle persone stiano combinando qualcosa di interessante.»

Stavo guardando per terra quando lei mi chiese: «Dove è andata Marjorie?»

Alzando gli occhi mi accorsi che aveva un'espressione divertita.

«Mi ha detto che doveva incontrare qualcuno.»

«L'hai fatta scappare?»

Scoppiai a ridere. «Temo di sì. Ma non le ho detto niente!»

«Non era necessario, Marjorie ha semplicemente notato un cambiamento nel tuo campo. Era abbastanza evidente, potevo vederlo anch'io da qua.»

«Un cambiamento in che cosa?»

«Nel campo di energia che circonda il tuo corpo. La maggior parte di noi ha imparato a vedere questi campi, almeno sotto una certa luce. Quando una persona ha un'attrazione sessuale nei confronti di un'altra, il suo campo di energia si mette a girare vorticosamente, dirigendosi addirittura verso la persona oggetto di tale attrazione.»

Mi sembrò fantastico, ma prima che potessi fare il minimo commento fummo distratti da alcune persone che uscivano dall'edificio.

«È il momento delle proiezioni di energia», mi informò Sarah. «Ti interesserà sicuramente assistervi.»

Seguimmo quattro giovani, studenti avrei detto, fino a un campo di grano. Mentre ci avvicinavamo mi accorsi che la coltivazione era divisa in due parti, ognuna delle quali si estendeva per circa tre metri quadrati. In uno dei due settori il grano era alto una sessantina di centimetri, nell'altro arrivava a meno di quarantacinque. I quattro ragazzi si diressero all'appezzamento di terreno in cui le piante erano più alte, e si sedettero uno a ogni angolo, con il viso rivolto all'interno. Fissarono lo sguardo sui vegetali. Alle mie spalle brillava il sole del tardo pomeriggio che inondava il campo di una luce tenue e ambrata, lasciando nell'oscurità gli alberi che si stagliavano in lontananza. I quattro giovani e il campo di grano spiccavano sullo sfondo quasi nero.

Sarah era in piedi accanto a me. «È perfetto!» esclamò. «Guarda! Riesci a vederlo?»

«Che cosa?»

«Stanno proiettando la loro energia sulle piante.»

Fissai attentamente la scena senza riuscire a scorgere nulla.

«Non vedo niente», dissi.

«Allora prova ad abbassarti, e concentrati sullo spazio tra le persone e le piante.»

Per un attimo mi sembrò di vedere un guizzo di luce, ma pensai che si trattasse di un effetto ottico o di uno scherzo dei miei occhi. Cercai varie volte di vedere qualcosa, ma alla fine rinunciai.

«Non ci riesco», esclamai alzandomi.

Sarah mi diede una leggera pacca sulla spalla. «Non preoccuparti. La prima volta è la più difficile, di solito bisogna esercitarsi per imparare a mettere a fuoco.»

Quando uno dei giovani intenti a meditare sollevò lo sguardo verso di noi, portandosi un dito alle labbra, io e Sarah tornammo verso l'edificio.

«Hai intenzione di trattenerti a lungo qui a Viciente?» mi domandò.

«Credo di no. La persona che sta con me è alla ricerca dell'ultima parte del Manoscritto.»

Sarah mi sembrò sorpresa. «Credevo che l'avessero trovato già tutto. A dire il vero, non ne sono sicura: sono stata talmente impegnata nella parte che riguarda il mio lavoro che non ho letto tutto il resto.»

D'istinto mi portai una mano alla tasca, ricordandomi della traduzione di Sarah. Era arrotolata nella mia tasca posteriore.

«Abbiamo scoperto», mi spiegò Sarah, «che ci sono due momenti della giornata in cui è più facile vedere i campi d'energia, all'alba e al tramonto. Se vuoi possiamo incontrarci domattina e provare di nuovo.»

Allungò una mano a prendere il fascicolo. «In questo modo potrei farti una copia di questa traduzione perché tu la tenga.»

Ci pensai su per un po', poi decisi che non c'era niente di male.

«Perché no?» le risposi. «Devo controllare con il mio amico per essere sicuro di avere abbastanza tempo.» Le sorrisi. «Cosa ti fa pensare che io possa imparare a vedere quella roba?»

«Diciamo che ho un presentimento.»

Decidemmo di incontrarci il mattino dopo alle sei sulla collina, e mi incamminai da solo lungo il sentiero che portava all'albergo. Il sole era ormai scomparso del tutto, ma i suoi raggi irradiavano ancora di luce arancione le nubi grigie all'orizzonte. L'aria era frizzante anche se non soffiava il vento.

Nella grande sala da pranzo dell'albergo vidi una fila di persone davanti al buffet dove servivano la cena. Affamato mi misi in coda per vedere che genere di piatti stessero servendo. Wil e il professor Hains erano davanti a tutti, e chiacchieravano con aria disinvolta.

«Come è stato il pomeriggio?» mi domandò Wil.

«Fantastico», risposi.

«Questo è William Hains», aggiunse.

«Lo so, ci siamo incontrati prima.»

Il professore annuì.

Raccontai loro del mio appuntamento della mattina dopo. Per Wil non c'era nessun problema: doveva trovare due persone con cui non aveva ancora parlato, quindi non sarebbe partito prima delle nove.

Nel frattempo la coda avanzò, e quando le persone che stavano dietro di noi mi suggerirono di unirmi ai miei amici mi affiancai al professore.

«Allora, cosa ne pensi di ciò che stiamo facendo qui?» mi chiese Hains.

«Non saprei, sto cercando di capire poco alla volta. Il concetto dei campi di energia mi è completamente nuovo.»

«È una realtà nuova per tutti», ribatté, «ma la cosa più interessante è che questa energia è ciò che la scienza ha sempre cercato di comprendere: una sostanza comune alla base di tutta la materia. Soprattutto a partire da Einstein la fisica ha cercato di individuare una teoria unificata dei campi. Non so se si tratta proprio di questo, ma bisogna ammettere che il Manoscritto ha dato origine ad alcune interessanti ricerche.»

«In che modo la scienza potrebbe accettare questa idea?» chiesi.

«Basterebbe trovare il modo di misurarla», mi spiegò. «A dire il vero l'esistenza di tale energia non è del tutto sconosciuta. I maestri di karate hanno sempre parlato di un'energia alla quale è attribuito il successo di certe imprese apparentemente impossibili, come rompere pile di mattoni con le mani e restare seduti immobili con quattro persone che cercano di spingerli via. E poi abbiamo visto anche atleti in grado di compiere movimenti spettacolari, contorcendosi, rivoltandosi e restando sospesi per aria in un modo che sfida la legge di gravità. È dovuto a questa energia nascosta a cui abbiamo accesso.

«Ma naturalmente non verrà accettata finché altre persone non riusciranno a vederla.»

«Tu l'hai mai vista?» gli domandai.

«Ho osservato qualcosa. In realtà dipende da quello che si mangia.»

«In che senso?»

«Dunque, le persone che da queste parti vedono facilmente i campi d'energia mangiano soprattutto verdura, e di solito si tratta di quella ad alto potenziale energetico che essi stessi coltivano.»

Con un gesto indicò davanti a sé il buffet. «Lì ce n'è, anche se, grazie al Cielo, si può trovare anche del pesce e del pollo per i vecchi carnivori come me. Ma quando mi impongo di mangiare in modo diverso, sì, devo ammettere che riesco a vedere qualcosa.»

Gli domandai perché non modificava la sua dieta per periodi più lunghi.

«Non saprei, forse perché le vecchie abitudini sono dure a morire.»

La fila si mosse in avanti e io ordinai solo verdura. Ci unimmo tutti e tre a una tavolata di ospiti, chiacchierando del più e del meno per un'ora. Alla fine io e Wil uscimmo a prendere la nostra roba dalla jeep. «Tu hai visto questi campi d'energia?» gli chiesi.

Annuì, sorridendo. «La mia stanza è al primo piano, la tua al terzo. Camera 306. Puoi prendere la chiave alla reception.»

In camera non c'era telefono, ma un cameriere che incontrai in corridoio mi assicurò che qualcuno mi avrebbe svegliato alle cinque in punto bussando alla porta. Mi sdraiai a meditare per alcuni istanti. Dopo quel pomeriggio lungo e intenso avevo finalmente capito la ragione del silenzio di Wil: aveva voluto che io raggiungessi da solo la Terza Illuminazione.

Quello che sentii poi fu qualcuno che bussava alla porta. Guardai l'orologio: erano le cinque. Quando il cameriere bussò ancora lo ringraziai con voce abbastanza alta da farmi sentire, poi mi alzai e andai a guardare fuori dalla finestrina. L'unico indizio che fosse mattino era un pallido chiarore a est.

Feci una doccia, mi vestii rapidamente e scesi al piano di sotto. La sala da pranzo era aperta e un numero sorprendente di persone ne stava già uscendo. Mangiai solo frutta e corsi fuori anch'io.

Una coltre di nebbia spazzava il terreno, ammassandosi sui prati in lontananza. Gli uccelli si davano la voce da un albero all'altro. Mentre mi allontanavo dall'albergo spuntò il sole, dando tonalità spettacolari al cielo blu scuro che sovrastava l'orizzonte color pesca.

Arrivato in cima alla collina con quindici minuti di anticipo sull'appuntamento, mi sedetti appoggiandomi al tronco di un grosso albero, affascinato dai rami intricati che si allungavano sopra la mia testa. Dopo alcuni istanti sentii un rumore di passi proveniente dal sentiero e guardai da quella parte, aspettandomi di vedere Sarah. Invece era uno sconosciuto, un uomo sulla quarantina che si accorse di me quando era ormai a pochi metri di distanza. Sobbalzò e mi fece trasalire.

«Salve!» esclamò con un pesante accento di Brooklyn. Aveva i capelli mossi e leggermente radi, indossava un paio di jeans e scarponi da trekking, e aveva un aspetto incredibilmente sano e atletico.

Risposi con un cenno del capo.

«Scusa se ti sono piombato addosso all'improvviso.»

«Non importa.»

Mi disse di chiamarsi Phil Stone, e io mi presentai spiegandogli che stavo aspettando un'amica.

«Immagino tu sia qui per compiere qualche ricerca», aggiunsi.

«Non esattamente», mi rispose. «Lavoro per la University of Southern California. Stiamo effettuando alcuni studi in un'altra provincia sull'eccessivo sfruttamento delle foreste tropicali, ma appena posso vengo fin qui in macchina e mi concedo una pausa. Mi piace gironzolare da queste parti, dove le foreste sono così diverse.»

Si guardò intorno. «Ti sei accorto che alcuni di questi alberi hanno quasi cinquecento anni? Questa è davvero una foresta vergine, una vera rarità. Qui regna un equilibrio perfetto: gli alberi più grossi filtrano il sole e così un gran numero di piante tropicali più piccole può vivere ai loro piedi. In una foresta tropicale anche il resto della vegetazione è molto vecchio, ma cresce in modo diverso. In pratica è giungla. Questa invece è simile a un'antica foresta della zona temperata, come quelle degli Stati Uniti.»

«Non avevo mai visto niente del genere», ammisi.

«Lo so, ne rimangono ben poche. La maggior parte di quelle che conosco sono state vendute dal governo ai mercanti di legname. Sembra che tutto ciò che riescono a vedere in una foresta come questa è il materiale da costruzione che si può ricavarne. È una vergogna che qualcuno distrugga un posto come questo. Guarda l'energia!»

«Riesci a vedere l'energia qui?» gli chiesi.

Mi guardò attentamente quasi stesse decidendo cosa rispondere.

«Sì, ci riesco», disse alla fine.

«Io invece non ne sono stato capace», mi lamentai. «Ci ho provato ieri, quando stavano meditando con le piante di grano in giardino.»

«All'inizio nemmeno io riuscivo a vedere campi così grandi», mi confidò. «Ho dovuto cominciare guardandomi le dita.»

«In che modo?»

«Spostiamoci laggiù», indicò un punto in cui gli alberi erano più distanziati e si intravedeva il cielo azzurro tra il fogliame. «Così potrò farti vedere.»

Quando arrivammo esclamò: «Appoggiati all'indietro e unisci in punta gli indici. Tieni il cielo blu sullo sfondo. Ora stacca le punte di circa tre centimetri e guarda lo spazio che si è creato fra loro. Che cosa vedi?»

«Polvere sul cristallino del mio occhio.»

«Ignorala», mi esortò. « Fai sfumare l'immagine, avvicina le dita e poi allontanale di nuovo.»

Mentre parlava muovevo le dita, incerto su cosa intendesse per sfumare l'immagine. Alla fine decisi di fissare vagamente la zona tra le mie dita. Entrambe le punte mi apparvero leggermente sfocate, e mentre ciò accadeva vidi qualcosa di simile a del fumo che si allungava fra le dita stesse.

«Santo Cielo», esclamai, e spiegai quello che avevo appena visto.

«Ci siamo, ci siamo!» fu la sua risposta. «Adesso giocaci un po'.»

Sovrapposi prima tutte e quattro le dita, poi misi palmo contro palmo e infine unii gli avambracci. Ogni volta vedevo scorrere flussi di energia tra le parti del mio corpo. Lasciai cadere le braccia lungo i fianchi e guardai Phil.

«Vuoi vedere la mia energia?» mi chiese. Si alzò in piedi e indietreggiò, posizionando testa e torace in modo che il cielo si trovasse direttamente alle sue spalle. Provai per alcuni minuti, ma un rumore dietro di noi disturbò la mia concentrazione. Mi girai e vidi Sarah.

Phil fece un passo in avanti e le rivolse un ampio sorriso. «È lei la persona che stavi aspettando?»

Sarah si avvicinò, anche lei sorridente. «Ehi, io ti conosco!» esclamò indicando Phil.

Si abbracciarono con calore, poi Sarah mi spiegò: «Scusa il ritardo. Per chissà quale ragione la mia sveglia mentale non ha funzionato, ma adesso credo di aver capito perché: dovevo dare a voi due l'opportunità di incontrarvi e parlare. Che cosa stavate facendo? »

« Ha appena imparato a vedere i campi di energia tra le dita », le spiegò Phil.

Sarah ci fissò entrambi. « L'anno scorso io e Phil ci trovavamo in questo stesso posto, e imparavamo a fare la stessa cosa. Se proviamo a mettere in contatto le nostre schiene, magari riuscirà a vedere l'energia che scorre fra noi. »

Si misero davanti a me, schiena contro schiena. Suggerii loro di avvicinarsi, e loro si fermarono a pochi centimetri di distanza. Il profilo dei loro corpi si stagliava contro il cielo blu scuro, da quella parte. Con mia grande sorpresa lo spazio tra di loro apparve più chiaro, di un colore tenue tra il giallo e il rosa.

« La vede », esclamò Phil, accorgendosi della mia espressione.

Sarah si girò e afferrò Phil per un braccio. Fecero alcuni passi indietro e si allontanarono da me di circa tre metri. La parte superiore dei loro corpi mi apparve così circondata da un campo di energia bianco-rosa.

« Bene », esclamò Sarah seria, tornando indietro e accovacciandosi accanto a me. « Adesso osserva il panorama, la sua bellezza. »

Diventai subito consapevole delle forme e dei contorni di ciò che mi circondava. Mi sembrò di riuscire a concentrarmi completamente su ogni quercia, senza considerarne una parte alla volta ma comprendendo immediatamente l'intera forma. Rimasi colpito dall'aspetto e dalla configurazione di ciascun ramo, che mi sembrò unico e irripetibile. Guardai tutti gli alberi uno dopo l'altro, girandomi su me stesso. In questo modo mi sembrò che la sensazione di unicità che ogni quercia emanava aumentasse, come se io la vedessi, o meglio l'apprezzassi completamente per la prima volta.

Di colpo la mia attenzione venne attratta dalla vegetazione tropicale che si stendeva sotto quegli alberi così alti, e mi ritrovai nuovamente a osservare la forma unica di ciascuna pianta. Mi accorsi anche del modo in cui i vegetali dello stesso tipo tendevano a crescere insieme in quelle che mi sembrarono piccole comunità. Per esempio, i banani erano spesso circondati da piccoli filodendri che a loro volta erano attorniati da felci ancora più piccole. Guardando questi sistemi in miniatura fui nuovamente colpito dall'unicità del loro aspetto e delle loro caratteristiche.

A qualche metro di distanza il mio sguardo si fermò su una pianta particolare. La conoscevo come pianta da appartamento, una specie variegata di filodendro: foglie verde scuro, larghe circa un metro, il ritratto della salute e dell'energia.

«Prova a concentrarti su quella, cerca di rilassarti», mi suggerì Sarah.

Ubbidii, e feci vari tentativi con il mio punto focale. A un certo momento provai a concentrarmi sullo spazio a una decina di centimetri attorno alla pianta, cominciando a cogliere gradualmente lampi luminosi, finché, mettendo bene a fuoco riuscii a vedere un alone di luce bianca che la circondava.

«Adesso vedo qualcosa», esclamai.

«Guarda altre piante», riprese Sarah.

Mi bloccai, sconvolto. Intorno a ogni pianta c'era un campo di luce biancastra, visibile anche se trasparente, così che forme e colori non venivano oscurati. Mi resi conto che ciò che stavo vedendo era un'estensione della bellezza unica di ciascuna pianta. Era come se prima avessi visto i vegetali, poi mi fossi accorto della loro unicità e del loro aspetto finché qualcosa aveva ampliato la pura bellezza della loro espressione fisica. A quel punto avevo potuto percepire i campi di energia.

«Dimmi se riesci a vedere questo», esclamò Sarah sedendosi davanti a me con il viso rivolto al filodendro. Dal suo corpo si alzò un alone di luce biancastra che andò ad avvolgerlo. In tal modo il campo di energia della pianta si allargò di vari centimetri.

«Accidenti!» esclamai, provocando le risate dei due amici. Scoppiai a ridere anch'io, consapevole della peculiarità di ciò che stava accadendo e al tempo stesso non provando il minimo disagio nel vedere con grande chiarezza fenomeni di cui solo pochi minuti prima avevo decisamente dubitato. Mi accorsi che la percezione dei campi anziché evocare in me una sensazione di irrealtà, aveva conferito un aspetto più solido e reale a tutte le cose che mi circondavano.

Al tempo stesso tutto mi sembrava diverso. L'unico paragone valido che mi veniva in mente per descrivere quell'esperienza, era la ripresa filmata di una foresta, i cui colori fossero stati accentuati allo scopo di farla apparire un luogo mistico e incantato. Gli alberi, le foglie e il cielo, tutto risaltava ora grazie a una leggera luminosità che suggeriva la presenza di una vita, e forse di una coscienza, che andava oltre la nostra normale comprensione. Dopo aver visto tutto ciò non avrei mai più potuto considerare una foresta banale o scontata.

Mi rivolsi a Phil. «Siediti e concentra la tua energia sul filodendro», gli chiesi. «Mi piacerebbe fare il confronto.»

Phil sembrò perplesso. «Non posso farlo, non so perché ma non ci riesco.»

Lanciai un'occhiata a Sarah.

«Alcune persone ci riescono e altre no», mi spiegò. «Non ne abbiamo ancora capito il motivo. Marjorie deve esaminare i suoi studenti per scoprire chi è in grado di farlo. Due psicologi stanno cercando di collegare questa capacità con le caratteristiche personali, ma fino a oggi non hanno scoperto nulla.»

«Lasciatemi provare», chiesi.

«Va bene, fallo pure», disse Sarah.

Mi sedetti di nuovo, rivolgendo il viso alla pianta. Sarah e Phil si misero ad angolo retto rispetto a me.

«Allora, come devo cominciare?»

«Concentra la tua attenzione sulla pianta, come se volessi animarla con la tua energia», mi suggerì Sarah.

Fissai il filodendro immaginando l'energia che fluiva al suo interno, e dopo qualche minuto sollevai lo sguardo verso i miei due compagni.

«Spiacente», commentò secca Sarah. «È evidente che non fai parte dei pochi eletti.»

Guardai Phil con un'aria di finta disapprovazione.

La nostra conversazione fu interrotta da voci alterate che provenivano dal sentiero. Attraverso gli alberi scorgemmo un gruppo di uomini che discutevano animatamente fra loro.

«Chi sono?» domandò Phil a Sarah.

«Non lo so. Immagino si tratti di altra gente disturbata da ciò che stiamo facendo.»

Guardai la foresta intorno a noi, e mi sembrò che tutto fosse tornato normale.

«Ehi, non riesco più a vedere i campi di energia!»

«Ci sono cose che riportano bruscamente alla realtà», osservò Sarah.

Phil sorrise, dandomi una pacca amichevole sulla spalla. «Puoi riprovarci tutte le volte che vuoi, è come andare in bicicletta. Non devi fare altro che cominciare a vedere la bellezza per poi continuare.»

Di colpo mi ricordai di controllare l'ora. Il sole era molto più alto nel cielo e una leggera brezza mattutina faceva ondeggiare gli alberi. Guardai l'orologio e mi accorsi che erano le otto meno dieci.

«Temo proprio di dover rientrare», esclamai.

Sarah e Phil si unirono a me. Mentre camminavamo mi girai a guardare la collina ricoperta di alberi. «È un luogo fantastico», commentai. «Peccato che negli Stati Uniti non ci sia niente del genere.»

«Dopo che avrai visto i campi di energia in altre zone», mi spiegò Phil, «ti renderai conto di quanto sia dinamica questa foresta. Guarda quelle querce: in Perù sono molto rare, eppure qui a Viciente crescono. Una foresta abbattuta, specialmente se è stata spogliata di tutti gli alberi per permettere coltivazioni a scopo di lucro, possiede un campo di energia molto basso. E una città, lasciando da parte i suoi abitanti, ha un diverso tipo di energia.»

Cercai di concentrarmi sulle piante che fiancheggiavano il sentiero, ma l'atto stesso di camminare mi impediva la concentrazione.

«Siete sicuri che vedrò ancora questi campi?» domandai.

«Assolutamente», rispose Sarah. «Non ho mai sentito di nessuno che non sia riuscito a ripetere l'esperienza dopo averli visti una prima volta. Una volta è stato qui un oculista che dopo aver imparato a vedere i campi era in preda all'eccitazione. Saltò fuori che si era occupato di alcune anomalie della vista, comprese certe forme di cecità nei confronti dei colori, giungendo alla conclusione che esistono persone che hanno negli occhi ciò che lui ha definito 'ricettori pigri'. Aveva quindi insegnato a questa gente come vedere i colori che non avevano mai distinto in precedenza. Secondo lui per poter vedere i campi di energia occorreva fare la stessa cosa, e cioè svegliare altri 'ricettori addormentati', un gesto che in teoria ognuno di noi è in grado di compiere.»

«Vorrei poter vivere vicino a un posto come questo», sospirai.

«Lo vorremmo tutti», replicò Phil, poi rivolgendosi a Sarah: «Il professor Hains è ancora qui?»

«Sì, non può andarsene.»

Phil mi spiegò: «Sta effettuando ricerche interessanti su ciò che questa energia può fare per noi».

«Lo so, ieri ho parlato con lui.»

«L'ultima volta che sono stato qui», riprese Phil, «mi ha raccontato di uno studio che vorrebbe intraprendere sugli effetti fisici che può avere la vicinanza con certi ambienti ad alto potenziale energetico, come ad esempio quella foresta. In tal senso utilizzerebbe le stesse misure di efficienza degli organi per valutare gli effetti.»

«A dire il vero, io conosco già l'effetto», si intromise Sarah. «Ogni volta che arrivo in questa tenuta comincio a sentirmi meglio. Tutto viene potenziato: io stessa mi sento più forte, riesco a pensare con maggiore chiarezza e velocità. E le percezioni che ho su questo argomento e sul modo in cui si collega ai miei studi di fisica sono stupefacenti.»

«Su cosa stai lavorando?» le chiesi.

«Ricordi quando ti ho parlato di quegli strani esperimenti sulle particelle fisiche nel corso dei quali minuscoli frantumi di atomi apparivano proprio dove prevedevano gli scienziati?»

«Sì.»

«Bene, ho cercato di ampliare questa teoria eseguendo alcuni esperimenti per conto mio. L'ho fatto non per risolvere i problemi a cui stavano lavorando gli scienziati a proposito delle particelle subatomiche, ma per trovare invece una risposta alle domande di cui ti ho parlato prima: fino a che punto l'universo fisico nel suo complesso, essendo composto dalla stessa energia fondamentale, risponde alle nostre aspettative? Fino a che punto queste riescono a dar vita agli eventi che ci accadono?»

«Ti riferisci alle coincidenze?»

«Sì, prova a pensare agli avvenimenti della tua vita. La vecchia teoria newtoniana dice che tutto avviene per caso, che una persona può prendere le decisioni giuste ed essere preparata ma che ogni fatto è soggetto a una casualità indipendente dal nostro comportamento.

«Dopo le recenti scoperte della fisica moderna possiamo legittimamente domandarci se l'universo sia più dinamico di quanto abbiamo sempre pensato: forse funziona principalmente in modo meccanicistico, ma risponde anche in maniera più sottile all'energia mentale che noi proiettiamo. E perché no?

Voglio dire, se possiamo far crescere più rapidamente le piante, forse siamo in grado anche di far accadere certi eventi più in fretta – o più lentamente, a seconda di ciò che pensiamo.»

«Il Manoscritto ne parla?» chiesi.

Sarah mi sorrise. «Naturalmente, è la fonte stessa di tutte queste idee!» Si mise a frugare nello zaino, continuando a camminare, finché tirò fuori una cartelletta.

«Ecco la tua copia», disse.

Le lanciai una breve occhiata e me la infilai subito in tasca. Mentre attraversavamo il ponte esitai un istante per osservare i colori e le forme delle piante che mi circondavano. Modificai la mia messa a fuoco e vidi immediatamente i campi di energia che circondavano ogni cosa, compresi quelli di Sarah e Phil che avevano un colore verde-giallo. Di tanto in tanto il campo di Sarah assumeva una tonalità rosata.

Improvvisamente i miei due compagni si bloccarono e scrutarono intensamente il sentiero. A poco più di un metro di distanza un uomo avanzava velocemente verso di noi. Sentii una certa ansietà allo stomaco, ma ero deciso a mantenere la visione dei campi di energia. Riconobbi l'uomo: era il più alto di quel gruppo di studiosi dell'Università del Perù che il giorno prima ci avevano chiesto informazioni. Intorno a lui riuscivo a scorgere un alone di luce rossa.

L'uomo ci affiancò e si rivolse condiscendente a Sarah: «Lei è una scienziata, vero?»

«Esatto.»

«Allora come può tollerare questo genere di scienza? Ho visto i giardini, e non riesco a credere a tanta negligenza: voi non avete controllato tutto, ci potrebbero essere moltissime spiegazioni della crescita straordinaria di certe piante.»

«È impossibile controllare ogni cosa, signore. Noi cerchiamo semplicemente di individuare le tendenze generali.»

Riuscii a distinguere una nota di irritazione nella voce di Sarah.

«Ma ipotizzare l'esistenza di una nuova forma di energia che determini la composizione degli esseri viventi è una vera assurdità. Non avete nessuna prova.»

«Una prova è proprio quello che stiamo cercando.»

«Come potete supporre l'esistenza di qualcosa prima di ottenere la benché minima prova?»

Mi sembravano entrambi arrabbiati, anche se li ascoltavo a malapena. La mia attenzione era infatti concentrata sulla dinamica dei loro campi energetici. Quando la discussione era iniziata, io e Phil ci eravamo fatti da parte mentre Sarah e l'altro scienziato si fronteggiavano a pochi metri di distanza. I loro campi d'energia sembravano diventare in qualche modo più densi e animati, forse a causa di una vibrazione interna. Mentre la conversazione procedeva i campi cominciarono a fondersi: quando uno dei due antagonisti faceva valere le proprie ragioni la sua energia si agitava e sembrava assorbire quella dell'avversario con un movimento d'aspirazione, ma non appena l'altra persona ribatteva il flusso tornava a dirigersi dalla sua parte. Considerando l'episodio dal punto di vista strettamente dinamico, chi segnava un punto a proprio favore riusciva a catturare e assorbire parte del campo energetico dell'avversario.

«E inoltre», stava spiegando Sarah, «noi abbiamo osservato i fenomeni che stiamo cercando di capire.»

L'uomo lanciò a Sarah un'occhiata carica di disprezzo. «Allora siete tutti pazzi oltre che incompetenti», esclamò allontanandosi.

«Dinosauro», gridò Sarah, facendo ridere me e Phil.

«Questa gente riesce sempre a farmi arrabbiare», commentò Sarah mentre riprendevamo il cammino.

«Cerca di non pensarci», la consolò Phil. «A volte persone del genere capitano da queste parti.»

«Ma perchè così tante? E proprio adesso?» si domandò Sarah.

Quando arrivammo in prossimità dell'albergo riuscii a scorgere Wil accanto alla jeep. Le portiere dell'auto erano aperte e c'erano vari arnesi sul cofano. Vedendomi, Wil mi fece cenno di avvicinarmi.

«A quanto pare è arrivato il momento di andare», esclamai.

Il mio commento interruppe un silenzio che durava da dieci minuti e che era iniziato quando avevo cercato di spiegare quello che avevo visto accadere al campo di Sarah durante la discussione. Evidentemente non ero riuscito a farmi capire, dato che l'unica reazione ai miei commenti erano stati sguardi inespressivi. Ognuno di noi si era poi lasciato assorbire dai propri pensieri.

«È stato un piacere», esclamò Sarah allungando la mano per salutarmi.

Phil fissava la jeep. «Quello è Wil James? È lui il tuo compagno di viaggio?» mi chiese.

«Sì, perché?»

«Così, per curiosità. L'ho già visto da queste parti. So che conosce il proprietario e che ha fatto parte di quel primo gruppo che ha avviato gli studi sui campi d'energia.»

«Vieni a conoscerlo», lo invitai.

«No, devo andare. Sono sicuro che non riuscirai a stare lontano da questi luoghi, e prima o poi ci incontreremo ancora.»

«Certo», risposi.

Sarah disse che anche lei doveva andarsene e che avrei potuto contattarla tramite il proprietario del Viciente. Li trattenni ancora qualche minuto per ringraziarli delle spiegazioni che mi avevano dato.

L'espressione di Sarah si fece seria. «Vedere l'energia e impossessarsi di questo nuovo modo di percepire il mondo fisico si diffonde attraverso una specie di contagio. Non ne conosciamo ancora il motivo, ma quando una persona sta con qualcuno che vede i campi di solito comincia anche lei a vederli. Perciò vai e insegna a qualcun altro come si fa.»

Feci cenno di sì e corsi verso la jeep. Wil mi accolse con un sorriso.

«Sei pronto?» gli domandai.

«Quasi. Come è andata la mattinata?»

«Bene. Ho un sacco di cose da raccontarti.»

«È meglio che ne parliamo dopo, adesso dobbiamo andarcene. L'ambiente non è più molto cordiale.»

Mi feci più vicino. «Cosa succede?»

«Niente di serio. Ti spiegherò più tardi. Adesso prendi la tua roba.»

Entrai in albergo e ritirai le poche cose che avevo lasciato in camera. Wil mi aveva già avvisato che non avremmo dovuto pagare niente, grazie all'ospitalità del proprietario, così mi limitai a restituire la chiave alla reception e tornai alla jeep.

Wil, nascosto dal cofano aperto, stava controllando qualcosa. Quando gli andai vicino lo chiuse di scatto.

«Bene, andiamo», esclamò.

Uscimmo dal parcheggio dirigendoci poi verso la strada principale. Molte altre macchine erano in partenza insieme a noi.

«Allora, cosa succede?» chiesi.

«Un gruppo di funzionari locali e alcuni scienziati si sono lamentati della gente legata a questo centro per le conferenze. Non accusano nessuno di illegalità, ma sostengono che alcune persone che frequentano questo posto siano 'indesiderabili', e non studiosi autorizzati. I funzionari potrebbero provocare un sacco di guai, persino chiudere l'albergo.»

Lo guardai stupito, e Wil mi spiegò: «Vedi, normalmente questo albergo alloggia diversi gruppi nello stesso periodo, e solo una minima parte di questi ha a che fare con il Manoscritto. Tutti gli altri si interessano ad altre discipline e si riuniscono qui attratti dall'incredibile bellezza del posto. Se i funzionari diventano ostili e creano un clima sfavorevole, questi gruppi sceglieranno un altro posto in cui incontrarsi».

«Ma io avevo capito che le autorità locali non avrebbero mai disturbato i turisti per via del denaro che portano a Viciente!»

«Lo credevo anch'io, ma qualcuno deve averli messi all'erta sul Manoscritto. Nei giardini nessuno si è accorto di nulla?»

«No, non esattamente. Si chiedevano solo come mai all'improvviso ci fosse tanta gente arrabbiata.»

Wil restò in silenzio. Uscimmo dal cancello in direzione sud-est. Circa un chilometro più avanti deviammo verso la catena di montagne.

«Passeremo proprio di fianco ai giardini», disse a un certo punto Wil.

Vidi davanti a noi i campi e il primo edificio di lamiera. Mentre passavamo si aprì la porta e il mio sguardo incrociò quello della persona che stava uscendo. Era Marjorie, che mi sorrise e mi seguì con gli occhi, in modo che i nostri sguardi restarono agganciati a lungo.

«Chi era?» mi chiese Wil.

«Una donna che ho incontrato ieri.»

Annuì, cambiando subito argomento. «Sei riuscito a dare un'occhiata alla Terza Illuminazione?»

«Me ne hanno data una copia.»

Wil non replicò, apparentemente assorto nei suoi pensieri, così tirai fuori la traduzione e ripresi la lettura dal punto in cui mi ero interrotto. Da lì in poi la Terza Illuminazione analizzava la natura della bellezza, specificando che attraverso tale percezione gli esseri umani avrebbero potuto imparare a osservare i campi di energia. Dopo questa presa di coscienza la nostra comprensione dell'universo fisico si sarebbe rapidamente trasformata.

Per esempio, avremmo cominciato a mangiare una maggiore quantità di cibo impregnato di tale energia, e saremmo diventati consapevoli del fatto che certi luoghi irradiano più energia di altri, soprattutto ambienti antichi come le foreste. Stavo per leggere le ultime pagine quando improvvisamente Wil parlò.

«Raccontami cosa hai provato ai giardini.»

Gli riferii meglio che potei gli avvenimenti di quelle due giornate, comprese le persone che avevo incontrato. Quando gli parlai del mio incontro con Marjorie si girò a guardarmi, sorridendo.

«Quanto hai raccontato a quella gente delle altre Illuminazioni e di come si collegano al lavoro che stanno svolgendo nei giardini?» volle sapere Wil.

«Non ho detto un bel niente. All'inizio non mi fidavo, e poi ho pensato che ne sapessero sicuramente più di me.»

«Credo che avresti potuto dare loro alcune informazioni molto importanti, se tu fossi stato del tutto onesto nei loro confronti.»

«Che genere di informazioni?»

«Questo lo sai solo tu.»

Rimasi senza parole e preferii guardare il paesaggio, che si era fatto collinoso e roccioso, con grossi blocchi di granito ammassati sul ciglio della strada.

«Che ne pensi del fatto che hai visto Marjorie mentre passavamo di fianco ai giardini?» mi chiese Wil.

Stavo per dire 'Una coincidenza', ma risposi: «Non saprei. Tu cosa pensi?»

«Io credo che nulla accade per caso. Per me significa che avete lasciato una faccenda in sospeso, qualcosa che dovevate dirvi e che non vi siete detti.»

L'idea mi interessava e infastidiva al tempo stesso. Per tutta la vita ero stato accusato di essere sempre troppo distaccato, di fare domande senza esprimere un'opinione o prendere in qualche modo posizione. Mi chiesi perché quell'argomento tornasse a galla proprio allora.

Mi accorsi anche che cominciavo a sentirmi diverso. Mentre a Viciente mi ero sentito coraggioso e sicuro di me, in quel momento ero in preda a quella che si può definire una depressione crescente mista ad ansietà.

«Adesso mi hai demoralizzato», mi lamentai.

Wil scoppiò a ridere e ribatté: «Non sono stato io, è perché hai lasciato Viciente. L'energia di quel luogo ti fa volare alto come un aquilone. Secondo te, perché anni fa tutti quegli studiosi hanno cominciato a riunirsi proprio nella tenuta? Non avevano la più pallida idea del perché amassero così tanto quel posto.» Si girò per guardarmi bene in faccia. «Noi invece lo sappiamo, vero?»

Controllò la strada poi si girò ancora a guardarmi, preoccupato. «Quando lasci un posto del genere devi fare ricorso a tutta la tua energia.»

Vedendo il mio stupore mi sorrise, rassicurante. Restammo in silenzio per un chilometro, finché Wil disse: «Raccontami ancora qualcosa di quello che è successo ai giardini».

Continuai la mia storia, e quando gli riferii di aver visto i campi di energia mi guardò sorpreso, ma non fece commenti.

«Tu riesci a vederli?» gli chiesi.

Mi lanciò un'occhiataccia. «Sì. Continua.»

Proseguii senza interrompermi finché arrivai alla discussione di Sarah con lo scienziato peruviano e la dinamica dei loro campi di energia durante l'alterco.

«Cosa hanno detto in proposito Sarah e Phil?»

«Niente, mi è sembrato che non avessero un punto di riferimento su cui basarsi per un eventuale giudizio.»

«Non credo», osservò Wil. «Sono talmente affascinati dalla Terza Illuminazione che non vanno oltre. Il modo in cui gli esseri umani competono per l'energia è la Quarta Illuminazione.»

«Competono per l'energia?»

Wil sorrise a stento, indicando con un cenno del capo la traduzione che avevo in mano.

Ripresi dal punto in cui mi ero interrotto. Il testo indicava chiaramente la Quarta Illuminazione: diceva che a un certo punto noi esseri umani avremmo visto l'universo come la manifestazione di una energia dinamica in grado di sostenerci e rispondere alle nostre aspettative. Al tempo stesso ci saremmo resi conto di essere stati allontananti dalla più ampia fonte di questa energia, emarginandoci e sentendoci di conseguenza deboli e insicuri.

A causa di questo distacco noi esseri umani abbiamo sempre

cercato di aumentare la nostra energia personale nell'unica maniera che conosciamo: cercando di rubarla psicologicamente agli altri – una forma inconscia di competizione che è alla base di tutti i conflitti umani nel mondo.

LA LOTTA PER IL POTERE

La jeep finì in una buca, e il sobbalzo mi svegliò. Guardai l'orologio: erano le tre del pomeriggio. Quando mi stirai, cercando di svegliarmi completamente, sentii una fitta di dolore alla schiena.

Il viaggio era stato faticoso. Dopo aver lasciato Viciente avevamo continuato per tutto il giorno, facendo varie deviazioni come se Wil fosse in cerca di qualcosa che non riusciva a trovare. Avevamo trascorso la notte in un alberghetto con i letti duri e pieni di protuberanze, e io non ero riuscito a dormire. Ora, dopo aver viaggiato in quelle condizioni per il secondo giorno di fila ero deciso a lamentarmi.

Lanciai un'occhiata a Wil, ma era talmente concentrato nella guida, assorto e preoccupato, che decisi di non distrarlo. Sembrava ancora dell'umore cupo di alcune ore prima, quando aveva fermato la jeep dicendomi che dovevamo parlare.

« Ricordi quando ti ho detto che le Illuminazioni vanno scoperte una alla volta? » mi aveva chiesto.

« Sì. »

« Tu credi che saranno loro stesse a presentarsi? »

« Finora lo hanno fatto », avevo risposto quasi scherzando.

Wil mi aveva guardato serio. « Trovare la Terza Illuminazione è stato facile, non abbiamo dovuto fare altro che visitare Viciente. Ma da adesso in poi imbattersi nelle altre potrebbe essere molto più difficile. »

Si era interrotto per un attimo, poi aveva ripreso: « Credo che dovremmo dirigerci a sud verso il villaggio di Cula, vicino a Quilabamba. Laggiù c'è un'altra foresta vergine che penso tu debba vedere. Devi assolutamente essere pronto, perché le coincidenze avvengono regolarmente ma sei tu che devi accorgerti di loro. Capisci? »

Gli avevo risposto di sì e che avrei tenuto a mente tutto ciò che mi aveva detto. La nostra conversazione si era interrotta e io ero caduto in un sonno profondo – che ora rimpiangevo per via del mal di schiena. Mi allungai nuovamente, accorgendomi che Wil mi guardava.

«Dove siamo?» gli domandai.

«Ancora nella regione andina», fu la risposta.

Le colline avevano lasciato il posto ad alti crinali e vallate. La vegetazione si era fatta più piatta, gli alberi più piccoli e battuti dai venti. Aspirando profondamente mi accorsi che l'aria era più fredda e rarefatta.

«È meglio infilarsi questa», esclamò Wil tirando fuori una giacca a vento marrone dallo zaino. «Nel pomeriggio farà senz'altro freddo.»

Davanti a noi c'era uno stretto incrocio, proprio dove la strada curvava. Sul lato, vicino a un negozio e a un distributore di benzina, era parcheggiato un veicolo con il cofano aperto. Alcuni attrezzi erano sparsi su uno straccio steso sul paraurti. Mentre passavamo un uomo biondo uscì dal negozio e ci guardò. Aveva la faccia rotonda e indossava un paio di occhiali dalla montatura scura.

Lo guardai attentamente, e la mia mente fece un balzo indietro di cinque anni.

«So che non era lui», spiegai a Wil. «Ma quel tizio assomiglia terribilmente a un amico con cui lavoravo un tempo. Sono anni che non mi capita di pensare a lui.»

Ebbi l'impressione che Wil mi stesse scrutando.

«Ti avevo raccomandato di osservare bene tutto», esclamò. «Torniamo indietro a vedere se ha bisogno di aiuto. Quell'uomo non mi è sembrato un indigeno.»

Trovammo uno slargo per girare e facemmo inversione di marcia. Quando arrivammo al negozio l'uomo stava trafficando con il motore. Wil si fermò accanto alla pompa di benzina e si sporse dal finestrino.

«Sembra che tu sia nei guai», esclamò.

L'uomo spinse indietro gli occhiali sul naso, un'abitudine che aveva anche il mio amico.

«Sì», rispose. «Ho perso la pompa dell'acqua.» Dimostrava quarant'anni circa, era di corporatura snella, e parlava un inglese con accento francese.

Wil scese rapidamente dalla jeep e fece le presentazioni. Lo sconosciuto mi porse la mano con un sorriso familiare. Il suo nome era Chris Reneau.

« Lei sembra francese », dissi.

« Infatti lo sono, ma insegno psicologia in Brasile. Mi trovo qui in Perù alla ricerca di informazioni su un antico manoscritto. »

Esitai, incerto se fosse o meno il caso di fidarmi.

Alla fine mi decisi: « Anche noi siamo qui per lo stesso motivo ».

Mi guardò, profondamente interessato. « Che cosa puoi dirmi in proposito? Hai visto delle copie? »

Prima che potessi rispondergli Wil uscì dall'edificio, sbattendo la porta. « Siamo fortunati », mi spiegò. « Il proprietario ha un posto dove possiamo mettere la tenda, e c'è anche del cibo caldo. Possiamo fermarci per la notte. » Si girò a guardare Reneau con aria speranzosa. « Sempre che a te non dispiaccia dividere la tua prenotazione. »

« No, anzi », ribatté Reneau. « Sono felice di avere compagnia. Fino a domattina non mi arriverà la pompa nuova. »

Mentre lui e Wil iniziavano una conversazione sulla meccanica e l'affidabilità del fuoristrada di Reneau, io mi appoggiai contro la jeep assaporando il calore del sole e scivolando in una piacevole fantasticheria sul vecchio amico che quell'incontro mi aveva riportato alla mente. Era un tipo curioso e perennemente stupito, oltre che un gran lettore. Riuscivo vagamente a ricordare le sue teorie preferite, ma il tempo aveva annebbiato i ricordi.

« Sistemiamo la nostra roba nel campeggio », mi disse Wil, dandomi una pacca sulla schiena.

« Va bene », risposi distrattamente.

Aprì lo sportello posteriore e tirò fuori la tenda e i sacchi a pelo che mi mise in braccio, poi afferrò una sacca da viaggio piena di biancheria. Reneau stava chiudendo il suo fuoristrada. Ci dirigemmo insieme oltre il negozio, scendemmo alcuni gradini e imboccammo uno stretto sentiero sulla sinistra. Dopo venti o trenta metri sentimmo il rumore di acqua corrente, e più avanti scorgemmo un ruscello che scendeva lungo le rocce. L'aria era ancora più fresca e potevo sentire il profumo penetrante della menta.

Davanti a noi il terreno si alzava e il torrente formava un laghetto del diametro di circa sei metri. Qualcuno aveva ripulito lo spiazzo circostante, sistemando anche alcune pietre in circolo per un eventuale fuoco. Appoggiata a un albero c'era una catasta di legna.

«Questo posto è perfetto», disse Wil inizando a montare la sua grossa tenda a quattro posti. Reneau montò la sua, molto più piccola, alla destra di quella di Wil.

«Tu e Wil siete ricercatori?» mi chiese a un certo punto. Wil aveva finito di sistemare la tenda ed era andato a controllare la cena.

«Wilson è una guida, e al momento io non sto combinando granché.»

Reneau mi guardò stupito.

Gli sorrisi, chiedendogli: «Tu sei riuscito a vedere qualche parte del Manoscritto?»

«Ho visto due Illuminazioni, la Prima e la Seconda», mi rispose avvicinandosi. «E ti dirò un'altra cosa: credo che stia avvenendo tutto proprio come dice il Manoscritto. Stiamo cambiando la nostra visione del mondo, e io lo rilevo anche nel campo della psicologia.»

«In che senso?»

Respirò profondamente. «Io mi occupo di conflitti, esamino le cause del comportamento violento degli uomini. Abbiamo sempre saputo che questa violenza deriva dal bisogno degli uomini di controllare e dominare gli altri, ma solo recentemente abbiamo studiato questo fenomeno dall'interno, considerandolo dal punto di vista della coscienza individuale. Ci siamo chiesti quale sia il meccanismo interno di un essere umano all'origine del suo desiderio di esercitare controllo sul prossimo. E abbiamo scoperto anche che quando un individuo si rivolge a un altro avviando una conversazione, cosa che avviene milioni di volte al giorno nel mondo, possono esserci solo due risultati: gli interlocutori si allontaneranno sentendosi deboli o forti, a seconda di cosa è avvenuto durante il contatto.»

Gli lanciai un'occhiata ancora più stupita, e lui sembrò leggermente imbarazzato per essersi lanciato in una lunga dissertazione sull'argomento. Dovetti pregarlo di continuare.

«Per questo motivo», riprese, «noi uomini sembriamo assumere sempre un atteggiamento manipolatore. Quali che siano i particolari della situazione o l'argomento in oggetto, noi ci prepariamo a dire ciò che è necessario al fine di avere il sopravvento nella conversazione. Ognuno di noi cerca di acquisire il controllo e di avere così il dominio della conversazione. Se abbiamo successo imponendo il nostro punto di vista riceviamo una grossa carica psicologica.

«In altre parole cerchiamo di superarci in astuzia non solo per ottenere un risultato tangibile, ma anche e soprattutto perché ne ricaviamo un notevole stimolo psicologico. Questo è il motivo per cui assistiamo a così tanti conflitti irrazionali, sia tra individui sia tra intere nazioni.

«Nel mio settore il parere dominante è che questa realtà stia affiorando alla coscienza pubblica. Stiamo cominciando a capire quanto ci manipoliamo a vicenda, e di conseguenza vogliamo valutare in modo diverso le nostre motivazioni, cercando sistemi nuovi di interazione. Io credo che questa rivalutazione faccia parte della nuova visione del mondo di cui parla il Manoscritto.»

La nostra conversazione fu interrotta dall'arrivo di Wil. «La cena è pronta», annunciò.

Ci affrettammo lungo il sentiero, dirigendoci verso il seminterrato dell'edificio dove vivevano i membri della famiglia. Attraversammo il soggiorno e arrivammo in sala da pranzo dove c'era un tavolo su cui era sistemata la nostra cena: stufato, verdure e insalata.

«Accomodatevi, accomodatevi», continuava a ripetere in inglese il proprietario, tirando fuori le sedie e girandoci intorno tutto indaffarato. Alle sue spalle c'erano una donna, evidentemente sua moglie, e una ragazzina di circa quindici anni.

Mentre ci sedevamo Wil sfiorò con il braccio la sua forchetta, facendola cadere rumorosamente a terra. L'uomo lanciò un'occhiataccia alla donna, la quale si rivolse a sua volta alla ragazza che non si era ancora mossa per andare a prendere un'altra posata. Alla fine si precipitò nell'altra stanza e tornò con una forchetta pulita. La porse esitante a Wil, tenendo la schiena curva e con la mano che le tremava leggermente. Incrociai lo sguardo di Reneau, seduto dall'altra parte del tavolo.

«Buon appetito», esclamò il padrone di casa passandomi uno dei piatti. Per quasi tutta la cena Reneau e Wil chiacchierarono piacevolmente su argomenti come la vita accademica e i piaceri dell'insegnamento e dell'attività editoriale. Il proprietario se ne era andato, ma la donna era rimasta sulla soglia.

Lei e la figlia ci stavano servendo le nostre porzioni di torta quando la ragazza urtò con il gomito il mio bicchiere, rovesciando l'acqua sul tavolo. La madre la assalì urlando in spagnolo e spingendola via.

«Mi spiace molto», si scusò la donna asciugando l'acqua. «La ragazza è così maldestra.»

A quel punto la ragazzina esplose, lanciando ciò che restava della torta verso la donna, mancandola. Il piatto e il dolce atterrarono in mezzo al tavolo, andando in mille pezzi, proprio mentre il proprietario tornava nella sala.

L'uomo si mise a gridare e la ragazza fuggì.

«Mi dispiace», esclamò precipitandosi al nostro tavolo.

«Non c'è problema», replicai. «Cerchi di non essere così severo con sua figlia.»

Wil si alzò per pagare il conto, poi battemmo in ritirata. Reneau era rimasto in silenzio, e si decise a parlare solo dopo che fummo usciti.

«Avete visto quella ragazza?» domandò guardandomi. «È un classico esempio di violenza psicologica. Ed è quello che succede quando l'esigenza di controllare gli altri arriva agli estremi. L'uomo e la donna dominano completamente la figlia: avete visto com'era nervosa?»

«Sì, e mi è sembrato anche che non ne potesse più.»

«Esatto! I suoi genitori non le danno mai un attimo di respiro, e dal suo punto di vista è convinta di non avere altra scelta se non la ribellione violenta. È l'unico modo in cui crede di poter acquisire il controllo. Sfortunatamente, a causa di questi traumi giovanili, quando diventerà adulta penserà di dover controllare e dominare gli altri con la stessa intensità. Questa caratteristica, profondamente radicata in lei, la renderà prepotente come lo sono adesso i suoi genitori, soprattutto quando avrà a che fare con esseri più vulnerabili come ad esempio i bambini.

«È chiaro che i suoi genitori hanno subito questo stesso trauma prima di lei: si sentono costretti a dominare così come li hanno dominati i loro stessi genitori. In questo modo la violenza psicologica viene tramandata da una generazione all'altra.»

Reneau si bloccò di colpo. «Devo andare a prendere il mio sacco a pelo in macchina», spiegò. «Torno in un secondo.»

Feci cenno di sì, e proseguii con Wil verso il campeggio.

«Tu e Reneau avete parlato a lungo», osservò Wil.

«Sì, è vero», ammisi.

Sorrise. «A dire il vero, è stato Reneau a fare gran parte dei discorsi. Tu ascolti e rispondi alle sue domande senza concedere molto di più.»

«Mi interessa quello che dice», esclamai sulla difensiva.

Wil mi ignorò. «Hai visto gli spostamenti di energia tra i membri di quella famiglia? L'uomo e la donna assorbivano quella della ragazza, lasciandola mezza morta.»

«Ho dimenticato di osservare i flussi di energia.»

«Non pensi che a Reneau avrebbe fatto piacere vederli? Perché credi di averlo incontrato?»

«Non saprei.»

«Non pensi che ci sia un significato in tutto questo? Stavamo guidando lungo la strada quando a un tratto hai visto una persona che ti ricordava un tuo vecchio amico, e facendo la sua conoscenza apprendiamo che anche lui è sulle tracce del Manoscritto. Non ti sembra che tutto ciò vada oltre una banale coincidenza?»

«Sì.»

«Forse vi siete incontrati affinché tu possa ricevere qualche informazione che aumenti il significato del tuo viaggio. E di conseguenza magari sei in grado di fornirne qualcuna a lui.»

«Sì, credo di sì. Cosa potrei dirgli?»

Wil mi lanciò un'altra delle sue occhiate cariche di affetto. «La verità.»

Prima che io potessi replicare Reneau arrivò saltellando lungo il sentiero.

«Ho portato una torcia, nel caso ci possa servire più tardi.»

Solo allora mi accorsi che si stava facendo sera e guardai verso ovest: il sole era già tramontato, ma il cielo era ancora arancione. Le poche nuvole da quella parte erano di un colore più scuro, quasi rossastro. Per un attimo mi sembrò di scorgere un campo biancastro di energia intorno alle piante più vicine, ma l'immagine svanì subito.

«È un bellissimo tramonto», esclamai accorgendomi che Wil era scomparso nella sua tenda mentre Reneau stava sistemando il suo sacco a pelo.

«Sì, davvero», disse distrattamente.

Mi avvicinai.

Lui alzò lo sguardo e mi chiese: «Non sono riuscito a chiedertelo prima: quali Illuminazioni hai visto?»

«Le prime due mi sono state solo descritte», risposi. «Ma veniamo da una breve sosta di due giorni a Viciente, nei pressi di Satipo, e mentre ci trovavamo là una delle persone che si occupa delle ricerche mi ha dato una copia della Terza Illuminazione. È davvero incredibile.»

I suoi occhi si illuminarono. «Ce l'hai con te?»

«Sì. Vuoi darle un'occhiata?»

Colse al volo l'opportunità e se ne andò nella sua tenda a leggere. Trovai alcuni fiammiferi e un vecchio giornale, e li usai per accendere il fuoco. Quando Wil strisciò fuori dalla sua tenda le fiamme ardevano luminose.

«Dov'è Reneau?» mi chiese.

«Sta leggendo la traduzione che mi ha dato Sarah.»

Wil si accomodò su un tronco liscio che era stato appositamente sistemato davanti al fuoco e io lo raggiunsi. L'oscurità era ormai calata e non si poteva vedere nulla oltre al profilo degli alberi sulla nostra sinistra, le luci lontane della stazione di servizio alle nostre spalle e un bagliore tenue che proveniva dalla tenda di Reneau. Il bosco era animato dai suoni notturni, alcuni per me sconosciuti.

Dopo una mezz'ora Reneau emerse dalla sua tenda tenendo in mano la torcia, e venne a sedersi alla mia sinistra. Wil stava sbadigliando.

«Questa Illuminazione è stupefacente», esclamò. «Ma esiste davvero qualcuno in grado di vedere i campi di energia?»

Gli riferii brevemente le mie esperienze, dal nostro arrivo fino al momento in cui io stesso avevo visto i campi.

Restò un attimo in silenzio poi mi domandò: «Stavano veramente compiendo degli esperimenti quando proiettavano la loro energia sulle piante, influenzandone la crescita?»

«Influivano anche sui loro valori nutritivi», aggiunsi.

«Ma l'Illuminazione principale è ancora più ampia», commentò quasi parlando fra sé. «La Terza Illuminazione consiste nella consapevolezza che l'intero universo è composto da tale energia, e che noi possiamo influenzare altre cose oltre le piante, semplicemente utilizzando l'energia che ci appartiene, la parte che siamo in grado di controllare.» Fece una lunga pausa. «Mi domando in che modo possiamo influenzare le altre persone con la nostra energia.»

Wil mi guardò sorridendo.

« Posso dirti ciò che ho visto: ho assistito a una lite fra due persone e le loro energie si comportavano in modo decisamente strano. »

Reneau spinse di nuovo gli occhiali all'indietro sul naso. « Raccontami tutto. »

A quel punto Wil si alzò. « Credo sia meglio che io mi ritiri, è stata una giornata lunghissima. »

Gli augurammo la buona notte e lui entrò nella sua tenda. Descrissi a Reneau come meglio mi riuscì ciò che si erano detti Sarah e gli altri scienziati, sottolineando l'azione dei loro campi di energia.

« Aspetta un attimo », mi interruppe Reneau. « Tu hai visto durante la lite le loro energie attirarsi a vicenda, cercando di 'catturarsi'? »

« Esatto. »

Rimase pensieroso per alcuni istanti. « È qualcosa da analizzare a fondo. Due persone litigano per imporre il proprio punto di vista e ciascuno è deciso a spuntarla sull'altro, anche a costo di minare la fiducia in se stesso e di ricorrere agli insulti. »

Sollevò di scatto la testa. « Sì, tutto ciò ha senso! »

« Cosa vuoi dire? »

« Il movimento di questa energia, se riusciamo a osservarla sistematicamente, ci permette di capire che cosa avviene negli esseri umani quando sono in competizione, litigano e si fanno del male. Quando controlliamo un'altra persona ci impossessiamo della sua energia, caricandoci a sue spese, e la nostra motivazione consiste proprio in questa carica. Senti, io devo assolutamente imparare a vedere i campi di energia. Dov'è Viciente? Come faccio ad arrivarci? »

Gli indicai la zona, aggiungendo che avrebbe dovuto rivolgersi a Wil per i dettagli.

« Va bene, lo farò domani », mi assicurò. « Adesso ho bisogno di dormire. Voglio partire il più presto possibile. »

Mi augurò la buona notte e scomparve nella sua tenda, lasciandomi solo davanti al fuoco scoppiettante tra i rumori della notte.

Quando mi svegliai Wil era già fuori dalla tenda. Potevo sentire il profumo della colazione. Scivolai fuori dal sacco a pelo e sbirciai attraverso una fessura: Wil teneva una pentola sul fuoco. Ma non vidi Reneau e nemmeno la sua tenda.

«Dov'è Reneau?» domandai avvicinandomi al fuoco.

«Ha già fatto i bagagli e adesso è andato a sistemare il fuoristrada in modo da poter partire appena arriva il pezzo di ricambio.»

Wil mi porse una ciotola di pappa d'avena e ci sedemmo su uno dei tronchi a mangiare.

«Siete rimasti alzati a parlare fino a tardi?» mi chiese.

«Non proprio. Gli ho raccontato tutto quello che so.»

In quel momento sentimmo dei rumori provenienti dal sentiero. Reneau stava avanzando velocemente verso di noi.

«Sono pronto. Adesso devo salutarvi.»

Dopo alcuni minuti di conversazione Reneau se ne andò. Wil e io ci lavammo e rademmo a turno nel bagno del proprietario della stazione di servizio, poi preparammo i bagagli, facemmo il pieno di benzina e partimmo, diretti a nord.

«Quanto dista Cula?» domandai.

«Se siamo fortunati ci arriviamo prima di sera. Allora, che cosa hai imparato da Reneau?»

Ebbi l'impressione che si aspettasse una risposta precisa. «Non saprei.»

«Che idea ti ha lasciato?»

«Che noi esseri umani abbiamo la tendenza a controllare e dominare gli altri, seppure a livello inconscio. Vogliamo conquistare l'energia che scorre tra le persone perché in qualche modo ci rafforza, ci fa sentire meglio.»

Wil fissava la strada davanti a sé come se stesse improvvisamente pensando a qualcos'altro.

«Perché vuoi saperlo?» gli chiesi. «È questa la Quarta Illuminazione?»

«Non esattamente. Hai visto fluire l'energia fra due persone, ma non sono sicuro che tu sappia cosa si prova se dovesse accadere a te.»

«Allora dimmi cosa si prova!» esclamai esasperato. «Mi accusi sempre di non parlare, ma ottenere un'informazione da te è come strapparti un dente! Per giorni interi ho cercato di scoprire qualcosa sulle tue esperienze passate con il Manoscritto, e tu non fai altro che cercare di sviarmi.»

Wil scoppiò a ridere. «Abbiamo fatto un patto, ricordi? Ho

un'ottima ragione per essere così riservato. Una delle Illuminazioni riguarda il modo di interpretare gli avvenimenti passati della propria vita. È un processo grazie al quale diventa chiaro chi siamo e per quale scopo ci troviamo su questo pianeta. Prima di parlarti di me voglio che raggiungiamo questa Illuminazione, d'accordo?»

Sorrisi per l'audacia delle sue parole. «Credo di sì.»

Viaggiammo in silenzio per il resto della mattina. Il sole era alto nel cielo blu. Mentre salivamo sulle montagne, di tanto in tanto nuvole spesse ci attraversavano la strada lasciando il parabrezza leggermente bagnato. Verso mezzogiorno ci fermammo in un punto che offriva una vista spettacolare delle montagne e delle vallate che si stendevano a est.

«Hai fame?» mi chiese Wil.

Annuii, e lui tirò fuori da una borsa che teneva sul sedile posteriore due panini avvolti con cura. Dopo avermene passato uno mi chiese: «Cosa ne pensi di questo panorama?»

«È splendido.»

Sorrise e mi fissò, dandomi l'impressione che stesse osservando il mio campo d'energia.

«Che stai facendo?»

«Sto solo guardando. Le cime delle montagne sono luoghi speciali che possono creare energia in chiunque ci si trovi. Sembra che tu abbia una certa affinità con i panorami di montagna.»

Raccontai a Wil della vallata di mio nonno, del crinale sovrastante il lago e della sensazione di grande energia e benessere che avevo avvertito proprio il giorno in cui era arrivata Charlene.

«Forse crescere da quelle parti ti ha preparato per qualcosa che accadrà qui, adesso.»

Stavo per chiedergli qualcos'altro a proposito dell'energia che deriva dalle montagne ma Wil aggiunse: «Quando una foresta vergine si trova su una montagna l'energia viene ulteriormente amplificata».

«La foresta a cui siamo diretti si trova in cima a una montagna?» gli chiesi.

«Guarda tu stesso», mi rispose. «Puoi vederla benissimo.»

Indicò a oriente. Ad alcuni chilometri di distanza riuscivo a scorgere due crinali che correvano paralleli per un lungo tratto, per poi unirsi. Nel mezzo giaceva quella che mi sembrò una minuscola cittadina, e nel punto d'incontro dei crinali la montagna saliva bruscamente, creando una cima rocciosa. La cima appariva leggermente più alta della dorsale su cui ci trovavamo e l'area intorno alla sua base sembrava molto più verdeggiante, come se fosse coperta da una foresta lussureggiante.

«Quell'area così verde?» domandai.

«Sì. È come Viciente, ma molto più potente e speciale.»

«In che senso, speciale?»

«Facilita una delle altre Illuminazioni.»

«Come?»

Wil rimise in moto la jeep e tornò sulla strada. «Scommetto che lo scoprirai.»

Nell'ora successiva nessuno di noi due parlò, e io finii per addormentarmi. Più tardi sentii Wil che mi scuoteva.

«Svegliati, stiamo per arrivare a Cula.»

Mi alzai a sedere. Davanti a noi, nella vallata in cui confluivano due strade sorgeva una cittadina. Ai lati c'erano i crinali che avevamo visto prima e che erano ricoperti da alberi giganteschi e verdissimi come quelli di Viciente.

«Vorrei dirti qualcosa, prima di arrivare. Nonostante l'energia della foresta questa città è molto meno civilizzata rispetto ad altre zone del Perù. Si sa che è un luogo in cui si possono ottenere informazioni sul Manoscritto, ma l'ultima volta che ci sono venuto era pieno di tipacci avidi che non sentivano l'energia e non capivano affatto le Illuminazioni. Erano interessati solo al denaro e alla fama che avrebbero ottenuto scoprendo la Nona Illuminazione.»

Guardai il villaggio, e contai quattro o cinque strade e viali. Lungo le due vie principali che si incrociavano al centro del paese si allineavano edifici di grandi dimensioni, ma le altre strade erano vicoli in cui si trovavano dimore modestissime. All'incrocio erano parcheggiati una decina di camion e fuoristrada.

«Come mai c'è tutta questa gente?» domandai.

Wil mi sorrise con aria intrepida. «Perché è uno degli ultimi posti in cui si possono trovare benzina e viveri prima di addentrarsi nella regione delle montagne.»

Mise in moto la jeep e si diresse lentamente in paese, fermandosi davanti a uno degli edifici più grandi. Non riuscii a leggere l'insegna scritta in spagnolo, ma dai prodotti esposti in vetrina immaginai che si trattasse di un emporio dove vendevano articoli di drogheria e ferramenta.

«Aspettami un attimo, devo andare a prendere alcune cose.»

Annuii e Wil sparì all'interno. Mentre mi guardavo intorno scorsi un camion che si fermava dall'altra parte della strada per lasciar scendere alcune persone. Fra loro c'era una donna dai capelli scuri che indossava una giacca da lavoro, e con mia grande sorpresa mi accorsi che si trattava di Marjorie. Attraversò la strada insieme a un ragazzo sui vent'anni, proprio davanti a me.

Aprii la portiera e saltai giù gridando: «Marjorie!»

Si fermò, guardandosi intorno, poi mi vide e sorrise. «Salve», esclamò. Appena fece per avvicinarsi il ragazzo la prese per un braccio.

«Robert ci ha raccomandato di non parlare con nessuno», le sussurrò cercando di non farsi sentire da me.

«Va tutto bene», lo rassicurò. «Lo conosco. Tu vai pure avanti.»

Dopo avermi lanciato un'occhiata poco convinta il ragazzo fece marcia indietro ed entrò nel negozio. Un po' titubante cercai di spiegare cosa era successo tra noi ai giardini. Marjorie scoppiò a ridere, e mi disse che Sarah le aveva già raccontato ogni cosa. Stava per aggiungere qualcos'altro quando Wil uscì con le provviste.

Li presentai e parlammo insieme per alcuni minuti mentre Wil sistemava la roba sulla jeep.

«Ho un'idea», propose lui. «Perché non andiamo a mangiare un boccone in quel locale dall'altra parte della strada?»

Guardai quella che sembrava una piccola tavola calda. «Per me va bene.»

«Non saprei», intervenne Marjorie. «Devo andarmene presto, mi hanno dato un passaggio.»

«Dove sei diretta?» le chiesi.

«Torniamo indietro un paio di chilometri verso ovest. Sono venuta a visitare un gruppo che sta studiando il Manoscritto.»

«Possiamo riportarti più tardi, dopo cena», suggerì Wil.

«Direi che si può fare.»

Wil si rivolse a me. «Devo andare a prendere un'altra cosa. Voi due andate avanti e cominciate a ordinare. Io arriverò fra pochi minuti.»

Acconsentimmo ma restammo fermi per consentire il passaggio di una fila di camion. Wil si diresse a sud. Improvvisamente il ragazzo con cui Marjorie era arrivata uscì dal negozio e venne nuovamente ad affrontarci.

«Dove stai andando?» le chiese, prendendola ancora per un braccio.

«Questo è un mio amico, stiamo andando a mangiare qualcosa insieme e poi mi riaccompagnerà.»

«Senti, qui non possiamo fidarci di nessuno. Sai che Robert non approverebbe.»

«Va tutto bene.»

«Voglio che tu venga con me, subito!»

Gli afferrai il braccio e lo staccai da Marjorie. «Hai sentito cosa ti ha detto», esclamai. Fece un passo indietro e mi fissò, sembrandomi di colpo molto timido. Alla fine si girò per tornare dentro al negozio.

«Andiamo», la esortai.

Attraversammo la strada ed entrammo nella tavola calda. L'area riservata al ristorante era una sola stanza occupata da otto tavoli, ed era impregnata dall'odore di fritto e tabacco. Scorsi un tavolo libero sulla sinistra. Mentre ci accomodavamo molte persone ci guardarono di sottecchi e tornarono poi alle loro occupazioni.

La cameriera parlava solo spagnolo, ma per fortuna Marjorie se la cavava bene e fu in grado di ordinare per entrambi. Mi rivolse poi uno sguardo pieno di calore.

Le sorrisi. «Chi è il ragazzo che stava con te?» «È Kenny. Non so cosa gli sia successo, ma ti ringrazio comunque per avermi aiutato.»

Mi guardò negli occhi e le sue parole mi diedero una sensazione meravigliosa. «Come hai fatto a rimanere invischiata con quella gente?»

«Robert Jensen è un archeologo che ha formato un gruppo per studiare il Manoscritto e cercare la Nona Illuminazione. Era già venuto a Viciente alcune settimane fa, poi è tornato da un paio di giorni... Io...»

«Cosa?»

«Dunque, io ero intrappolata in una relazione da cui volevo uscire. Poi incontrai Robert, così affascinante, e ciò che faceva mi sembrò terribilmente interessante. Mi convinse che la nostra ricerca ai giardini avrebbe potuto avvalersi della Nona Illuminazione e che lui era sul punto di scoprirla. Mi raccontò che cercare quella Illuminazione sarebbe stata la cosa più eccitante della sua vita, e quando mi offrì un posto nella squadra per alcuni mesi io decisi di accettare....» Si interruppe nuovamente e abbassò lo sguardo sul tavolo. Mi sembrò a disagio, e preferii quindi cambiare argomento.

«Quante Illuminazioni hai letto?» le domandai.

«Solo quella che ho visto a Viciente. Robert ne possiede altre, ma è convinto che la gente debba liberarsi delle proprie credenze prima di poterle comprendere. E dice che sarà lui a spiegare agli altri i concetti principali.»

Probabilmente assunsi un'espressione accigliata, poiché lei si affrettò ad aggiungere: «Non ti piace molto, vero?»

«Mi sembra sospetto», le risposi.

Mi lanciò un'altra occhiata espressiva. «Anch'io ho avuto qualche dubbio. Magari, quando mi riaccompagnate, tu potresti parlare con lui e dirmi poi cosa ne pensi.»

La cameriera venne a servirci la cena, e mentre si allontanava vidi entrare Wil. Si avvicinò velocemente al nostro tavolo.

«Devo incontrare alcune persone a circa un chilometro a nord da qui, e starò via un paio d'ore. Tu puoi prendere la jeep e riaccompagnare Marjorie. Io mi farò dare un passaggio.» Mi sorrise. «Possiamo incontrarci qui.»

Dapprima pensai di raccontargli di Robert Jensen, ma poi decisi di non farlo.

«Va bene», esclamai.

Si rivolse a Marjorie. «È stato un piacere incontrarti. Mi sarebbe piaciuto avere il tempo di fermarmi a fare due chiacchiere.»

Lei lo guardò timidamente. «Magari un'altra volta.»

Wil annuì, mi diede le chiavi dell'auto e se ne andò.

Marjorie mangiò in silenzio per un po' poi mi chiese: «Sembra un uomo animato da uno scopo preciso. Come l'hai incontrato?»

Le raccontai nei dettagli le mie esperienze dall'arrivo in Perù, mentre lei mi ascoltava con la massima attenzione. Era così concentrata che mi ritrovai a narrare la mia storia con grande disinvoltura, riferendo le svolte drammatiche e i vari episodi con intuito e sensibilità. Marjorie, affascinata, pendeva letteralmente dalle mie labbra.

«Santo Cielo!» esclamò a un certo punto. «Credi di essere veramente in pericolo?»

«No, non penso. Almeno, non a questa distanza da Lima.»

Dato che continuava a fissarmi ansiosa, mentre finivamo di cenare le riassunsi brevemente ciò che era accaduto a Viciente fino al momento in cui io e Sarah eravamo arrivati ai giardini.

«È a quel punto che ti ho incontrata, e tu sei scappata via di corsa.»

«Non è andata esattamente così: non ti conoscevo, e quando ho visto cosa stavi provando ho pensato che avrei fatto meglio ad andarmene.»

«Scusami», ridacchiai, «per aver lasciato che la mia energia mi sfuggisse di mano!»

Diede un'occhiata all'orologio. «Credo che dovrei tornare. Si staranno chiedendo che fine abbia fatto.»

Lasciai sul tavolo il denaro del conto e uscimmo insieme, diretti alla jeep di Wil. La notte era gelida, tanto che potevamo vedere il nostro fiato che si condensava in nuvolette di vapore. Marjorie mi indicò la strada: «Torna indietro e vai sempre dritto verso nord finché non ti dico di girare».

Annuii, feci una rapida inversione e mi diressi a nord.

«Dimmi qualcosa della fattoria a cui siamo diretti», le chiesi.

«Credo che Robert l'abbia presa in affitto. Pare che il suo gruppo l'abbia usata a lungo come base mentre lui studiava le Illuminazioni. Da quando sono là ognuno di loro si è occupato di raccogliere provviste, tenere in ordine i veicoli e cose così. Alcuni dei suoi uomini sembrano molto rozzi.»

«Come mai ti ha chiesto di unirti a loro?»

«Mi ha spiegato che voleva una persona che lo aiutasse a interpretare l'ultima Illuminazione, una volta che l'avessimo trovata. Almeno, questo è quanto mi ha raccontato a Viciente. Qui parla solo di provviste e di preparativi per il viaggio.»

«Dove ha intenzione di andare?»

«Non lo so, ogni volta che glielo chiedo evita di rispondermi.»

Dopo circa un chilometro e mezzo mi indicò di girare a sinistra, lungo una strada stretta e sassosa che portava a un ponte, oltre il quale si apriva una vallata. Ci trovammo poi davanti a una fattoria fatta di assi di legno rozzamente lavorate. Alle sue spalle c'erano alcuni edifici più piccoli e dei fienili. Tre lama ci sbirciarono dall'altra parte di un prato cintato.

Rallentammo fino a fermarci del tutto e molte persone circondarono la jeep, fissandoci senza sorridere. Sentii il ronzio di un generatore elettrico alimentato a gas al lato della casa. La porta si aprì e un uomo alto dai capelli scuri e i lineamenti decisi si incamminò verso di noi.

«Quello è Robert», mi spiegò Marjorie.

«Bene», esclamai sentendomi ancora forte e sicuro di me.

Uscimmo dalla jeep nel momento in cui Jensen ci raggiunse. Si rivolse subito a Marjorie.

«Ero preoccupato per te. Mi sembra di aver capito che hai incontrato un amico.»

Mi presentai, e Jensen mi strinse la mano con vigore.

«Sono Robert Jensen, e mi fa piacere che stiate bene tutti e due. Venite.»

All'interno c'erano molte persone indaffarate con le provviste, e un uomo stava portando una tenda e del materiale da campeggio sul retro. Riuscii a scorgere due donne peruviane che impacchettavano del cibo in cucina. Jensen si accomodò su una delle sedie del soggiorno, indicandoci con un cenno le altre due.

«Perché hai detto di essere felice che noi stessimo bene?» gli chiesi.

Si chinò verso di me, domandandomi in tono sincero: «Da quanto tempo ti trovi in questa zona?»

«Solo da oggi pomeriggio.»

«Allora non puoi sapere quanto sia pericolosa... continua a scomparire gente. Hai mai sentito parlare del Manoscritto e della Nona Illuminazione che non è ancora stata trovata?»

«Sì, in effetti...»

«Allora devi sapere cosa sta succedendo», mi interruppe. «La ricerca dell'ultima Illuminazione è diventata una faccenda pericolosa. Ci sono coinvolti alcuni personaggi poco raccomandabili.»

«Chi?» gli domandai.

«Gente a cui non interessa affatto il valore archeologico della scoperta. Persone che vogliono impossessarsi dell'Illuminazione solo ed esclusivamente per certi loro scopi.»

Un omone grande e grosso con la barba interruppe la nostra conversazione per mostrare a Jensen una lista. I due discussero brevemente in spagnolo.

Jensen si rivolse nuovamente a me. «Anche tu sei qui alla ricerca dell'Illuminazione mancante? Hai idea del guaio in cui ti stai cacciando?»

Mi sentii impacciato, e riuscii a esprimermi a fatica. «Dunque... a me interessa soprattutto sapere qualcosa di più sull'intero Manoscritto. Fino a oggi non ne ho visto granché.»

Jensen si raddrizzò sulla sedia: «Ti rendi conto che il Manoscritto è di proprietà dello Stato e che ne sono state fatte delle copie illegalmente?»

«Sì, però alcuni studiosi non sono d'accordo. Credono infatti che il governo stia eliminando nuove...»

«Allora, secondo te, il Perù non ha il diritto di controllare i suoi tesori archeologici? Il governo sa che ti trovi in questo paese?»

Non sapevo più cosa dire – il groppo d'ansia allo stomaco si faceva risentire.

«Cerca di non fraintendermi», esclamò sorridendo. «Io sono dalla tua parte. Volevo soltanto sapere se hai una forma di sostegno accademico al di fuori del paese. Anche se ho la sensazione che tu ti stia semplicemente lasciando trascinare.»

«Qualcosa del genere», confermai.

Mi accorsi che l'attenzione di Marjorie si era spostata da me a Jensen. «Cosa credi che dovrebbe fare?» gli chiese.

Jensen si alzò in piedi, sempre sorridendo. «Potrei trovargli un'occupazione qui con noi, dato che abbiamo bisogno di altra gente. Siamo diretti in un luogo relativamente sicuro, o almeno credo. E se le cose non funzionano può sempre tornarsene a casa.»

Mi guardò attentamente. «Ma dovrà fare esattamente tutto ciò che gli dico, per tutto il viaggio.»

Lanciai un'occhiata a Marjorie, che aveva ancora lo sguardo fisso su Jensen. Mi sentii confuso: forse avrei dovuto prendere in considerazione l'offerta di quell'uomo. Se lui era in buoni rapporti con il governo avrebbe potuto rappresentare la mia unica opportunità per un rientro legale negli Stati Uniti. Forse mi ero sbagliato. Forse Jensen aveva ragione e io non riuscivo a pensare con chiarezza.

«Credo dovresti riflettere su quanto ti ha detto Robert», commentò Marjorie. «Andarsene in giro da soli fa davvero paura.»

Anche se sapevo che avrebbe potuto aver ragione, avevo ancora fiducia in Wil e in quello che stavamo facendo. Volevo esprimere questi concetti ma quando cercai di parlare mi accorsi che non riuscivo a trovare le parole adatte. Non ero più in grado di pensare con chiarezza.

Improvvisamente l'omone gigantesco entrò ancora nella stanza e guardò fuori dalla finestra. Jensen si alzò di scatto e andò anche lui a guardare. Si rivolse poi a Marjorie dicendole con noncuranza: «Sta arrivando qualcuno. Vai a cercare Kenny e digli di venire qui».

Lei acconsentì e uscì immediatamente. Attraverso la finestra riuscivo a vedere le luci di un furgone in avvicinamento. Il veicolo parcheggiò appena fuori dal recinto, a una cinquantina di metri da noi.

Quando Jensen aprì la porta sentii qualcuno all'esterno dire il mio nome.

«Chi è?» domandai.

Jensen mi lanciò un'occhiata pungente. «Sta' zitto.» Lui e il gigante uscirono chiudendosi la porta alle spalle. Dalla finestra riuscii a scorgere il profilo di una figura solitaria che si stagliava contro la luce dei fari. Il mio primo impulso fu quello di restare dentro. Ciò che Jensen aveva detto a proposito della mia situazione mi aveva riempito di cattivi presentimenti, ma qualcosa nella persona accanto al furgone mi sembrò familiare. Appena Jensen mi vide si girò rapidamente, incamminandosi verso di me.

«Che stai facendo? Torna subito dentro!»

Mi sembrò di sentire ancora il mio nome che qualcuno stava gridando superando il frastuono del generatore.

«Vai dentro, subito!» gridò ancora Jensen. «Potrebbe essere una trappola.» Si era piazzato proprio davanti a me e mi impediva di vedere il furgone. «Torna subito in casa!»

Mi sentivo completamente confuso e in preda al panico, incapace di prendere una decisione. Poi la figura dietro ai fari si avvicinò e io riuscii a distinguerla, sentendo chiaramente la sua voce: «... vieni qui, ho bisogno di parlarti!» Appena venne più vicino la mia testa si schiarì del tutto e mi accorsi che si trattava di Wil. Gli corsi incontro, oltrepassando Jensen.

«Cosa ti è successo?» si affrettò a chiedermi. «Dobbiamo andarcene da qui.»

«E Marjorie?» gli chiesi.

«In questo momento non possiamo fare niente per lei», mi rispose Wil. «È meglio che ce ne andiamo.»

Stavamo per allontanarci quando Jensen gridò: «Faresti meglio a restare. Non ce la farai mai».

Mi girai a guardarlo.

Wil si fermò, dandomi la possibilità di scegliere se rimanere o partire.

«Andiamo», esclamai.

Passammo accanto al furgone in cui era arrivato Wil, e mi accorsi che altri due uomini erano rimasti ad aspettare sul sedile davanti. Quando arrivammo alla jeep Wil mi chiese le chiavi e si mise alla guida. Ci allontanammo seguiti dai suoi amici.

Wil si girò a guardarmi. «Jensen mi ha detto che avevi deciso di restare con il suo gruppo. Che stava succedendo?»

«Come fai a sapere il suo nome?» riuscii appena a balbettare.

«Ho sentito parlare molto di questo tizio», replicò Wil. «Lavora per il governo peruviano. È davvero un archeologo, ma si è impegnato a mantenere il segreto sull'intera faccenda in cambio del diritto esclusivo a studiare il Manoscritto. Non era però in programma che se ne andasse alla ricerca dell'Illuminazione mancante, e a quanto pare ha deciso di non rispettare l'accordo. Sembra che sia sul punto di partire.

«Quando ho scoperto che è proprio la persona con cui si trova Marjorie ho pensato che avrei fatto bene a venire fin qua. Che cosa ti ha raccontato?»

«Che sono in pericolo, che avrei dovuto unirmi a lui e che se glielo avessi chiesto mi avrebbe aiutato a lasciare il paese.»

Wil scrollò la testa. «Ti aveva proprio incastrato.»

«Cosa vorresti dire?»

«Avresti dovuto vedere il tuo campo d'energia: era defluito quasi completamente in quello di Jensen!»

«Non capisco.»

«Cerca di ricordarti la lite di Sarah con quello scienziato a Viciente... Se tu avessi assistito alla vittoria di uno dei due, se uno dei contendenti fosse riuscito a convincere l'altro dell'esattezza delle proprie affermazioni, avresti potuto notare l'energia del perdente fluire in quella del vincitore lasciandolo logorato, privo di forze e confuso – proprio come ci era apparsa la ragazza della famiglia peruviana e come sembri tu adesso», concluse sorridendo.

«È successo anche a me?» gli chiesi.

«Sì. E per te è stato estremamente difficile arrestare il suo controllo e riprenderti. Per un istante ho pensato che non ce l'avresti fatta.»

«Gesù», esclamai. «Quello lì è un vero demonio.»

«Non del tutto. Probabilmente è consapevole solo a metà di ciò che sta facendo. Crede di avere il diritto di controllare la situazione, e senza dubbio ha imparato molto tempo fa che per avere il predominio occorre seguire una determinata strategia. Prima finge di essere tuo amico e poi trova qualcosa di sbagliato nel tuo comportamento. Nel tuo caso ti ha convinto di essere in pericolo. In pratica indebolisce la fiducia che hai nel cammino che ti sei scelto finché cominci a identificarti con lui. Non appena ciò accade sei in suo potere.»

Wil mi fissò. «Questa è solo una delle strategie che la gente utilizza per impossessarsi dell'energia altrui. Imparerai in seguito gli altri sistemi, grazie alla Sesta Illuminazione.»

Ma io non lo ascoltavo più. I miei pensieri erano tornati a Marjorie: non ero per niente felice di averla lasciata in quel luogo.

«Credi che dovremmo cercare di recuperare Marjorie?» gli chiesi.

«Non adesso. Per il momento non credo sia in pericolo. Possiamo tornare domani e cercare di parlarle.»

Restammo in silenzio per alcuni minuti, poi Wil riprese: «Hai capito ciò che ti ho spiegato a proposito del fatto che Jensen non si rende conto del suo comportamento? Non è poi così diverso dalla maggior parte della gente: si limita a fare ciò che lo fa sentire più forte».

«No, temo proprio di non aver capito.»

Wil si fece pensieroso. «La gente non se ne rende ancora conto. Sappiamo solo che ci sentiamo deboli, ma quando possiamo controllare gli altri stiamo meglio. Non riusciamo però a capire il prezzo che pagano coloro che ci circondano per questa nostra sensazione di benessere: in pratica noi rubiamo la loro energia. La maggior parte delle persone trascorre la propria esistenza alla ricerca perenne dell'energia altrui.»

Mi guardò con uno strano bagliore negli occhi. «A volte le cose vanno in maniera diversa, quando per esempio incontriamo qualcuno che almeno per un certo periodo ci permette volontariamente di usufruire della sua energia.»

«Dove vorresti arrivare?»

«Prova a ripensare a quando sono arrivato mentre tu e Marjorie stavate mangiando insieme in quella tavola calda.»

«Sì.»

«Non so di cosa stavate parlando, ma la sua energia stava chiaramente riversandosi su di te. Ho potuto vederlo benissimo appena sono entrato. Come ti sentivi?»

«Bene. A dire il vero, le esperienze e i concetti che stavo illustrando mi sembravano chiarissimi, e riuscivo a esprimermi con grande facilità. Ma questo cosa significa?»

Wil mi sorrise. «A volte un'altra persona fa in modo che siamo noi stessi a definire la sua situazione, donandoci spontaneamente l'energia, proprio come ha fatto Marjorie con te. Ci fa sentire potenti ma si tratta di un effetto che generalmente non dura a lungo. La maggior parte della gente – compresa la stessa Marjorie – non è abbastanza forte per poter continuare a distribuirla. Ecco perché in genere le relazioni si trasformano in lotte di potere: gli esseri umani accumulano tale energia e si battono per averne il controllo. E il perdente deve sempre pagare un caro prezzo.»

Si interruppe bruscamente. «Hai raggiunto la Quarta Illuminazione? Prova a pensare a cosa ti è successo: hai notato che l'energia fluisce da una persona all'altra e ti sei chiesto cosa volesse dire, poi abbiamo incontrato Reneau il quale ti ha raccontato che gli psicologi sono già alla ricerca del motivo per cui gli esseri umani cercano di dominarsi a vicenda.

«E ne abbiamo avuto la prova con la famiglia peruviana. Hai potuto vedere chiaramente che chi reprime un'altra persona si sente astuto e potente, mentre invece chi è dominato viene derubato della sua energia vitale. Non c'è nessuna differenza se raccontiamo a noi stessi che lo facciamo per il bene dell'altra persona, o che si tratta dei nostri bambini e abbiamo quindi il dovere di assumere il controllo: il danno persiste ugualmente.

«Poi ti sei imbattuto in Jensen, e hai provato tu stesso cosa accade, hai visto che quando qualcuno ti domina dal punto di vista psichico in pratica ti deruba della tua mente. Non hai perso uno scontro intellettuale con Jensen: semplicemente, non avevi l'energia o la chiarezza mentale per discutere e tutti i tuoi poteri mentali confluivano in lui. Sfortunatamente questo tipo di violenza psicologica si verifica in continuazione, coinvolgendo spesso persone animate dalle migliori intenzioni.»

Mi limitai ad annuire. Wil aveva riassunto con precisione le mie esperienze.

«Cerca di assimilare completamente la Quarta Illuminazione», riprese. «Vedi come si integra con tutto ciò che sai già. La Terza Illuminazione ti ha mostrato che in realtà il mondo fisico è un vasto sistema di energia. E ora la Quarta mette in rilievo che per lungo tempo noi esseri umani siamo stati inconsapevolmente in competizione per l'unica parte di tale energia a cui abbiamo accesso, e cioè quella che scorre fra le persone. Ecco ciò che è sempre stato alla base di tutti i conflitti umani, dalle piccole liti in famiglia e sul lavoro alle guerre fra le nazioni. È dovuto al fatto di sentirsi deboli e insicuri, e di dover rubare l'energia di qualcun altro per potersi sentire bene.»

«Aspetta un attimo», protestai. «Alcune guerre erano giuste e dovevano per forza essere combattute.»

«Naturalmente», replicò Wil. «Ma l'unica ragione per cui un conflitto non può essere immediatamente regolato è che una delle due controparti si ostina a mantenere una posizione irrazionale solo ed esclusivamente per motivi legati all'energia.»

A quel punto Wil sembrò ricordare qualcosa. Frugò in una borsa e ne tirò fuori un fascio di fogli pinzati insieme.

«Mi ero quasi dimenticato!» Esclamò. «Ho trovato una copia della Quarta Illuminazione.»

Mi porse i fogli senza dire altro, guardando fisso davanti a sé mentre guidava.

Presi la piccola torcia che Wil teneva sul cruscotto e nei successivi venti minuti lessi il breve documento. Capire la Quarta Illuminazione voleva dire considerare il mondo come un vasto luogo di competizione per l'energia e quindi per il potere.

Ma non appena noi esseri umani avessimo compreso tale lotta, proseguiva il Manoscritto, saremmo riusciti a superare il conflitto. Ci saremmo liberati dalla lotta per il possesso dell'energia... perché saremmo finalmente stati capaci di riceverla da un'altra fonte.

Guardai Wil. «Qual è l'altra fonte?» gli chiesi.

Sorrise senza rispondere.

IL MESSAGGIO DEI MISTICI

Il mattino dopo mi svegliai sentendo Wil muoversi. Avevamo trascorso la notte nella casa di un suo amico, e Wil si stava vestendo rapidamente. Fuori era ancora buio.

«Prepariamo i bagagli», mi sussurrò.

Raccogliemmo in fretta i nostri abiti e facemmo più volte avanti e indietro fino alla jeep per caricare le provviste. Il centro della città era a poche centinaia di metri, ma nell'oscurità si intravedevano ben poche luci. L'alba era solo una striscia di cielo più chiaro a est. Oltre al canto degli uccelli che annunciavano l'arrivo del giorno non si sentivano altri rumori.

Dopo aver finito di caricare rimasi accanto alla jeep e Wil parlò brevemente con il suo amico che, tutto assonnato, era rimasto in piedi sul portico mentre noi sistemavamo i bagagli. A un tratto sentimmo dei rumori all'altezza dell'incrocio, e apparvero i fanali di tre camion che si fermarono proprio al centro della città.

«Potrebbe trattarsi di Jensen», osservò Wil. «Andiamo a controllare cosa stanno combinando, ma facciamo attenzione.»

Attraversammo alcune strade fino ad arrivare in un vicolo che incrociava la via principale, a poche centinaia di metri da dove erano fermi i camion. Stavano facendo il pieno a due veicoli, mentre il terzo era parcheggiato davanti al negozio, circondato da quattro o cinque persone. Vidi Marjorie che usciva dall'emporio e andava ad appoggiare qualcosa su un camion. Si diresse poi con aria noncurante verso di noi, lanciando occhiate distratte ai negozi vicini.

«Va' da lei e cerca di convincerla a venire con noi», sussurrò Wil. «Io vi aspetto qui.»

Scivolai dietro l'angolo, e mentre andavo incontro a Marjorie mi bloccai inorridito. Mi accorsi per la prima volta che molti uomini di Jensen portavano armi automatiche. Alcuni istanti dopo la mia paura si fece ancora più intensa: nella strada di fronte comparvero soldati armati che, in posizione d'attacco, cominciarono ad avvicinarsi furtivamente al gruppo di Jensen.

Nel momento stesso in cui Marjorie si accorse di me, gli uomini di Jensen videro i militari e si diedero alla fuga. Nell'aria echeggiò il rumore assordante di una mitragliatrice. Marjorie mi guardò con occhi colmi di terrore, io scattai in avanti e l'afferrai. Ci rifugiammo insieme in un vicolo mentre si sentivano altri colpi di arma da fuoco e urla rabbiose in spagnolo. Inciampammo su una pila di cartoni e cademmo, con le facce che quasi si toccavano.

«Andiamo», esclamai scattando in piedi. Marjorie arrancò, poi mi trascinò nuovamente a terra indicandomi con un cenno del capo l'imboccatura del vicolo: due uomini armati, con la schiena rivolta a noi, sorvegliavano la strada. Restammo immobili finché i due la attraversarono di corsa e scomparvero nel bosco vicino.

Dovevamo tornare verso la casa, dove c'era la jeep. Ero certo che lì avremmo trovato Wil. Ci trascinammo fino alla strada successiva, facendo la massima attenzione. A destra si sentivano ancora urla furiose e colpi d'arma da fuoco, ma non riuscimmo a vedere nessuno. Guardai a sinistra: niente, nessun segno di Wil. Pensai che fosse corso avanti a noi.

«Passiamo per i boschi», suggerii a Marjorie che mi sembrava ora più decisa e sicura. «Poi continueremo lungo il margine del bosco, tenendo la sinistra. La jeep è parcheggiata da quella parte.»

«Va bene», mi rispose.

Attraversammo velocemente la strada e arrivammo a un centinaio di metri dalla casa. La jeep era ancora lì, ma intorno tutto era calmo. Mentre stavamo per attraversare di corsa l'ultima via che ci separava dall'abitazione, un veicolo militare girò l'angolo alla nostra sinistra e avanzò lentamente verso la casa. Nello stesso istante Wil superò di corsa il giardino, mise in moto la jeep e partì a tutta velocità nella direzione opposta. I militari lo inseguirono.

«Dannazione!» esclamai.

«Che facciamo adesso?» mi chiese Marjorie, in preda al panico.

Alle nostre spalle echeggiavano altri colpi di pistola, sempre più vicini. Davanti a noi il bosco si faceva più fitto e una salita portava al crinale che sovrastava la città.

«Arriviamo fino in cima», suggerii. «Presto!»

Ci inerpicammo per un centinaio di metri poi ci fermammo in uno spiazzo e guardammo a valle verso la città. Le strade erano attraversate da vere e proprie colonne di veicoli militari, e molti soldati effettuavano quello che sembrava un rastrellamento ai piedi dell'altura. Sotto di noi potevo sentire voci soffocate.

Ricominciammo a salire velocemente verso la cima della montagna: ormai non potevamo fare altro che correre.

Per tutta la mattina seguimmo il crinale verso nord, nascondendoci quando un veicolo ci sorpassava sulla dorsale che correva parallela alla nostra sinistra. Il traffico era per lo più delle jeep militari grigio-verdi che avevamo visto in città, ma di tanto in tanto passava anche qualche automezzo civile. Ironicamente la strada era diventata un punto di riferimento essenziale nonché un'oasi di sicurezza in quell'intrico di natura incontaminata.

Più avanti i due crinali si univano, digradando ripidi. Alcune sporgenze di roccia frastagliata proteggevano la vallata sottostante. A un tratto, da nord vedemmo arrivare una jeep simile a quella di Wil, che girò velocemente in una strada laterale che scendeva verso la vallata.

«Quello sembra Wil», esclamai sforzandomi di vedere meglio.

«Andiamo laggiù», propose Marjorie.

«Aspetta un momento: e se fosse una trappola? Se l'avessero catturato e stessero usando la sua jeep per farci uscire allo scoperto?»

Marjorie non disse nulla, ma mi guardò con ansia.

«Resta qui», le ordinai. «Andrò a controllare. Tu intanto non perdermi di vista: se va tutto bene ti farò segno di seguirmi.»

Lei si mostrò riluttante, comunque accettò e io cominciai a scendere lungo la ripida parete della montagna verso il punto in cui era parcheggiata la jeep. Attraverso la cortina di foglie vidi qualcuno uscire dal veicolo. Protetto dagli alberi e dai cespugli, mi feci strada attraverso le rocce, scivolando, di tanto in tanto, sul terreno molle.

Finalmente raggiunsi la jeep, che era parcheggiata sul crinale parallelo al mio. Il guidatore, appoggiato al paraurti posteriore, era in ombra. Mi spostai a destra per vedere meglio. Era proprio Wil. Mi sporsi ancora un po' e scivolai verso il basso. Disperato, cercai un appiglio finché le mie mani incontrarono un tronco d'albero. Vi rimasi aggrappato e poi risalii, issandomi a fatica. Ero salvo. Guardai il precipizio di trenta metri sotto di me. Avevo appena rischiato di ammazzarmi.

Sempre aggrappato all'albero, mi tirai in piedi e cercai di attirare l'attenzione di Wil, che scrutava la montagna sopra la mia testa, finché il suo sguardo venne a posarsi proprio su di me. Fece un balzo in avanti, ma si bloccò quando gli indicai il crepaccio.

Controllò il fondo della vallata poi mi gridò: «Non vedo un passaggio; è meglio che tu scenda a valle per attraversare».

Annuii, e quando mi voltai per fare un cenno a Marjorie sentii avvicinarsi un veicolo. Wil saltò a bordo della jeep e fece velocemente marcia indietro verso la strada principale. Io mi inerpicai di corsa sulla collina, e attraverso le foglie scorsi Marjorie che camminava verso di me.

Improvvisamente alle sue spalle si udirono urla in spagnolo e un trapestio di corsa. Marjorie si nascose dietro una sporgenza rocciosa e io cambiai direzione, correndo senza far rumore verso sinistra. Mentre correvo cercai Marjorie attraverso gli alberi, e quando la vidi sentii il suo urlo di terrore: due soldati l'avevano bloccata afferrandola per le braccia.

Continuai a correre a testa bassa lungo la salita, con il volto terrorizzato di Marjorie ancora negli occhi. Giunto in cima al crinale mi diressi nuovamente a nord con il cuore che batteva all'impazzata.

Dopo aver corso per più di un chilometro mi fermai e rimasi in ascolto. Dietro di me non sentivo né voci né rumore di passi. Mi sdraiai a terra, cercando di calmarmi e di riordinare le idee. Ma la spaventosa immagine della cattura di Marjorie si impossessava con prepotenza della mia mente. Perché mai le avevo chiesto di restare lassù da sola? E che cosa avrei dovuto fare adesso?

Mi alzai a sedere, tirando un respiro profondo, e spostai lo sguardo sulla strada che correva lungo il crinale parallelo. Durante la corsa non avevo visto anima viva. Ascoltai ancora con attenzione, ma non sentii nulla oltre ai consueti rumori della foresta. Iniziai lentamente a calmarmi. Dopo tutto Marjorie era stata semplicemente catturata, ed era colpevole solo di essere fuggita al rumore degli spari. Probabilmente l'avrebbero trattenuta fino a quando avesse fornito le sue generalità. Ancora una volta mi diressi a nord. La schiena mi doleva leggermente, mi sentivo stanco e sporco, e la fame mi procurava terribili fitte allo stomaco. Per due ore camminai senza pensare e senza incontrare nessuno. .

Poi sentii qualcuno correre alla mia destra. Mi immobilizzai, restando in ascolto, ma il rumore cessò all'istante. In quel punto gli alberi erano più rigogliosi e le vaste zone d'ombra erano ricoperte di un sottobosco rado. Avevo una visibilità di cinquanta, sessanta metri, ma non scorsi nessuno. Oltrepassai un grosso masso alla mia destra e numerosi alberi, cercando di scendere il più silenziosamente possibile. Arrivato a un certo punto trovai il sentiero ostruito da tre rocce; ne oltrepassai due sempre senza udire nessun rumore, ma quando mi avvicinai alla terza sentii scricchiolare alcuni rami alle mie spalle. Mi girai lentamente.

E proprio vicino al masso c'era l'uomo con la barba che avevo visto alla fattoria di Jensen. Aveva gli occhi sbarrati per il terrore e con le braccia tremanti puntava un'arma automatica contro il mio stomaco. Sembrava si stesse sforzando di ricordare la mia faccia.

«Aspetta un attimo», balbettai. «Io conosco Jensen.»

Mi guardò attentamente, e alla fine abbassò la pistola. Dagli alberi alle nostre spalle si sentì il rumore di qualcuno che si avvicinava. L'uomo con la barba mi oltrepassò di corsa, diretto verso nord con l'arma stretta in pugno. Lo seguii d'istinto. Correvamo entrambi il più velocemente possibile, saltando rami e rocce e guardandoci ogni tanto alle spalle.

Dopo alcune centinaia di metri l'uomo inciampò e io lo superai. Mi lasciai cadere tra due massi per prendere fiato e guardare dietro di me, cercando di scorgere il minimo movimento. Vidi a una cinquantina di metri un soldato solitario puntare il fucile contro l'uomo con la barba. Questi stava faticosamente rimettendosi in piedi quando il militare fece fuoco, colpendolo al torace e schizzandomi di sangue. Nell'aria si sentì l'eco dello sparo.

Per un istante l'uomo di Jensen rimase immobile con gli occhi sbarrati, poi il suo corpo si piegò in avanti e cadde. Reagii d'istinto e mi misi a correre, riparandomi tra gli alberi. Il crinale si faceva sempre più frastagliato e roccioso, e cominciava a salire in modo considerevole.

Mentre continuavo ostinatamente ad avanzare, inerpicandomi tra le rocce, il mio corpo era scosso da brividi di stanchezza e terrore. A un certo punto scivolai e mi azzardai a guardare dietro di me. Il soldato si stava avvicinando al cadavere, e io scivolai dietro a una roccia proprio mentre lui sollevava lo sguardo nella mia direzione. Rimasi a terra e strisciai dietro un gruppo di massi. Da lì la scarpata si appianava e io avrei potuto allontanarmi senza che il soldato mi vedesse. Scattai ancora in piedi e presi a correre il più velocemente possibile tra alberi e rocce. Avevo la mente annebbiata, e riuscivo a pensare solo alla fuga. Non avevo il coraggio di voltarmi, ma ero certo di sentire i passi del mio inseguitore.

Il crinale riprendeva a salire, e io avanzavo sempre più a fatica perché le forze cominciavano a mancarmi. In cima alla salita il terreno era ricoperto di alberi giganteschi e cespugli lussureggianti. Sullo sfondo si stagliava una parete rocciosa. Dovevo scalarla: non avevo scelta. Cominciai l'ascesa, cercando gli appigli con grande attenzione. Quando finalmente mi ritrovai in cima mi sentii morire alla vista che mi si parò davanti: la strada era bloccata da un burrone profondo un centinaio di metri.

Ero finito, condannato. Alcuni sassi scivolarono lungo la sporgenza alle mie spalle, facendomi capire che il soldato si stava avvicinando. Caddi sulle ginocchia. Non potevo proseguire. Ero esausto, stremato, e con un ultimo sospiro rinunciai a lottare, preparandomi ad accettare il mio destino. Sapevo che presto sarebbero arrivate le pallottole anche per me. Ma dopo tanto terrore l'idea della morte era quasi liberatoria. Aspettai, e il mio pensiero volò alle domeniche della mia infanzia e all'innocente contemplazione di Dio. Come sarebbe stata la morte? Volevo essere pronto.

Dopo una lunga attesa, nel corso della quale avevo perso completamente la cognizione del tempo, mi resi conto che non era successo nulla. Mi guardai intorno e solo in quel momento realizzai che mi trovavo sul picco più alto della montagna. Ai miei piedi una visione panoramica completa.

Con la coda dell'occhio colsi un movimento. Molto più in basso, lungo il pendio in direzione sud, il soldato si stava allontanando da me imbracciando l'arma dell'uomo di Jensen.

Quella vista mi riempì di calore, e una risata convulsa mi crebbe in gola. Ero ancora vivo! Mi girai e mi sedetti a gambe incrociate, in preda all'euforia. Avrei voluto restare per sempre in quel luogo. La giornata era luminosa, il sole brillava e il cielo era di un blu magnifico.

Da quella posizione rimasi colpito dalla vicinanza delle colline purpuree, o meglio, dalla sensazione che fossero vicine. Anche le poche nubi bianche che veleggiavano in cielo sembravano vicine: avevo l'impressione che allungando una mano avrei potuto toccarle.

Guardai in alto verso il cielo e mi accorsi che il mio corpo aveva qualcosa di diverso. Il braccio era scivolato verso l'alto con una facilità incredibile, e io tenevo la schiena, il collo e la testa perfettamente allineati senza il minimo sforzo. Dalla mia posizione, seduto a gambe incrociate, mi alzai senza usare le braccia e mi stiracchiai, provando una sensazione di completa leggerezza.

Guardando le montagne lontane, vidi la luna che spuntava. Sembrava fosse al primo quarto, e stava appesa sopra l'orizzonte come una ciotola rovesciata. Improvvisamente capii perché aveva quella forma. Il sole, milioni di chilometri sopra la mia testa, brillava soltanto in cima alla luna calante. Potevo percepire la linea esatta che univa il sole e la superficie lunare, e questa identificazione estese in qualche modo la mia coscienza.

Potevo immaginare che la luna fosse già calata dietro l'orizzonte, e l'esatta forma riflessa che avrebbe mostrato a coloro che vivevano più a est e potevano ancora vederla. Poi immaginai l'aspetto che avrebbe avuto quando si fosse spostata direttamente sotto di me sull'altro lato del pianeta. Alle persone che vivevano laggiù sarebbe apparsa una luna piena poiché il sole sopra la mia testa avrebbe brillato oltre la Terra, colpendo il satellite ad angolo retto.

L'immagine provocò in me una sensazione forte, e il mio corpo si tese verso l'alto mentre sentivo fisicamente lo spazio che mi circondava, sopra la mia testa e sotto i piedi. Per la prima volta in vita mia prendevo atto della rotondità della terra, non solo dal punto di vista concettuale, ma anche come sensazione vera e propria.

Da un lato questa consapevolezza mi eccitava, e dall'altro mi sembrava perfettamente normale e naturale. Desideravo soltanto godermi la sensazione di essere sospeso, di galleggiare in uno spazio assoluto. Non sentivo la resistenza delle gambe alla forza gravitazionale della Terra, mi sembrava di essere sorretto da una spinta interiore, quasi fossi gonfio di elio come un pallone e galleggiassi sul terreno sfiorandolo con i piedi. Era una sensazione di condizione fisica perfetta, come dopo un anno di intensa preparazione atletica, ma con maggior coordinazione e leggerezza.

Mi sedetti sulla roccia, e di nuovo tutte le cose mi sembravano incredibilmente vicine: il masso irregolare su cui ero seduto, gli alberi alti sul pendio scosceso e le altre montagne che si stagliavano all'orizzonte. E mentre guardavo le cime degli alberi che ondeggiavano dolcemente nella brezza, non mi limitai a provare una percezione visiva ma sperimentai anche una sensazione fisica, come se le foglie danzanti fossero peli del mio corpo.

Ogni cosa faceva parte di me. Seduto in cima alla montagna, guardando il panorama che mi circondava, mi sentivo esattamente come se avessi sempre saputo che il mio corpo fisico era solo la testa di un organismo molto più esteso che comprendeva tutto ciò che potevo vedere. Sentii in me l'intero universo guardandolo con i miei stessi occhi.

Questa percezione attivò la mia memoria. Tornai indietro nel tempo, prima del viaggio in Perù, dell'infanzia e della nascita. Mi resi conto che in realtà la mia vita non era iniziata con il concepimento e la nascita su questo pianeta, ma aveva avuto inizio molto prima, con la formazione del resto del mio vero corpo che era poi l'universo intero.

La scienza dell'evoluzione mi aveva sempre annoiato ma ora, mentre la mia mente continuava ad arretrare nel tempo, ricordai tutto ciò che avevo letto in proposito, comprese le conversazioni con quel mio amico che tanto assomigliava a Reneau. Rammentai che l'evoluzione era proprio la materia di cui si occupava. Tutto il mio sapere sembrava fondersi con i ricordi. In qualche modo stavo rivivendo ciò che era accaduto, e il ricordo mi permetteva di considerare in modo diverso l'evoluzione.

Vidi la materia primordiale esplodere nell'universo e mi resi conto, proprio come aveva indicato la Terza Illuminazione, che non vi era coinvolto nulla di solido. La materia era solo energia che vibrava a un certo livello, e all'inizio esisteva solo nella sua forma più semplice: l'elemento che noi chiamiamo idrogeno. Nell'universo non c'era altro che idrogeno.

Osservai gli atomi che iniziavano a gravitare insieme, come se lo stimolo e la regola principale di questa energia fosse dare una forma più complessa a un movimento semplice. E quando questo idrogeno raggiunse una densità sufficiente, cominciò a scaldarsi e bruciare per diventare quella che noi chiamiamo una stella. Bruciando l'idrogeno si fuse, passando alla successiva e più elevata vibrazione, l'elemento che chiamiamo elio.

Mentre io continuavo a osservare, queste prime stelle invecchiarono e alla fine esplosero, lanciando nell'universo l'idrogeno residuo e l'elio appena creato. Il processo ricominciò da capo. L'idrogeno e l'elio gravitavano insieme finché la temperatura era sufficiente per la formazione di nuove stelle, le quali fondevano a loro volta l'elio dando origine all'elemento chiamato litio che vibrava al successivo livello superiore.

E così via... ogni generazione successiva di stelle creava una materia che non esisteva in precedenza, fino a quando l'ampio spettro della materia – gli elementi chimici di base – non fu completo. L'evoluzione era avvenuta partendo dall'elemento idrogeno, la vibrazione più semplice dell'energia, per arrivare al carbonio che vibrava invece ad altissima velocità. Ormai era tutto pronto per il passo successivo. Mentre si formava il nostro sole, frammenti di materia caddero nella sua orbita e uno di essi, la Terra, conteneva tutti gli elementi appena creati, compreso il carbonio. La Terra raffreddava e intanto i gas imprigionati dalla massa in fusione migrarono verso la superficie e fondendosi insieme diedero vita al vapore acqueo. Arrivarono così le grandi piogge che diedero origine agli oceani. Quando poi l'acqua ricoprì gran parte della superficie terrestre, il cielo si schiarì e il sole si mise ad ardere luminoso, irrorando il nuovo mondo di luce, calore e radiazioni.

Negli stagni e nelle pozze poco profonde, in mezzo agli spaventosi temporali che spazzavano periodicamente il pianeta, la materia oltrepassava il livello vibratorio del carbonio per raggiungere uno stato ancora più complesso, e cioè la vibrazione rappresentata dagli aminoacidi. Ma per la prima volta questo nuovo livello non era stabile in se stesso: la materia doveva continuamente assorbire altra materia per poter sostenere la sua vibrazione, in pratica doveva nutrirsi. La vita, il passo successivo dell'evoluzione, era finalmente nata.

Ancora limitata all'acqua, vidi che questa vita si divideva in due forme distinte. Una – quella che noi chiamiamo vegetazione – si nutriva di materia inorganica utilizzando il diossido di carbonio della prima atmosfera. Come sottoprodotto le piante liberarono per la prima volta l'ossigeno nell'universo. La forma di vita vegetale si diffuse velocemente negli oceani per approdare alla fine anche sulla terra.

L'altra forma – quella che noi definiamo animale – assorbiva solo la vita organica per sostenere la propria vibrazione. E io vidi gli animali riempire gli oceani nella grande era dei pesci e poi, dopo che le piante ebbero liberato abbastanza ossigeno nell'atmosfera, cominciò il loro viaggio verso la terraferma.

Vidi gli anfibi – metà pesci, metà nuove creature – lasciare l'acqua e usare i polmoni per respirare la nuova aria. Poi la materia fece un altro balzo in avanti, ed ecco i rettili che invasero la Terra al tempo dei dinosauri. In seguito fu il turno dei mammiferi, e io capii che ogni specie emergente rappresentava la vita – la materia – che avanzava verso la successiva vibrazione più alta. Alla fine la progressione terminò, e in cima fu il genere umano.

La visione terminò con l'arrivo dell'uomo. In un lampo avevo visto l'intera storia dell'evoluzione, le vicende della materia che si evolve quasi secondo un piano prestabilito, verso vibrazioni sempre più alte, e crea infine le condizioni di vita adatte agli esseri umani... all'esistenza di ognuno di noi.

Seduto su quella montagna potevo quasi comprendere come l'evoluzione si estendesse oltre l'esistenza degli uomini. Un'ulteriore evoluzione era in qualche modo collegata all'esperienza delle coincidenze. Qualcosa in questi avvenimenti ci fa avanzare nella vita, creando una vibrazione che a sua volta fa proseguire l'evoluzione stessa. Eppure, per quanto mi sforzassi non riuscivo a capire completamente.

Rimasi seduto a lungo sul bordo di quel precipizio, inebriato dalla pace e dal senso di totalità. A un certo punto mi accorsi che il sole tramontava a ovest. Notai anche una cittadina a circa un chilometro di distanza in direzione nord-ovest. Riuscivo a distinguere la sagoma dei tetti. La strada sul crinale a ovest sembrava condurre proprio laggiù.

Mi alzai e cominciai a scendere lungo le rocce. Avevo voglia di ridere: ero ancora parte del paesaggio e mi sembrava di camminare a fianco del mio stesso corpo, esplorandone addirittura le varie parti. Era una sensazione esilarante.

Mi feci strada fra le rocce e gli alberi. Il sole del pomeriggio allungava le ombre sul terreno. Giunto a metà strada mi trovai in una zona di grandi alberi e quando vi entrai percepii un cambiamento nel mio corpo: mi sentivo ancora più leggero e coordinato. Mi fermai a guardare con attenzione alberi e cespugli, concentrandomi sulla loro forma e bellezza. Intorno a ogni pianta potevo vedere lampi di luce biancastra e quello che sembrava un alone rosato.

Continuai a camminare, arrivando fino a un ruscello che irradiava una luce azzurrina e che mi colmò di tranquillità, di sonnolenza quasi. Alla fine decisi di proseguire attraverso la vallata, arrampicandomi sull'altro crinale per raggiungere la strada. Mi issai sulla strada ghiaiosa e puntai casualmente verso nord.

Più avanti scorsi un uomo vestito da sacerdote che spariva in una curva. Mi sentii elettrizzare. Per nulla impaurito, accelerai il passo per poterlo affiancare e parlargli. Sapevo esattamente cosa dirgli e mi sentivo in ottima forma, ma con mia grande sorpresa l'uomo era scomparso. Sulla destra c'era un'altra strada che curvava verso la valle ma in quella direzione non riuscii a scorgere anima viva. Corsi più avanti lungo la strada principale, ma non vidi nessuno. Pensai allora di tornare indietro per incamminarmi lungo la via che avevo oltrepassato, ma sapevo che la città si trovava davanti a me così decisi di proseguire in quella direzione. Non riuscivo però a smettere di pensare all'altra strada.

Un centinaio di metri più avanti, mentre giravo l'ennesima curva, sentii un rumore di veicoli. Attraverso gli alberi vidi una fila di mezzi militari che si avvicinavano a grande velocità. Esitai un istante, pensando che avrei potuto far valere le mie ragioni, ma poi ripensai alla terribile sparatoria.

Ebbi solo il tempo di lanciarmi sul lato destro della strada, restando immobile. Dieci jeep mi superarono a tutta velocità. Ero atterrato in un punto completamente esposto e potevo solo sperare che nessuno guardasse dalla mia parte. Ogni veicolo mi passò a meno di sei metri. Potevo sentire l'odore dei gas di scarico e vedere l'espressione di tutti i passeggeri.

Per fortuna nessuno si accorse di me. Quando furono passati strisciai dietro a un grosso albero. Mi tremavano le mani: la sensazione di pace e totalità era scomparsa. Sentivo nello stomaco un senso ormai familiare di ansia. Alla fine risalii sulla strada, ma il rumore di altre due jeep mi fece rotolare nuovamente giù dal pendio. Avevo anche la nausea.

Questa volta rimasi lontano dalla strada e rifeci il percorso in senso contrario con molta prudenza. Mi ritrovai davanti alla via che avevo superato poco prima. Dopo aver attentamente controllato che non si sentissero rumori, decisi di fiancheggiarla attraverso il bosco, tornando nella vallata. Il mio corpo era di nuovo pesante. Mi chiesi che cosa mi avesse preso. Perché mai mi ero messo a camminare sulla strada? Dovevo essere impazzito, sconvolto per lo spavento della sparatoria, rapito, in stato di euforia. Torna alla realtà, dissi a me stesso. Devi fare attenzione: c'è gente pronta a ucciderti al minimo errore! Mi bloccai. Davanti a me, forse a un centinaio di metri, c'era il prete. Era seduto sotto a un albero gigantesco circondato da numerosi massi. Mentre lo fissavo aprì gli occhi e mi guardò dritto in faccia. Sobbalzai, ma lui si limitò a sorridere e a farmi cenno di avvicinarmi.

Gli ubbidii, sempre con molta prudenza. Il sacerdote rimase immobile, un uomo alto e magro sulla cinquantina con i capelli scuri tagliati corti, dello stesso colore dei suoi occhi.

«Sembra che tu abbia bisogno di aiuto», mi apostrofò in perfetto inglese.

«Chi sei?» gli chiesi.

«Sono Padre Sánchez. E tu?»

Gli dissi chi ero e da dove provenivo. Poi le ginocchia mi cedettero e caddi a sedere stordito.

«Tu eri coinvolto in quello che è successo a Cula, vero?» mi domandò.

«Che cosa ne sai?» Non sapevo se fidarmi di lui.

«So che nel governo c'è qualcuno molto arrabbiato», fu la sua risposta. «Non vogliono che si faccia pubblicità al Manoscritto.»

«Perché?»

Si alzò, guardandomi dall'alto. «Perché non vieni con me? La nostra missione è solo a mezzo chilometro, e con noi sarai al sicuro.»

Mi rialzai in piedi a fatica, rendendomi conto di non avere altra scelta, e annuii. Il prete mi guidò lentamente lungo la strada. Era molto rispettoso nei miei confronti e soppesava ogni parola.

«I soldati ti stanno ancora cercando?» mi chiese a un certo punto.

«Non lo so.»

Rimase in silenzio per alcuni minuti, poi riprese: «Sei alla ricerca del Manoscritto?»

«Non più, adesso voglio solo sopravvivere e tornarmene a casa.»

Mi fece un cenno rassicurante, e di colpo mi fidai di quell'uomo. C'era qualcosa nel suo sguardo e nel calore che mostrava che mi colpì. Mi ricordava Wil. Dopo poco arrivammo alla missione: un gruppo di casette intorno a un cortile con una chiesetta, in una splendida posizione. Quando entrammo lui si rivolse in spagnolo ad altri sacerdoti che si allontanarono di corsa. Cercai di vedere dove erano diretti, ma mi sentii sopraffare dalla stanchezza. Il prete mi guidò allora in una delle case.

C'erano un piccolo soggiorno e due camere da letto. Nel caminetto ardeva un bel fuoco e un altro sacerdote ci porse un vassoio di pane e zuppa. Mangiai, anche se esausto, mentre Sánchez si accomodava in una sedia di fianco a me. Dietro sua insistenza mi sdraiai su uno dei letti e caddi in un sonno profondo.

Quando uscii in cortile notai per prima cosa che il terreno era perfettamente curato. I sentieri di ghiaia erano delimitati con gran precisione da siepi e cespugli che risplendevano nella loro forma naturale. Nessuno di loro era stato potato.

Mi stirai, sentendo per la prima volta la camicia inamidata che indossavo. Era di cotone grezzo e mi irritava leggermente il collo, pur essendo pulita e appena stirata. Poco prima ero stato svegliato da due preti che avevano versato acqua calda in una vasca da bagno, stendendo accanto degli abiti puliti. Dopo essermi lavato e vestito ero andato nell'altra stanza, e sul tavolo avevo trovato frittelle calde e frutta secca. Avevo mangiato con grande voracità, sempre in presenza dei due sacerdoti. Se ne erano andati solo dopo che avevo finito ed ero uscito in cortile, dove ora mi trovavo.

Andai a sedermi su una panchina di pietra. Il sole sfiorava le cime degli alberi, riscaldando il mio volto.

«Come hai dormito?» domandò una voce alle mie spalle. Mi girai e vidi Padre Sánchez in piedi, sorridente.

«Molto bene», risposi.

«Posso tenerti compagnia?»

«Certo.»

Restammo in silenzio per alcuni minuti, tanto che cominciai a sentirmi a disagio. Lo guardai più volte, preparandomi a dire qualcosa, ma mi accorsi che fissava il sole tenendo la testa leggermente piegata all'indietro e gli occhi socchiusi.

Alla fine si decise a parlare: «Hai trovato proprio un bel posticino». Apparentemente si stava riferendo alla panchina su cui ero seduto.

«Senti, devo chiederti un consiglio. Qual è il sistema più sicuro per tornare negli Stati Uniti?»

Mi guardò serio. «Non saprei, dipende da quanto il governo ti considera pericoloso. Dimmi cosa è successo a Cula.»

Gli raccontai tutto a partire dalla prima volta che avevo sentito parlare del Manoscritto. La sensazione di euforia che avevo provato sul crinale mi sembrava ora illusoria e lontana, così vi accennai appena. Ma Sánchez mi fece subito domande precise in proposito.

«Che cosa hai fatto dopo che il soldato non si è accorto di te e se ne è andato?»

«Sono semplicemente rimasto seduto per alcune ore, sentendomi sollevato, immagino.»

«Cos'altro hai sentito?»

Imbarazzato, decisi di tentare comunque una descrizione. «È difficile da raccontare. Provavo una sensazione di euforica connessione con tutte le cose, e anche un senso di fiducia e sicurezza. Non mi sentivo più stanco.»

Padre Sánchez sorrise. «Hai avuto un'esperienza mistica. Molte persone raccontano di averla avuta nella foresta in cima alla montagna.»

Annuii, esitante.

Si girò per guardarmi meglio in faccia. «È il tipo di esperienza che i mistici di ogni religione hanno sempre descritto. In precedenza avevi mai letto niente in proposito?»

«Qualcosa, anni fa.»

«Ma fino a ieri si trattava solo di un concetto, esatto?»

«Sì, credo di sì.»

Un giovane sacerdote si avvicinò, mi salutò con un cenno del capo e mormorò qualcosa a Sánchez. Questi annuì, e quando il giovane si allontanò lui seguì con lo sguardo i suoi passi. Attraversò il cortile ed entrò in una zona simile a un parco a circa un centinaio di metri di distanza. Notai che anche quel settore era estremamente pulito e pieno di piante. Il sacerdote più giovane si diresse in vari punti, esitando ogni volta come se stesse cercando qualcosa, per fermarsi poi in una certa posizione. Sembrava impegnato in una sorta di esercizio.

Sánchez sorrise, apparentemente soddisfatto, e si rivolse nuovamente a me.

«Credo che per te sia pericoloso cercare di tornare a casa proprio adesso», riprese. «Ma cercherò di scoprire come stanno le cose e se c'è qualche notizia a proposito del tuo amico.» Si alzò. «Devo occuparmi di alcune faccende. Voglio che tu sappia che ti daremo tutta l'assistenza possibile. Per il momento spero che qui tu possa trovarti a tuo agio. Rilassati e cerca di recuperare le forze.»

Feci un cenno d'assenso.

Si frugò in tasca e ne tirò fuori alcuni fogli. «Questa è la Quinta Illuminazione. Parla proprio del tipo di esperienza che hai avuto. Credo che la troverai interessante.»

Con qualche esitazione presi i fogli mentre lui continuava a parlare. «Che cosa hai capito dell'ultima Illuminazione che hai letto?» mi chiese.

Esitai: non avevo nessuna voglia di pensare a manoscritti e illuminazioni. Alla fine mi decisi: «Che gli esseri umani sono invischiati in una forma di competizione per il possesso dell'energia altrui. Quando riusciamo a fare in modo che gli altri accettino la nostra opinione, essi si identificano con noi. Questo attrae verso di noi la loro energia, facendoci sentire più forti».

Sorrise. «Così il problema è che tutti cercano di controllarsi e manipolarsi a vicenda per impossessarsi dell'energia, perché pensano di averne poca?»

«Esatto.»

«Ma esiste una soluzione, un'altra forma di energia?»

«È proprio quello che implica l'ultima Illuminazione.»

Annuì e si incamminò lentamente verso la chiesa.

Per alcuni istanti rimasi chinato in avanti, appoggiando i gomiti alle ginocchia senza guardare la traduzione. Continuavo a sentirmi a disagio. Gli avvenimenti degli ultimi due giorni avevano smorzato il mio entusiasmo, e preferivo pensare a come tornare negli Stati Uniti. Poi scorsi nuovamente il giovane sacerdote tra le piante davanti a me: si era alzato e si dirigeva lentamente in un altro punto a circa mezzo metro da dove si trovava. Si girò ancora verso di me e si sedette.

Mi domandai cosa stesse facendo, poi mi venne in mente che forse metteva in pratica qualche indicazione del Manoscritto. Guardai la prima pagina e cominciai a leggere.

Descriveva una nuova comprensione di ciò che era stato a lungo definito come coscienza mistica. Durante gli ultimi decenni del ventesimo secolo, così era scritto, questa coscienza sarebbe stata pubblicizzata come un modo di essere del tutto raggiungibile, un sistema che era stato dimostrato dai praticanti più esoterici di molte religioni. Per i più questa coscienza sarebbe rimasta un concetto intellettuale di cui limitarsi a parlare e discutere. Ma per un numero sempre crescente di esseri umani la consapevolezza sarebbe diventata reale – perché questi individui avrebbero provato lampi o accenni del nuovo stato mentale nel corso delle loro esistenze. Il Manoscritto diceva poi che questa esperienza era la chiave per porre fine ai conflitti umani nel mondo, poiché ci avrebbe permesso di ricevere energia da un'altra fonte – una fonte a cui avremmo potuto far ricorso con il semplice desiderio.

Smisi di leggere e guardai ancora il giovane sacerdote che sembrava fissarmi. Gli rivolsi un cenno d'intesa, anche se non riuscivo a distinguere i lineamenti del suo viso. Con mia grande sorpresa mi fece un gesto in risposta, sorridendo timidamente. Poi si alzò e si diresse alla mia sinistra verso una delle case. Dopo aver attraversato il cortile entrò nell'abitazione, evitando accuratamente il mio sguardo.

Sentii un rumore di passi alle mie spalle, e quando mi girai vidi Sánchez che usciva dalla chiesa. Mi si avvicinò sorridendo.

«Non c'è voluto molto», esclamò. «Vorresti vedere qualcos'altro?»

«Sì, volentieri. Parlami dei posti in cui andate a sedervi», risposi indicandogli il punto in cui si era trovato il giovane sacerdote.

«Andiamoci.»

Attraversammo il cortile, e Sánchez mi spiegò che la missione aveva più di quattrocento anni ed era stata fondata da un missionario spagnolo convinto che per convertire gli Indiani occorresse passare dal loro cuore, e non imporsi con la violenza delle armi. Il sistema aveva funzionato, continuò Sánchez, e in parte per questo successo in parte per la collocazione remota della missione, il sacerdote era stato libero di seguire la sua vocazione.

«Noi portiamo avanti la sua tradizione, guardando dentro di noi per cercare la verità.»

La zona in cui si era seduto il giovane sacerdote offriva un paesaggio immacolato. Circa mezzo acro di foresta era stato ripulito, e le piante di fiori che crescevano sul terreno erano inframmezzate da sentieri di pietre di fiume levigate. Come nel cortile, anche qui le piante erano perfettamente distanziate e la loro forma singolare veniva posta in risalto.

«Dove vorresti sederti?» mi chiese Sánchez.

Mi guardai intorno per scegliere. Davanti a noi c'erano alcuni spazi ben ordinati – angoli che sembravano completi in se stessi. Ognuno di essi consisteva in uno spazio aperto circondato da piante meravigliose, rocce e grossi alberi di varie forme. In uno alla nostra sinistra, proprio quello in cui si era seduto il giovane sacerdote, c'era un numero maggiore di massi.

«Che ne dici di quello?» domandai.

Sánchez approvò e andammo a sederci. Respirò a fondo per alcuni minuti poi mi guardò.

«Raccontami qualcosa della tua esperienza sul crinale», mi chiese.

Sentivo una certa resistenza a parlarne. «Non so che altro potrei dire. Non è durata a lungo.»

Il sacerdote mi scrutò severo. «Non puoi negare la sua importanza solo perché si è esaurita quando hai cominciato a provare di nuovo paura! Forse è qualcosa che deve essere recuperato.»

«Forse», concessi. «Ma per me è difficile concentrarmi su sensazioni cosmiche quando qualcuno cerca di uccidermi.»

Sánchez scoppiò a ridere, poi mi guardò con affetto.

«Qui alla missione studiate il Manoscritto?» gli chiesi.

«Sì. Insegniamo come raggiungere il tipo di esperienza che tu hai avuto sul crinale. Non ti dispiacerebbe riprovare parte di quelle sensazioni, vero?»

Fummo interrotti da una voce proveniente dal cortile: un prete stava chiamando Sánchez. Questi si scusò e andò a parlargli. Mi rilassai, facendo correre lo sguardo sulle piante e sulle rocce che mi circondavano, senza mettere bene a fuoco. Riuscii a intravedere un alone di luce intorno al cespuglio più vicino, ma quando provai con le rocce non vidi nulla.

Sánchez stava tornando verso di me.

«Devo assentarmi per un po': vado a una riunione in città per scoprire qualcosa sulla sorte del tuo amico, o almeno per sapere se puoi rischiare e metterti in viaggio.»

«Bene. Sarai di ritorno in giornata?»

«Non credo, è probabile che torni domattina.»

Dovetti sembrargli impaurito poiché mi venne vicino e mi mise una mano sulla spalla. «Non preoccuparti, qui sei al sicuro. Mettiti a tuo agio, guardati intorno. Parla pure con gli altri sacerdoti, ma sappi che alcuni di loro saranno più disponibili di altri, a seconda del livello di sviluppo raggiunto.»

Annuii.

Sorrise, andò dietro la chiesa e salì a bordo di un vecchio camion che fino a quel momento non avevo notato. Dopo vari tentativi riuscì a farlo partire, girò intorno alla chiesa e si avviò lungo la strada che portava al crinale.

Per alcune ore rimasi là seduto, felice di poter raccogliere i miei pensieri, a domandarmi se Marjorie stava bene e se Wil era riuscito a fuggire. Più volte l'immagine dell'uomo di Jensen assassinato mi attraversò la mente, ma mi sforzai di cancellare il ricordo e di restare calmo.

Intorno a mezzogiorno notai che alcuni preti preparavano in mezzo al cortile una lunga tavolata con molti piatti. Poi ne arrivarono altri che iniziarono a servire e infine tutti si sedettero a mangiare. Si sorridevano amabilmente, ma non sentivo parlare molto. Uno sollevò lo sguardo verso di me e mi indicò il cibo.

Mi avvicinai al tavolo, servendomi un piatto di mais e fagioli. Ognuno dei preti sembrava molto consapevole della mia presenza, ma nessuno mi rivolse la parola. Feci commenti sul cibo, ma le mie parole provocarono solo sorrisi e gesti gentili. Quando cercavo di guardarli direttamente negli occhi, distoglievano lo sguardo.

Mi sedetti da solo su una panchina e cominciai a mangiare. Nel cibo non c'era sale, ma era insaporito con erbe aromatiche. Alla fine del pranzo, quando tutti stavano sistemando sul tavolo i piatti sporchi, un altro sacerdote uscì dalla chiesa e si servì velocemente da mangiare. Si guardò intorno alla ricerca di un posto, e fu in quel momento che il nostro sguardo si incrociò. Quando mi sorrise lo riconobbi: era il giovane di prima. Gli sorrisi anch'io, lui si avvicinò e cominciò a parlarmi in un inglese stentato.

«Posso sedermi sulla panchina con te?» mi chiese.

«Certo.»

Si sedette e cominciò a mangiare molto lentamente, masticando più volte il cibo e sorridendomi di tanto in tanto. Era piccolo, con un fisico robusto e i capelli neri come il carbone. I suoi occhi erano color nocciola.

«Ti piace il cibo?» mi domandò.

Nel piatto che avevo in grembo era rimasto ancora del mais.

«Sì», risposi, mettendo in bocca un altro boccone. Mi accorsi che masticava lentamente, proprio come tutti gli altri sacerdoti.

«Queste verdure crescono qui alla missione?» gli domandai.

Esitò prima di rispondermi, deglutendo lentamente.

«Sì, il cibo è molto importante.»

«Voi meditate con le piante?»

Mi guardò evidentemente sorpreso. «Tu hai letto il Manoscritto?»

«Sì, le prime Quattro Illuminazioni.»

«Hai fatto crescere qualcosa?» mi domandò.

«Oh no, sto solo imparando!»

«Vedi i campi di energia?»

«Sì, a volte.»

Restammo alcuni minuti in silenzio mentre lui continuava a mangiare con estrema lentezza.

«Il cibo è il primo mezzo per acquisire energia», osservò.

Annuii.

«Ma per assorbirla completamente occorre saper apprezzare...»

Sembrò alla ricerca della parola esatta in inglese: «Assaporare», esclamò alla fine. «Il sapore è la via d'accesso. Tu devi apprezzare il sapore, è per questo che si prega prima di mangiare. Non è solo per ringraziare, ma anche per fare del pasto un'esperienza sacra, in modo che l'energia del cibo possa entrare nel nostro corpo.»

Mi guardò attentamente, come se volesse assicurarsi che avevo capito.

Annuii senza fare commenti. La sua espressione restò seria.

In pratica mi aveva appena detto che il deliberato apprezzamento del cibo era il vero scopo dell'abitudine religiosa del ringraziamento, e il risultato di tutto ciò era un maggiore assorbimento di energia da parte nostra.

« Ma questo è solo il primo passo. Dopo che l'energia personale viene così incrementata si diventa più sensibili all'energia in tutte le sue forme. E poi si impara ad assorbirla senza mangiare. »

Gli feci segno d'aver capito.

« Tutte le cose che ci circondano possiedono energia, ma ognuna di esse ne possiede un tipo diverso. Ecco perché certi luoghi ne irradiano in quantità maggiore rispetto ad altri: dipende dal modo in cui la tua forma fisica si adegua all'energia presente. »

« È quello che facevi prima, seduto laggiù? » gli domandai. « Stavi incrementando la tua energia? »

Mi sembrò compiaciuto. « Sì. »

« Come ci riesci? »

« Devi essere aperto al contatto e usare la tua disponibilità interiore, come per vedere i campi di energia. Ma per raggiungere quel senso di pienezza devi avanzare di un passo. »

« Non sono sicuro di riuscire a seguirti. »

Si accigliò di fronte alla mia ottusità. « Vuoi venire a sederti là con me? Posso mostrarti come fare. »

« Certo, perché no? »

Lo seguii attraverso il cortile fino al luogo di meditazione. Si guardò intorno.

« Laggiù », esclamò indicandomi un punto che confinava con la foresta.

Seguimmo il sentiero che serpeggiava tra gli alberi e i cespugli. Scelse un punto davanti a un grande albero che cresceva in mezzo ad alcuni massi, cui appoggiarsi. Le sue radici si avvolgevano intorno ai sassi prima di raggiungere il suolo. Alcuni arbusti in fiore crescevano a semicerchio davanti all'albero, e io sentivo una strana e dolce fragranza che saliva dai fiori gialli dei cespugli. La foresta creava uno sfondo verde.

Il prete mi fece segno di sedere in uno spiazzo pulito fra i cespugli, proprio davanti all'albero nodoso, e si accomodò accanto a me.

« Questo albero ti sembra meraviglioso? » mi chiese.

« Sì. »

« Allora... sentilo... »

Sembrò lottare ancora alla ricerca della parola giusta. Ci pensò un attimo e poi mi chiese: « Padre Sánchez mi ha detto che hai avuto un'esperienza sul crinale: riesci a ricordare come ti sei sentito? »

«Mi sentivo leggero e in sintonia con l'universo.»

«In sintonia?»

«È difficile da descrivere. Era come se l'intero paesaggio facesse parte di me.»

«Ma com'era la sensazione?»

Ci pensai un attimo: che sensazione era? Finalmente ci arrivai.

«Amore», risposi. «Credo di aver sentito amore per ogni cosa.»

«Sì, è proprio così. Senti la stessa cosa per l'albero.»

«Aspetta un attimo», protestai. «L'amore è qualcosa che accade. Io non posso costringermi ad amare qualcosa.»

«Non devi importi di amare, ma permettere all'amore di entrare in te. E per farlo devi fare mente locale ricordando cosa hai provato e cercando di provarlo ancora.»

Guardai l'albero e cercai di ricordare l'emozione provata sul crinale. Cominciai ad ammirarne la forma e l'aspetto. Il mio apprezzamento crebbe finché provai un amore vero e proprio. Era il trasporto che avevo provato da bambino per mia madre e poi in gioventù per il mio primo amore. E anche se avevo fissato solo l'albero, quel particolare amore esisteva in senso generale: sentivo amore per ogni cosa.

Il sacerdote si allontanò di alcuni passi e mi fissò intensamente. «Bene», esclamò. «Stai accettando l'energia.»

Notai che mi guardava con gli occhi semichiusi.

«Come fai a saperlo?» gli chiesi.

«Perché vedo che il tuo campo di energia sta diventando sempre più grande.»

Chiusi gli occhi e cercai di raggiungere le intense sensazioni che avevo provato sul crinale, ma non riuscii a ripetere l'esperienza. Era qualcosa di simile ma di minore intensità. Il fallimento mi riempì di delusione.

«Che cosa è successo? La tua energia è crollata.»

«Non saprei. È solo che non sono riuscito a sentirlo intensamente come prima.»

Si limitò a guardarmi, prima divertito poi con impazienza.

«Ciò che hai provato sul crinale era un regalo, un varco, uno sguardo lanciato al nuovo modo di essere. Ora devi imparare a raggiungere da solo quel livello, poco alla volta.»

Si allontanò ulteriormente e mi guardò di nuovo. «Adesso riprovaci.»

Chiusi gli occhi e cercai di sentire in profondità. Alla fine l'emozione mi assalì nuovamente. La trattenni, cercando di aumentarla lentamente. Concentrai lo sguardo sull'albero.

«Così va molto bene», esclamò. «Stai ricevendo energia e dandola all'albero.»

Lo guardai di traverso. «La sto restituendo all'albero?»

«Quando tu apprezzi la bellezza e l'unicità delle cose», mi spiegò, «ricevi energia. Quando raggiungi un livello in cui provi amore diventi capace di rimandare questa energia.» Rimasi a lungo in quella posizione. Più mi concentravo sull'albero e ne ammiravo forma e colori, maggiore era la quantità di amore che sembravo acquisire. Era un'esperienza davvero straordinaria. Immaginavo che la mia energia fluisse arrivando a riempire l'albero, ma non riuscivo a vederla. Senza distogliere lo sguardo mi accorsi che il sacerdote si era alzato e stava per andarsene.

«Che cosa si vede quando io passo la mia energia all'albero?» gli chiesi.

Mi descrisse dettagliatamente la percezione, e io mi accorsi che si trattava dello stesso fenomeno cui avevo assistito a Viciente quando Sarah aveva proiettato la sua energia sul filodendro. Pur riuscendo nell'esperimento, Sarah non sembrava consapevole del fatto che fosse necessario uno stato di amore perché avvenisse la proiezione. Doveva aver raggiunto quello stato naturalmente, senza nemmeno accorgersene.

Il sacerdote si avviò verso il cortile, scomparendo alla mia vista. Rimasi là seduto finché venne buio.

Quando entrai in casa i due sacerdoti mi fecero un cenno di saluto. Un fuoco scoppiettante allontanava il freddo della sera e alcune lampade illuminavano il salotto. Nell'aria si sentiva l'odore di zuppa di verdura, forse di patate. Sul tavolo c'erano una ciotola di ceramica, dei cucchiai e un piatto con quattro fette di pane.

Uno dei preti si girò e se ne andò senza guardarmi, mentre l'altro, tenendo sempre gli occhi bassi, mi indicò con un cenno del capo una grossa pentola di ferro sistemata sul camino. Un mestolo sporgeva da sotto al coperchio. Non appena vidi la pentola il secondo sacerdote mi chiese: «Hai bisogno di qualcos'altro?»

«Credo di no, grazie.»

Uscì di casa, lasciandomi solo. Sollevai il coperchio: era zuppa di patate, dal profumo forte e delizioso. Me ne versai alcuni mestoli nella ciotola e mi sedetti a tavola. Poi estrassi dalla tasca la parte di Manoscritto che mi aveva dato Sánchez e la sistemai sul tavolo con l'intenzione di leggerla. Ma la zuppa era così saporita che mi concentrai completamente sulla cena. Dopo aver finito ritirai il piatto e rimasi come ipnotizzato a fissare il fuoco finché spensi le luci e andai a dormire.

Il mattino dopo mi svegliai all'alba, completamente rinvigorito. La nebbia mattutina aveva invaso il cortile. Preparai il camino, sistemando alcuni legnetti sui pezzi di carbone. Feci aria finché presero fuoco. Stavo per dare un'occhiata in cucina quando sentii avvicinarsi il camion di Sánchez.

Uscii mentre lui spuntava da dietro la chiesa con uno zaino in un braccio e vari pacchi nell'altro.

«Ci sono novità», esclamò, indicandomi di seguirlo dentro casa.

Apparvero altri sacerdoti che recavano focacce di grano, fiocchi d'avena e frutta secca. Sánchez li salutò, e appena se ne andarono si sedette a tavola con me.

«Ho partecipato a una riunione con alcuni preti del Southern Council», esordì. «Ci siamo incontrati per parlare del Manoscritto. Dovevamo discutere le azioni aggressive del governo. Per la prima volta un gruppo di religiosi si è incontrato pubblicamente in sostegno di questo documento, e stavamo appunto per iniziare la nostra discussione quando un rappresentante del governo ha bussato alla porta chiedendo di essere ammesso.»

Fece una pausa per riempirsi il piatto e mettere in bocca qualche boccone che masticò con la solita lentezza. «Ci assicurò che l'unico scopo del governo era quello di proteggere il Manoscritto da qualunque sfruttamento esterno, spiegandoci che tutte le copie possedute dai cittadini peruviani devono essere fornite di relativa autorizzazione. Disse che capiva la nostra preoccupazione, ma al tempo stesso doveva chiederci di ubbidire alla legge e consegnare le nostre copie. Ha promesso che il governo le avrebbe immediatamente sostituite.»

«E voi le avete date?» gli domandai.

«Naturalmente no!»

Ci mettemmo entrambi a mangiare, e io mi sforzai di masticare lentamente per assaporare meglio ogni boccone.

«Facemmo alcune domande a proposito delle violenze avvenute a Cula», riprese, «e lui ci spiegò che si era trattato della giusta reazione contro un tipo chiamato Jensen, il quale aveva ai suoi ordini uomini armati che erano in realtà agenti di un'altra nazione. Ci raccontò inoltre che avevano progettato di trovare e impossessarsi della parte mancante del Manoscritto, portandola poi fuori dal Perù. Il governo non aveva avuto altra scelta che arrestarli. Non ha parlato di te o dei tuoi amici.»

«Avete creduto a quel tizio del governo?»

«No, per niente. Dopo che se ne è andato abbiamo continuato la nostra riunione, stabilendo di seguire una tattica di resistenza passiva. Continueremo quindi a fare copie e a distribuirle a persone di fiducia.»

«Ma i responsabili della vostra Chiesa ve lo permetteranno?»

«Non lo sappiamo», rispose Sánchez. «Gli anziani hanno disapprovato il Manoscritto ma fino a oggi non sono ancora stati presi provvedimenti nei confronti delle persone coinvolte. La nostra spina nel fianco è un cardinale che vive a nord, cardinal Sebastián. Rappresenta la più forte opposizione al Manoscritto ed è molto influente. Se convince le alte sfere a pronunciarsi contro il Manoscritto, saremo costretti a prendere una decisione molto interessante.»

«Perché è così contrario al Manoscritto?»

«Ha paura.»

«Perché?»

«È da molto tempo che non parlo con lui, e inoltre abbiamo sempre evitato di discutere il Manoscritto. Secondo me lui crede che il ruolo dell'uomo sia quello di far parte del cosmo senza avere nessuna conoscenza spirituale – basandosi solo sulla fede. È convinto che il Manoscritto possa minare questa situazione di immobilità e quindi l'autorità regnante.»

«In che modo?»

Mi sorrise, piegando leggermente la testa all'indietro. «La verità renderà liberi.»

Lo guardavo, cercando di capire cosa volesse dire e intanto mangiavo il pane e la frutta rimasti sul mio piatto.

«Mi sembri molto più forte», osservò. «Hai parlato con qualcuno?»

«Sì. Ho imparato un metodo per mettermi in contatto con l'energia da uno dei preti. Io... non sono riuscito ad afferrare il suo nome. Ieri mattina, in cortile, lui era lì, te lo ricordi? Più tardi abbiamo parlato e lui mi ha mostrato come assorbire l'energia e proiettarla poi a mia volta.»

«Si chiama John», intervenne Sánchez, facendomi segno di proseguire.

«È stata un'esperienza stupefacente. Ricordando l'amore che avevo provato sono riuscito ad aprirmi. Sono rimasto seduto là tutto il giorno ad assaporarlo. E anche se non ho rivissuto la stessa esperienza provata sul crinale, ci sono andato molto vicino.»

Sánchez si fece serio. «Il ruolo dell'amore è stato a lungo frainteso. L'amore non è qualcosa che dovremmo provare per essere buoni o per rendere il mondo un posto migliore in virtù di un astratto senso morale, o addirittura di una rinuncia al nostro edonismo. Entrare in contatto con l'energia provoca eccitazione, euforia e infine amore. Trovare abbastanza energia per mantenere questo stato di amore aiuta sicuramente il mondo, ma soprattutto aiuta in maniera diretta noi stessi. È la cosa più edonistica che potremmo fare.»

Annuii. Nel frattempo lui aveva avvicinato ancora di più la sua sedia e mi fissava con lo sguardo sfocato.

«Allora, come ti sembra il mio campo?» gli chiesi.

«È molto più grande. Credo tu stia veramente bene.»

«È vero.»

«Bene. È quello che facciamo qui.»

«Dimmi qualcosa in proposito.»

«Istruiamo i sacerdoti affinché vadano sulle montagne a lavorare con gli indiani. È un lavoro solitario, e i preti devono possedere una grande forza. Tutti gli uomini che si trovano qui sono stati attentamente esaminati e hanno una cosa in comune: ognuno di loro ha avuto un'esperienza che definisce mistica.

«Studio da anni questo tipo di esperienza, ancor prima che venisse ritrovato il Manoscritto, e credo che quando una persona ha già avuto un'esperienza del genere possa tornare in questo stato e accrescere il suo livello di energia personale con estrema facilità. Anche gli altri possono entrare in contatto, ma occorre più tempo. Un vivido ricordo dell'esperienza, come credo tu stesso abbia capito, facilita la sua ripetizione. Dopo di che, si tratta solo di ricostruire lentamente.»

«Quando ciò accade, qual è l'aspetto del campo di energia di una persona?»

«Si espande e cambia leggermente colore.»

«Quale colore?»

«Normalmente passa da un banale bianco al verde e al blu.

Ma la cosa più importante è che si espanda. Per esempio, durante il tuo incontro mistico in cima al crinale la tua energia si è lanciata verso l'intero universo. In pratica tu sei entrato in contatto e hai assorbito energia dal cosmo intero, e in cambio la tua energia si è dilatata per comprendere ogni cosa, in ogni luogo. Riesci a ricordare come ti sei sentito?»

«Sì. Mi sembrava che l'intero universo fosse il mio corpo e io fossi semplicemente la testa, per la precisione gli occhi.»

«Certo», commentò Sánchez. «E in quel momento il tuo campo di energia e quello dell'universo erano la stessa cosa. L'universo era il tuo corpo.»

«In quei momenti la mia memoria si comportò in maniera strana. Mi sembrava di ricordare il modo in cui quel mio corpo immenso, cioè l'universo, si era evoluto. Io c'ero. Ho visto formarsi le prime stelle partendo dal semplice idrogeno, e in seguito ho osservato anche la materia più complessa evolversi in successive generazioni di soli. Ma non ho mai visto la materia: per me erano semplici vibrazioni di energia che si evolvevano sistematicamente in livelli complessi superiori. Poi... la vita è iniziata, evolvendosi fino all'apparizione del genere umano...»

Mi bloccai di colpo, e Sánchez si accorse del mio cambiamento d'umore.

«C'è qualcosa che non va?»

«Quello è il punto in cui i miei ricordi si sono interrotti», gli spiegai. «Proprio con la comparsa degli esseri umani. Mi sembrava che la storia dovesse continuare, ma io non ero in grado di afferrarla.»

«Infatti la storia continua», mi spiegò. «Gli uomini portano avanti l'evoluzione del mondo verso una complessità di vibrazioni sempre più alte.»

«In che modo?»

Mi sorrise senza rispondermi. «Ne parleremo più tardi. Adesso devo controllare alcune faccende, ci vediamo tra un'ora.»

Prese una mela e se ne andò. Uscii dopo di lui, poi ricordai di aver lasciato la copia della Quinta Illuminazione in camera da letto e tornai a prenderla. Ripensai alla foresta in cui avevo visto Sánchez per la prima volta. Anche se allora ero esausto e terrorizzato avevo notato ugualmente la straordinaria bellezza di quel posto. Mi incamminai lungo la strada verso est e andai a ritrovare quel punto esatto per sedermi.

Appoggiato contro un albero, mi schiarii la mente guardandomi intorno per alcuni minuti. Era una mattina luminosa, leggermente ventosa, e il vento frustava i rami sopra la mia testa. Inalai a fondo più volte l'aria fresca. Quando il vento lo rese possibile, tirai fuori il Manoscritto e cercai la pagina che stavo leggendo. Non l'avevo ancora trovata quando sentii il rumore di un camion.

Mi nascosi dietro all'albero, cercando di capire dove fosse diretto. Il frastuono proveniva dalla missione e quando si fece più vicino mi accorsi che si trattava del vechio camion di Sánchez, con lui alla guida.

«Ho pensato che potessi essere qui», esclamò fermandosi accanto a me. «Sali, dobbiamo andarcene.»

«Cosa succede?» gli domandai, scivolando sul sedile di fianco al suo.

Si diresse verso la strada principale. «Uno dei miei sacerdoti mi ha riferito una conversazione che ha sentito nel villaggio: sono arrivati alcuni funzionari del governo e stanno facendo domande su di me e sulla missione.»

«Che cosa credi che vogliano?»

Mi lanciò un'occhiata rassicurante. «Non lo so. Diciamo che non sono più tanto sicuro che d'ora in poi ci lasceranno in pace. Per precauzione ho pensato che dovremmo andarcene sulle montagne. Uno dei miei preti, padre Carl, vive vicino a Machu Picchu. A casa sua saremo al sicuro finché non si chiarirà la situazione.» Sorrise. «In ogni caso ci tenevo a farti vedere il Machu Picchu.»

Improvvisamente ebbi il sospetto che Sánchez si fosse accordato con qualcuno e mi stesse portando chissà dove per consegnarmi. Decisi di procedere con la massima cautela e di rimanere all'erta finché avessi scoperto la verità.

«Hai finito di leggere la traduzione?» mi chiese.

«Quasi.»

«Mi avevi fatto delle domande sull'evoluzione umana: hai completato quella parte?»

«No.»

Distolse lo sguardo dalla strada e mi fissò intensamente. Feci finta di non accorgermene.

«C'è qualcosa che non va?» mi domandò.

«Niente. Quanto tempo ci vuole per raggiungere Machu Picchu?»

«Circa quattro ore.»

Volevo rimanere in silenzio e lasciare che fosse Sánchez a parlare, sperando che potesse in qualche modo tradirsi, ma non riuscii a controllare la mia curiosità sull'evoluzione.

«E allora, in che modo gli esseri umani portano avanti l'evoluzione?»

Mi lanciò un'occhiata di traverso. «Tu che ne dici?»

«Non saprei. Ma quando ero lassù sul crinale avevo pensato che potesse avere a che fare con le coincidenze significative di cui parla la Prima Illuminazione.»

«Esatto. E lo stesso varrebbe anche per le altre Illuminazioni, giusto?»

Mi sentivo confuso. Avevo quasi capito ma non riuscivo ad afferrare del tutto. Rimasi in silenzio.

«Pensa al modo in cui si susseguono le altre Illuminazioni. La Prima si verifica quando prendiamo sul serio le coincidenze. Esse ci fanno capire che esiste qualcosa di più, qualcosa di spirituale che opera dietro ogni nostra azione.

«La Seconda consacra la nostra consapevolezza come qualcosa di reale. Capiamo di esserci occupati della sopravvivenza materiale, sforzandoci di mantenere il controllo della nostra posizione nell'universo per motivi di sicurezza, e sappiamo che la nostra attuale apertura rappresenta una forma di risveglio a ciò che sta realmente accadendo.

«La Terza inaugura una nuova visione della vita. Stabilisce che l'universo fisico è composto da energia pura, una forza che in qualche modo reagisce a ciò che pensiamo.

«La Quarta denuncia la tendenza umana a impossessarsi dell'energia degli altri esseri umani controllandoli e impadronendosi delle loro menti. Questo è un crimine di cui ci macchiamo perché troppo spesso ci sentiamo privi della nostra stessa energia e quindi emarginati. Naturalmente possiamo porre rimedio a questa mancanza stabilendo un contatto con una fonte superiore. L'universo può fornirci tutto ciò di cui abbiamo bisogno, se solo sappiamo aprirci. Questa è la rivelazione contenuta nella Quinta Illuminazione.

«Nel tuo caso, hai avuto un'esperienza mistica che ti ha permesso di vedere brevemente la grandezza dell'energia che si può acquisire. Ma trovarsi in questo stato è come balzare davanti a tutti e dare un'occhiata al futuro. Quando cerchiamo di parlare con qualcuno che agisce in condizioni di normale consapevolezza o proviamo a vivere in un mondo in cui avvengono ancora i conflitti, veniamo bruscamente tolti da questo stato e torniamo al nostro livello d'origine.

«E poi si tratta di riconquistare lentamente ciò che abbiamo appena intravisto, iniziando un viaggio a ritroso verso la consapevolezza suprema. Ma per riuscire a farlo dobbiamo imparare a colmarci consapevolmente di energia perché la stessa energia porta le coincidenze che ci aiutano a realizzare su base permanente questo nuovo livello.»

Probabilmente il mio viso esprimeva la confusione che provavo poiché Sánchez aggiunse: «Prova a pensarci: quando accade qualcosa che va al di là del caso fortuito e ci fa crescere, diventiamo persone più realizzate. Abbiamo la sensazione di essere davvero ciò che il destino ci ha aiutati a diventare. Quando ciò accade, il livello di energia che per prima cosa ha provocato le coincidenze è ormai dentro di noi. Quando siamo spaventati possiamo tornare indietro e perdere questa energia, ma il livello ci serve come nuovo limite estremo che può essere facilmente riguadagnato. Si diventa una persona nuova, si esiste a un livello di energia superiore, a un livello – cerca di capirmi bene – di vibrazione superiore.

«Adesso riesci a vedere questo processo? Noi ci riempiamo, cresciamo, ci riempiamo e cresciamo di nuovo. In questo modo portiamo avanti l'evoluzione dell'universo fino a una vibrazione sempre più alta.»

Si interruppe, poi sembrò concentrarsi per aggiungere qualcosa. «Questa evoluzione è proseguita a livello inconscio durante tutta la storia umana. Questo spiega perché la civilizzazione sia avanzata e perché gli uomini siano diventati più grandi, abbiano vissuto più a lungo, e così via. Adesso stiamo portando questo processo al livello di coscienza. Questo ci dice il Manoscritto, ed è ciò di cui si occupa il movimento per una consapevolezza spirituale a diffusione mondiale.»

Lo ascoltavo con la massima attenzione, completamente affascinato da quello che mi stava raccontando. «Allora dobbiamo solo fare il pieno di energia, come mi ha insegnato John, e le coincidenze cominceranno a verificarsi con maggior consistenza?»

«Sì, ma non è facile come pensi. Prima di entrare in contatto con l'energia in modo permanente dobbiamo superare un altro ostacolo. Ed è quello di cui si occupa la Sesta Illuminazione.»

«Di cosa si tratta?»

Mi guardò di sbieco. «Dobbiamo affrontare il nostro modo particolare di controllare gli altri. Come ben ricordi, la Quarta Illuminazione rivela che gli esseri umani sono da sempre a corto di energia e hanno quindi cercato di controllarsi a vicenda per impossessarsi di quella che scorre fra le persone. La Quinta ci rivela che esiste una fonte alternativa, ma noi non potremo mantenere il contatto con essa finché non saremo consapevoli del modo in cui cerchiamo di controllare gli altri e smetteremo di farlo – perché ogni volta che ricadiamo in questa abitudine il collegamento si interrompe.

«Liberarsi di questa abitudine non è facile poiché inizialmente appartiene alla sfera dell'inconscio. L'unica via è l'attuazione di un processo di consapevolezza che comporta il riconoscimento del meccanismo infantile della ricerca dell'attenzione altrui, di cui noi non ci saremmo ancora liberati. Questo è il nostro dramma del controllo inconscio.

«Lo chiamo dramma perché si tratta di una scena familiare, la scena di un film di cui noi, da giovani, abbiamo scritto le battute. Poi la ripetiamo più volte nella nostra vita quotidiana senza rendercene conto. Sappiamo solo che lo stesso tipo di avvenimenti continua ad accaderci. Il problema è che se ripetiamo in continuazione una certa scena, allora le altre che compongono il film della nostra vita reale, la grande avventura segnata dalle coincidenze, non possono proseguire. Quando ripetiamo questa singola scena per impossessarci di energia in pratica blocchiamo il film.»

Sánchez rallentò, proseguendo con molta cautela attraverso una serie di profonde buche nella strada. Provavo un vago senso di frustrazione. Non riuscivo a capire completamente il modo in cui funzionava il dramma del controllo. Avrei voluto dirlo a Sánchez ma non ci riuscii. Lo sentivo ancora lontano e non mi andava di aprirmi a lui.

«Hai capito?» mi chiese.

«Non saprei», gli risposi bruscamente. «Non so se anche in me c'è un dramma per il controllo.»

Mi guardò con affetto, scoppiando in una fragorosa risata. «Davvero? E allora perché stai sempre così sulle tue?»

CHIARIRE IL PASSATO

La strada davanti a noi si stringeva, curvando bruscamente intorno alla parete rocciosa della montagna. Il camion sobbalzava di continuo. Il cammino era seminato di pietre che rallentavano il nostro viaggio. Sotto di noi si innalzavano le Ande, imponenti cime grigie immerse in banchi di nuvole bianche.

Guardai Sánchez, chino sopra il volante e logorato dalla tensione. Per gran parte della giornata ci eravamo inerpicati su irti pendii, avanzando lungo passaggi resi ancora più angusti dai massi franati. Avrei voluto affrontare nuovamente l'argomento del dramma del controllo, ma non mi sembrava il momento adatto. Sánchez aveva bisogno di tutta la sua energia per guidare, e io stesso non avevo ben chiaro cosa chiedergli. Mi ero letto ciò che restava della Quinta Illuminazione, ritrovando esattamente le parole di Sánchez. L'idea di liberarmi del mio sistema di controllo mi piaceva, soprattutto se fosse davvero servita ad accelerare la mia evoluzione, ma non riuscivo ancora a capire come funzionasse il dramma del controllo.

« A cosa stai pensando? » mi chiese Sánchez.

« Ho terminato di leggere la Quinta Illuminazione, e adesso stavo pensando a quel dramma. Dalle tue parole ho dedotto che tu consideri la mia riservatezza come qualcosa di collegato al mio dramma. »

Non mi rispose, continuando a fissare davanti a sé: a un centinaio di metri da noi la strada era bloccata da un grosso veicolo a quattro ruote motrici. Un uomo e una donna erano fermi sul bordo di un precipizio roccioso a una cinquantina di metri dall'automezzo. Si accorsero della nostra presenza.

Sánchez si fermò a guardarli un attimo, poi sorrise. « Conosco quella donna, è Julia. Va tutto bene. Fermiamoci a parlare con loro. »

Avevano entrambi la pelle scura e un'aria indigena. La donna era più anziana, sulla cinquantina, mentre l'uomo dimostrava appena trent'anni. Quando scendemmo dal camion la donna si diresse verso di noi.

«Padre Sánchez!» esclamò avvicinandosi.

«Come stai, Julia?» I due si abbracciarono, poi il sacerdote mi presentò e Julia ci fece conoscere Rolando.

Senza aggiungere altro Julia e Sánchez ci voltarono le spalle, dirigendosi verso lo strapiombo. Rolando mi fissò, e io d'istinto mi voltai e mi incamminai verso gli altri. Ma l'uomo mi seguì come se volesse qualcosa. Anche se i suoi lineamenti e i capelli gli davano un'aria giovanile, la carnagione aveva un aspetto malsano. Per qualche ragione non mi sentivo tranquillo.

Ogni volta che ci avvicinavamo all'orlo del precipizio lui mi guardava, quasi sul punto di parlare, ma ogni volta io distoglievo lo sguardo e acceleravo il passo. Rolando restava in silenzio. Quando finalmente raggiungemmo gli altri, io mi sedetti su una esile sporgenza per impedirgli di accomodarsi accanto a me. Julia e Sánchez erano seduti insieme sullo stesso masso a una ventina di metri sopra la mia testa.

Rolando si piazzò il più vicino possibile a me. Il suo modo ostinato di fissarmi mi infastidiva, anche se allo stesso tempo ero leggermente incuriosito da tanta insistenza.

Appena riuscì a incrociare il mio sguardo mi chiese: «Sei qui per il Manoscritto?»

Aspettai a lungo prima di rispondergli. «Ne ho sentito parlare.»

Mi sembrò perplesso. «L'hai visto?»

«Una parte. Tu c'entri in qualche modo?»

«Mi interessa», rispose. «Ma non ho ancora visto nessuna copia.» Seguì un lungo silenzio.

«Vieni dagli Stati Uniti?» mi chiese infine.

La domanda mi infastidì, così decisi di non rispondere e preferii domandargli: «Il Manoscritto ha qualcosa a che fare con le rovine del Machu Picchu?»

«Non credo, a parte il fatto che è stato scritto più o meno nello stesso periodo in cui sono stati costruiti quei monumenti.»

Restai in silenzio, lasciando correre lo sguardo sull'incredibile panorama delle Ande. Se fossi rimasto zitto, prima o poi Rolando mi avrebbe raccontato cosa stavano facendo lui e Julia in quel posto, e in che modo erano collegati al Manoscritto. Restammo seduti una ventina di minuti senza parlare, finché alla fine Rolando si alzò per raggiungere Julia e Sánchez.

Non sapevo cosa fare. Avevo evitato di andarmi a sedere accanto agli altri due perché avevo avuto la netta impressione che volessero parlare da soli. Per un'altra mezz'ora rimasi dov'ero, lasciando correre lo sguardo sul paesaggio roccioso e cercando di cogliere qualche brandello di conversazione. Nessuno di loro mi degnò della benché minima attenzione. Quando alla fine decisi di raggiungerli, mi batterono sul tempo, alzandosi e dirigendosi verso di me prima che io potessi muovermi.

«Devono andarsene», mi informò Sánchez.

«Mi spiace che non abbiamo avuto il tempo di parlare», esclamò Julia. «Spero comunque che ci incontreremo ancora.» Mi stava guardando con lo stesso calore che spesso mi mostrava anche Sánchez. Annuii, e lei aggiunse chinando la testa di lato: «A dire il vero, ho il presentimento che ci vedremo presto».

Mentre scendevamo lungo il sentiero pieno di sassi sentii il bisogno di replicare, ma non riuscii a concentrare i miei pensieri. Quando raggiungemmo il suo fuoristrada Julia si limitò a fare un breve cenno con il capo, salutandoci in tutta fretta e mettendosi alla guida. Lei e Rolando sparirono velocemente, diretti a nord nella stessa direzione da cui eravamo arrivati io e Sánchez. Quell'incontro mi aveva decisamente sconcertato.

Una volta tornati sul camion Sánchez mi chiese: «Rolando ti ha detto qualcosa a proposito di Wil?»

«No. Lo hanno visto?»

Sánchez mi sembrò confuso. «Sì, lo hanno incontrato in un villaggio a circa settanta chilometri a est da qui.»

«Wil ha parlato di me?»

«Ha raccontato a Julia di essere stato separato da te, ma ha parlato soprattutto con Rolando. Tu non gli hai detto chi sei?»

«No, non sapevo se potevo fidarmi.»

Sánchez mi guardò incredulo. «Ti avevo detto che non c'erano problemi a parlare con loro. Conosco Julia da anni: possiede un'azienda a Lima, e da quando hanno trovato il Manoscritto è alla ricerca della Nona Illuminazione. Non viaggerebbe mai con una persona che non sia degna di fiducia, e non c'era quindi nessun pericolo: comportandoti così hai perso un'ottima occasione per ottenere importanti informazioni.»

La sua espressione si fece severa. «Questo è un esempio perfetto di come il dramma del controllo possa interferire», mi spiegò. «Eri talmente chiuso in te stesso da impedire il verificarsi di un'importante coincidenza.»

Vedendomi così sulle difensive si affrettò ad aggiungere: «Va tutto bene, ognuno di noi recita in qualche modo un dramma. Almeno tu sai come funziona il tuo».

«Non capisco! Cosa faccio, esattamente?»

«Il tuo modo di controllare persone e situazioni, per attirare energia, consiste nel creare questo tipo di dramma nella tua mente: ti ripieghi su te stesso, mostrandoti misterioso e poco comunicativo. Racconti a te stesso che il tuo comportamento è solo prudente, ma in realtà speri che qualcuno venga coinvolto in questa recita e cerchi di scoprire cosa ti succede. Quando una persona lo fa, tu continui a mostrarti sfuggente costringendola ad affannarsi e a indagare per scoprire i tuoi veri sentimenti.

« E in questo modo la persona ti dona tutta la sua attenzione e questo convoglia su di te la sua energia. Più a lungo riesci a mentenerla interessata e confusa, maggiore è la quantità di energia che ricevi. Sfortunatamente quando sei così scostante la tua vita tende a evolversi molto lentamente, dato che ripeti in continuazione la stessa scena. Se tu ti fossi aperto con Rolando, il film della tua esistenza sarebbe avanzato in una direzione nuova e ricca di significato.»

Mi sentii assalire dalla depressione. Quello era un altro esempio di ciò che Wil mi aveva fatto capire mostrandomi la resistenza che avevo opposto a Reneau quando mi ero rifiutato di concedergli la benché minima informazione. Era tutto vero: avevo la tendenza a nascondere ciò che pensavo. Guardai fuori dal finestrino mentre proseguivamo lungo la strada che portava alle montagne. Sánchez era concentrato sulla guida per evitare i precipizi. Quando la strada si fece più dritta il mio compagno di viaggio mi guardò: «Per ognuno di noi il primo passo da compiersi nel processo di chiarificazione consiste nel raggiungere la piena consapevolezza del nostro particolare dramma del controllo. Niente può procedere finché non guardiamo noi stessi con occhi sinceri e prendiamo coscienza della nostra manipolazione dell'energia. E questo è proprio ciò che è capitato a te».

«Qual è il passo successivo?» gli chiesi.

«Ognuno di noi deve ripercorrere il proprio passato, la vita famigliare, per capire come si è formata questa abitudine. Vederne l'inizio ci aiuta a mantenere la consapevolezza del nostro modo errato di esercitare il controllo. Ricordati, la maggior parte dei membri della nostra famiglia svolgeva una parte in un dramma, cercando di impossessarsi della nostra energia quando eravamo bambini. E questo è il primo motivo per cui noi stessi abbiamo sviluppato una forma di dramma del controllo, creando una strategia per riprendere quanto ci viene strappato. Ed è sempre in relazione alla nostra famiglia che sviluppiamo una particolare forma di dramma. Ma dopo aver riconosciuto le dinamiche dell'energia in famiglia siamo in grado di superare queste strategie di controllo e di capire finalmente cosa sta accadendo.»

«In che senso?»

«Ogni persona deve reinterpretare la propria esperienza famigliare dal punto di vista dell'evoluzione e scoprire chi è in realtà. Fatto questo, il dramma svanisce e la nostra vita può finalmente decollare.»

«E io da che parte comincio?»

«Arrivando a capire in che modo ha avuto origine il tuo dramma. Parlami di tuo padre.»

«È un brav'uomo, onesto, che si gode la vita, ma...» esitai, temendo di sembrare ingrato nei suoi confronti.

«Ma cosa?» volle sapere Sánchez.

«Vedi, era sempre critico. Non facevo mai niente che andasse bene.»

«In che modo ti criticava?»

Un'immagine di mio padre, giovane e forte, mi apparve nella mente. «Mi poneva domande, poi trovava sempre qualcosa di sbagliato nelle risposte.»

«E cosa succedeva alla tua energia?»

«Mi sentivo spossato, e allora cercavo di non raccontargli tutto.»

«Vuoi dire che diventavi vago e distante, sforzandoti di parlare in un modo che potesse attirare la sua attenzione senza però esporti alle sue critiche. Lui era l'inquisitore e tu cercavi di scansarlo con il tuo atteggiamento distaccato.»

«Sì, credo di sì. Ma che cos'è un inquisitore?»

«È un altro tipo di dramma. Le persone che usano questo sistema per guadagnare energia lo mettono in scena facendo domande e intromettendosi nella vita degli altri con lo scopo preciso di trovarvi qualcosa di sbagliato. Una volta raggiunto il loro obiettivo iniziano a criticare un determinato aspetto dell'esistenza altrui. Se questa strategia ha successo, la persona criticata si ritrova coinvolta nel dramma. Si accorge improvvisamente della strategia dell'inquisitore e misura il proprio atteggiamento e le proprie risposte in modo da non provocarne le critiche. Questa sottomissione psichica fornisce all'inquisitore l'energia desiderata.

«Prova a ripensare a tutte le volte in cui ti sei trovato vicino a una persona del genere. Quando resti invischiato in un dramma simile non cerchi forse di comportarti in modo da evitare le critiche del tuo inquisitore? Questi riesce ad allontanarti dalla tua strada e ad assorbire la tua energia, perché tu stesso ti giudichi in base alla sua opinione.»

Ricordai di essermi sentito esattamente in quel modo, e la persona che mi venne in mente fu Jensen.

«Allora mio padre era un inquisitore?»

«Così sembra.»

Per un istante rimasi assorto, pensando al dramma di mia madre: se mio padre era un inquisitore, lei cosa poteva essere?

Sánchez mi chiese a cosa stessi pensando.

«Mi chiedevo com'era il dramma del controllo di mia madre. Quanti tipi diversi ne esistono?»

«Adesso ti spiego la classificazione indicata dal Manoscritto», mi spiegò Sánchez. «Ognuno agisce per impadronirsi dell'energia in modo aggressivo, costringendo le persone a prestare loro attenzione, oppure passivamente, sfruttando la sensibilità e la curiosità degli altri. Per esempio, se qualcuno ti minaccia a parole o addirittura fisicamente, per paura che ti accada qualcosa tu gli dai ascolto e finisci per cedergli la tua energia. La persona che cerca di intimidirti ti trascina nel dramma più aggressivo, quello che la Sesta Illuminazione definisce di tipo intimidatorio.

«Se invece qualcuno ti racconta tutte le cose orribili che gli stanno capitando, lasciando sottintendere che ti ritiene responsabile dei suoi guai e che questi continueranno se tu non lo aiuterai, evidentemente cerca di controllarti con un metodo più passivo, quello che il Manoscritto definisce un dramma di tipo vittimistico. Prova a pensarci per un attimo: hai mai incontrato qualcuno che ti facesse sentire in colpa, senza che tu ne avessi commessa alcuna?»

«Sì.»

«Bene, ciò avveniva perché eri stato trascinato in un dramma di questo genere. Tutto ciò che una persona dice e fa ti costringe a difenderti dall'idea di non fare abbastanza per lui. Ecco perché accanto a gente simile provi sempre sensi di colpa.»

Feci un cenno di assenso.

«Il dramma di ciascuno può essere esaminato», riprese Sánchez, «a seconda della sua posizione in una scala di valori che va dall'aggressivo al passivo. Se una persona è aggressiva in modo sottile, trova errori nel tuo comportamento e sgretola lentamente il tuo universo al fine di impossessarsi della tua energia, come faceva ad esempio tuo padre, ecco che ci troviamo davanti a un inquisitore. Meno passivo del tipo vittimistico è il tuo dramma dell'eccessiva riservatezza. Il dramma può quindi essere classificato in questo ordine: intimidatorio, inquisitore, troppo riservato e del tipo vittimistico. Capisci quel che ti dico?»

«Credo di sì. Tu pensi che ognuno di noi finisca per ricadere in uno di questi modelli?»

«Esatto. Alcuni ne usano diversi a seconda della situazione, ma la maggior parte di noi fa ricorso sempre allo stesso tipo di dramma, basandosi su quello che ha meglio funzionato sui membri della sua famiglia.»

Improvvisamente riuscii a capire: mia madre si era comportata con me proprio come aveva fatto mio padre. Guardai Sánchez. «Adesso so cos'era mia madre: era anche lei un'inquisitrice.»

«Così hai avuto doppia razione. Non c'è da stupirsi che tu sia così chiuso. Ma almeno non cercavano di intimidirti, e quindi non hai mai temuto per la tua sicurezza.»

«In quel caso cosa sarebbe accaduto?»

«Saresti rimasto bloccato in un dramma di tipo vittimistico. Capisci come funziona? Se tu sei un bambino e qualcuno assorbe la tua energia minacciando di farti del male, stare per conto tuo non basta, non puoi evitare di cedere la tua energia semplicemente mostrandoti riservato. A loro non importa ciò che provi dentro di te, anzi, diventano sempre più forti, mentre tu sei sempre più passivo. Finisci così per ricorrere all'atteggiamento della vittima, facendo appello alla compassione del tuo antagonista. Cerchi di farlo sentire in colpa per il male che sta commettendo.

«Se questo non funziona, quando sei ancora un bambino sopporti finché sei grande abbastanza per esplodere contro la violenza e combattere l'aggressività con altrettanta veemenza.» Si interruppe. «Come per la ragazzina di cui mi hai parlato, quella che vi ha servito la cena nella famiglia peruviana.

«Una persona arriva a compiere qualunque eccesso pur di ottenere l'energia che vuole nell'ambito della sua famiglia. E da quel momento in poi questa strategia diventa il suo sistema preferito per avere il controllo e quindi l'energia. Il dramma cioè si ripete costantemente.»

«Capisco l'intimidatore, ma come si sviluppa l'inquisitore?»

«Tu cosa faresti se fossi un bambino e i membri della tua famiglia fossero assenti o ti ignorassero perché troppo impegnati con la propria carriera?»

«Non saprei.»

«Essere troppo riservato non servirebbe a ottenere la loro attenzione, perché non si accorgerebbero di nulla. Non credi che finiresti per curiosare e interrogarli fino a trovare qualcosa di sbagliato in queste persone così lontane, catturando la loro attenzione ed energia? E questo è proprio ciò che fa un inquisitore.»

Cominciai a comprendere l'Illuminazione. «Le persone troppo chiuse in se stesse creano degli inquisitori!»

«Esatto!»

«E gli inquisitori creano delle persone troppo chiuse in se stesse! Gli intimidatori invece causano l'atteggiamento vittimistico o, se questo non funziona, un altro intimidatore.»

«Giusto. È così che i drammi del controllo si susseguono in continuazione. Ma ricorda che c'è la tendenza a notare negli altri questi drammi, pensando di esserne immuni. Per potersi evolvere ognuno di noi deve superare questa illusione. In genere abbiamo la tendenza a restare bloccati in un certo dramma e dobbiamo quindi fare un passo indietro per poter guardare dentro noi stessi, in modo da scoprire di cosa si tratta.»

Restai un attimo in silenzio e alla fine gli chiesi: «Cosa succede dopo che diventiamo consapevoli del nostro dramma?»

Rallentò per potermi guardare bene negli occhi. «Siamo veramente liberi di diventare qualcosa di più della parte che inconsapevolmente recitiamo. Come ho detto prima, siamo in grado di attribuire un significato più elevato alla nostra esistenza, la ragione spirituale per cui siamo nati proprio nella nostra famiglia. Possiamo iniziare a fare chiarezza su chi siamo veramente.»

«Siamo quasi arrivati», esclamò Sánchez. La strada si incuneava tra due vette. Mentre superavamo una grossa sporgenza alla nostra destra notai una casupola che spiccava su una parete rocciosa.

«Il suo camion non è qui», osservò Sánchez.

Dopo aver parcheggiato ci avvicinammo alla casa. Sánchez aprì la porta ed entrò. Io rimasi fuori ad aspettare, respirando a fondo l'aria fresca e frizzante. Il cielo grigio e pieno di nuvole prometteva pioggia.

Sánchez tornò: «Dentro non c'è nessuno. Probabilmente è alle rovine».

«Come facciamo ad arrivarci?»

Improvvisamente sembrava sfinito. «Sono proprio davanti a noi, a circa due chilometri», mi spiegò porgendomi le chiavi del camion. «Segui la strada dopo il prossimo ponte e le vedrai sotto di te. Io preferisco fermarmi qui a meditare.»

«Va bene», gli risposi, affrettandomi a salire sul camion.

Raggiunsi una piccola vallata e arrivai fino a un crinale, pregustando dentro di me il panorama che mi sarei trovato davanti. E infatti non rimasi deluso. Giunto in cima vidi le rovine del Machu Picchu nel loro pieno splendore: un tempio di rocce massicce accuratamente modellate, poste una sopra l'altra in vetta alla montagna. Persino nella luce offuscata del cielo nuvoloso la bellezza di quel luogo era sconvolgente.

Fermai il camion e rimasi ad assorbire energia per una quindicina di minuti. In mezzo alle rovine si aggiravano alcuni gruppi di persone. Un uomo si stava allontanando dai ruderi di un edificio, verso un veicolo parcheggiato nelle vicinanze. Era abbastanza lontano da me, ma credetti di scorgere sotto il giaccone di pelle l'abito talare. Non ero sicuro che si trattasse di padre Carl.

Misi in moto il camion e mi avvicinai. Appena sentì il rombo del motore l'uomo sollevò lo sguardo e sorrise, riconoscendo il mezzo di Sánchez. Quando mi vide al posto di guida il suo sguardo si fece curioso. Era piccolo e tozzo, con i capelli castani, i lineamenti massicci e gli occhi azzurri. Dimostrava una trentina d'anni. «Sono con padre Sánchez», esclamai scendendo dal camion e presentandomi. «Adesso si trova a casa tua.»

Mi porse la mano. «Io sono padre Carl.»

Guardai le rovine alle sue spalle. Da quella distanza le pietre erano ancora più impressionanti.

«È la prima volta che vieni da queste parti?» mi chiese.

«Sì. Ne ho sentito parlare per anni ma non mi sarei mai aspettato niente del genere.»

«È uno dei più alti centri di energia del mondo.»

Lo guardai con attenzione: era evidente che parlava dell'energia attribuendole lo stesso significato usato nel Manoscritto. Feci un cenno d'assenso e gli risposi: «Sono arrivato al punto in cui cerco coscientemente di produrre energia e occuparmi del mio dramma del controllo». Con il rischio di apparire presuntuoso, avevo deciso di essere sincero e diretto.

«Non mi sembri troppo distante», disse lui.

Rimasi sbigottito. «Come fai a sapere che è proprio questo il mio tipo di dramma?»

«Ho sviluppato un certo istinto per queste cose. Ecco perché mi trovo qui.»

«Tu aiuti le persone a riconoscere il loro modo di controllare?»

«Sì, e anche a vedere la loro vera essenza.» I suoi occhi brillavano sinceri, e lui stesso si esprimeva con franchezza senza mostrare il minimo imbarazzo nel rivolgersi a uno sconosciuto.

Rimasi in silenzio, e lui aggiunse: «Tu capisci le prime cinque Illuminazioni?»

«Le ho lette quasi per intero, e ne ho discusso con molte persone.»

Nel momento stesso in cui gli davo questa risposta mi resi conto di essere stato troppo vago. «Credo di capire le prime cinque, ma non ho ben chiara la Sesta.»

Annuì e cominciò a spiegare: «La maggior parte della gente con cui parlo non ha nemmeno sentito parlare del Manoscritto. Si limitano a venire qui e restano poi catturati dall'energia. E questo basta a mettere in discussione la loro esistenza.»

«Come fai a incontrarli?»

Mi guardò con l'aria di chi la sa lunga. «Sembra che siano loro a trovare me.»

«Hai detto che li aiuti a trovare la loro vera essenza: come?»

Prima di rispondermi trasse un profondo respiro. «Esiste un solo modo: ognuno di noi deve tornare indietro, risalire alla propria esperienza famigliare, ai tempi e ai luoghi dell'infanzia, rivedere tutto ciò che è accaduto. Quando diventiamo consapevoli del nostro dramma del controllo possiamo concentrarci sulla verità della nostra famiglia, nascosta dietro a ogni conflitto di energia. La verità che scopriamo è in grado di infondere energia alla nostra esistenza: ci dice chi siamo, il sentiero su cui ci troviamo e cosa stiamo facendo.»

«È quello che mi ha spiegato Sánchez», lo interruppi. «Io vorrei sapere qualcosa di più su come trovare questa verità.»

Chiuse il giaccone, cercando di ripararsi dal freddo del tardo pomeriggio. «Spero che potremo parlarne più tardi. In questo momento vorrei proprio andare a salutare padre Sánchez.»

Guardai verso le rovine, e padre Carl aggiunse: «Dai pure un'occhiata in giro. Ci vediamo tra un po' a casa mia».

Per un'ora e mezza mi aggirai in quel luogo antichissimo, fermandomi nei punti che mi facevano sentire più forte e sicuro. Ero incuriosito e affascinato dalla civiltà che aveva costruito quei templi: come avevano fatto a portare i massi così in alto, sistemandoli poi uno sopra l'altro in quel modo particolare? Mi sembrava un'impresa impossibile.

Appena l'interesse per le rovine cominciò a svanire, tornai a concentrarmi sulla mia situazione personale. Sebbene le circostanze non fossero cambiate, mi sentivo ora meno spaventato: la sicurezza di Sánchez mi aveva confortato. Ero stato uno sciocco a dubitare di lui. E padre Carl mi era piaciuto subito.

Quando cominciò a calare l'oscurità mi avviai verso il camion e tornai verso casa di padre Carl. Dall'esterno potevo vedere lui e padre Sánchez in piedi, vicini. Quando entrai sentii le loro risate. Erano in cucina a preparare la cena. Padre Carl mi venne incontro e mi indicò una sedia davanti al camino, sulla quale rimasi seduto guardandomi pigramente intorno.

La stanza era ampia, rivestita di assi di legno leggermente macchiate. Riuscivo a vedere altri due locali che dovevano essere camere da letto, uniti da uno stretto corridoio. La casa era illuminata da lampadine a basso voltaggio, e mi sembrò di sentire il ronzio sommesso di un generatore.

Quando la cena fu pronta mi chiesero di unirmi a loro, e mi accomodai a un rozzo tavolo di legno. Sánchez recitò una breve preghiera e ci mettemmo a mangiare. I due sacerdoti continuarono a conversare. Dopo aver finito ci sedemmo tutti insieme davanti al fuoco.

«Padre Carl ha parlato con Wil», mi informò Sánchez.

«Quando?» gli chiesi, subito eccitato.

«Wil è passato da queste parti qualche giorno fa», mi spiegò padre Carl. «Ci eravamo già incontrati l'anno scorso, e adesso è venuto a darmi alcune informazioni. Crede di sapere chi si nasconde dietro le iniziative del governo contro il Manoscritto.»

«Chi?»

«Il cardinale Sebastián», intervenne Sánchez.

«Cosa sta facendo?» volli sapere.

«Apparentemente usa la sua influenza presso il governo per aumentare la pressione militare contro il Manoscritto. Ha sempre preferito lavorare nell'ombra servendosi delle autorità, anziché provocare una spaccatura all'interno della Chiesa. In questo periodo sta intensificando i suoi sforzi, e purtroppo potrebbe avere successo», mi spiegò Sánchez.

«Cosa vorresti dire?» gli chiesi.

«A parte i pochi preti del Northern Council e alcune persone come Julia e Wil, sembra che nessuno possieda altre copie del Manoscritto.»

«E gli studiosi a Viciente?»

Rimasero entrambi in silenzio, poi padre Carl riprese: «Wil mi ha raccontato che le autorità hanno chiuso il centro. Tutti gli studiosi sono stati arrestati e i dati delle loro ricerche sono stati confiscati».

«Ma la comunità scientifica potrà tollerare un simile comportamento?»

«Perché, credi che abbiano un'alternativa?» ribatté Sánchez. «Non dimenticare che la maggior parte degli studiosi era contraria alla ricerca. E poi sembra che il governo voglia far credere che tutte quelle persone stessero infrangendo la legge.»

«Non posso credere che riescano a cavarsela così a buon mercato!»

«E invece sembra proprio che ce l'abbiano fatta», si intromise padre Carl. «Ho fatto alcune telefonate per saperne di più: sempre la stessa storia. Anche se il governo sta cercando di tenere tutto nascosto, ci sono sempre fughe di notizie.»

«Cosa pensate che succederà?» chiesi.

Padre Carl si strinse nelle spalle e Sánchez rispose: «Non saprei, magari dipende da ciò che troverà Wil».

«Perché?»

«Sembra che sia sul punto di scoprire la parte mancante del Manoscritto, la Nona Illuminazione. Se ci riuscisse, potrà creare un interesse così elevato da provocare un intervento a livello mondiale.»

«Dove ha detto che sarebbe andato?» chiesi a padre Carl.

«Non lo sapeva con esattezza, mi ha detto solo che le sue intuizioni lo spingevano a nord, verso il Guatemala.»

«Le sue intuizioni lo stanno guidando?»

«Sì, potrai capirlo anche tu quando saprai con chiarezza chi sei e sarai in grado di passare alla Settima Illuminazione.»

Li guardai, colpito dalla loro incredibile serenità. «Come fate a restare così calmi? E se irrompessero in questa casa, arrestandoci tutti?»

Mi guardarono a loro volta con aria paziente, poi Sánchez mi rispose: «Non confondere la calma con l'incoscienza. Il nostro atteggiamento tranquillo è la prova di quanto siamo ben collegati con l'energia. Manteniamo il contatto perché per noi è la cosa migliore da farsi, senza preoccuparci delle circostanze. Lo capisci, vero?»

«Sì, naturalmente. Ma, per quanto mi riguarda, temo di avere dei problemi a mantenere il contatto.»

Sorrisero entrambi.

«Sarà più facile per te quando saprai con chiarezza chi sei», mi consolò padre Carl.

A quel punto Sánchez si alzò dicendo che sarebbe andato a lavare i piatti.

Mi rivolsi a padre Carl. «Bene. Come faccio a chiarire chi sono?»

«Padre Sánchez mi ha detto che hai già compreso il dramma del controllo dei tuoi genitori.»

«Esatto: erano due inquisitori, e per questo io mi sono chiuso in me stesso.»

«Adesso devi guardare oltre il conflitto per l'energia esistente nella tua famiglia e cercare la vera ragione della tua presenza nella famiglia stessa.»

Lo guardai stupito.

«Per arrivare alla scoperta della tua vera identità spirituale devi considerare la tua vita come una lunga storia, cercando di trovarvi un significato più alto. Comincia a domandarti: perché sono nato in questa particolare famiglia? Quale potrebbe essere lo scopo di tale avvenimento?»

«Non saprei», risposi.

«Tuo padre era un inquisitore, e che altro?»

«Vuoi sapere quali sono i suoi valori?»

«Sì.»

Pensai un attimo prima di rispondere. «Mio padre è determinato a godersela, vivendo onestamente ma prendendosi il massimo di tutto ciò che l'esistenza può offrire. Capisci, vivere con la massima intensità...»

«Ed è stato capace di farlo?»

«Fino a un certo punto; ma in qualche modo sembra che la sfortuna lo colpisca ogni volta che sta per dargli il massimo.»

Padre Carl socchiuse gli occhi in contemplazione. «È convinto che la vita sia gioia e divertimento, ma quasi mai riesce a raggiungere la pienezza di entrambi?»

«Sì.»

«Ti sei mai chiesto perché?»

«Non proprio. Ho sempre pensato che fosse sfortunato.»

«Forse non ha ancora trovato il modo di farcela.»

«Può darsi.»

«Che mi dici di tua madre?»

«È morta.»

«Riesci a visualizzare la sua vita?»

«Certo: la sua vita era la Chiesa, e i suoi valori erano i prìncipi del cristianesimo.»

«In che senso?»

«Credeva di dover aiutare la comunità e seguire le leggi di Dio.»

«E le ha davvero seguite?»

«Alla lettera, almeno per quanto le ha insegnato la Chiesa.»

«Era capace di convincere tuo padre a fare lo stesso?»

Scoppiai a ridere. «Non proprio. Mia madre avrebbe voluto che lui andasse in chiesa tutte le settimane e partecipasse a qualche programma della comunità, ma come ti ho già detto lui era uno spirito troppo libero per lasciarsi coinvolgere in certe cose.»

«Tu in che posizione ti ritrovavi?»

Lo fissai, sorpreso. «Non ci ho mai pensato.»

«Non cercavano forse entrambi il tuo appoggio? Non era quello il motivo per cui ti interrogavano, per essere sicuri che tu non fossi dalla parte dell'uno o dell'altra? Ognuno di loro non voleva forse che tu ti mostrassi d'accordo con le sue posizioni?»

«Sì, hai ragione.»

«Come reagivi?»

«Cercavo solo di non prendere posizione, almeno credo.»

«Entrambi ti tenevano d'occhio per vedere come li giudicavi, ed essendo incapace di accontentare entrambi tu ti mostravi distaccato.»

«Credo tu abbia ragione.»

«Che cosa è successo a tua madre?»

«Le è venuto il morbo di Parkinson ed è morta dopo una lunga malattia.»

«È rimasta attaccata alla sua fede?»

«Assolutamente. Fino alla fine.»

«Che significato ha lasciato in te?»

«In che senso?»

«Tu stai cercando il significato che la sua vita ha per te, la ragione per cui proprio lei è tua madre e ciò che devi imparare, essendo nato nella tua famiglia. A livello conscio o inconscio ogni essere umano dimostra con la propria esistenza come ritiene che un uomo o una donna debbano vivere. Devi quindi cercare di scoprire che cosa ti ha insegnato tua madre e allo stesso tempo quali aspetti della sua esistenza avrebbero potuto essere migliorati. Ciò che avresti cambiato in lei è parte di ciò su cui tu stesso stai lavorando.»

«Perché è solo una parte?»

«Perché l'altra parte è composta da ciò che avresti cambiato in tuo padre.»

Ero ancora confuso.

Mi appoggiò una mano sulla spalla. «Noi non siamo solo la creazione fisica dei nostri genitori. Tu sei nato da queste due persone e le loro esistenze hanno avuto un effetto irrevocabile su ciò che sei adesso. Per scoprire la tua vera essenza devi ammettere che questa si trova in una posizione intermedia tra le loro due verità. Ecco perché sei nato proprio nella tua famiglia: per avere una prospettiva migliore di tutti i valori propugnati dai tuoi genitori. La tua strada ti porta a scoprire la verità, che è poi la sintesi di tutto ciò in cui credevano queste due persone.»

Feci un cenno d'assenso.

«Allora, in che modo esprimeresti ciò che ti hanno insegnato i tuoi genitori?»

«Non saprei», risposi.

«Cosa ne pensi?»

«Mio padre credeva che lo scopo dell'esistenza fosse quello di ampliare al massimo la vitalità e il piacere che gli derivava dalla sua stessa personalità, ed è quello che ha sempre cercato di fare. Mia madre credeva invece nel sacrificio e nel fatto di dover passare il tempo ad aiutare gli altri, secondo gli insegnamenti delle Sacre Scritture.»

«E tu che ne pensi?»

«Sinceramente, non saprei.»

«Quale punto di vista sceglieresti, quello di tuo padre o quello di tua madre?»

«Nessuno dei due. Voglio dire, la vita non è così semplice.»

Scoppiò a ridere. «Ecco che diventi vago!»

«Temo proprio di non saperlo.»

«Ma se tu dovessi scegliere uno dei due modi di pensare?»

Esitai, cercando di decidere in tutta onestà, poi finalmente trovai la risposta.

«Entrambe sono giuste e sbagliate.»

I suoi occhi si illuminarono. «In che senso?»

«Non ne sono del tutto sicuro, ma credo che una vita giusta debba comprendere entrambi i punti di vista.»

«Tu devi scoprire come riuscirci, e in che modo sia possibile vivere un'esistenza di cui facciano parte entrambe. Tua madre ti ha insegnato che la vita è spiritualità, tuo padre invece che la vita è esaltazione di sé, divertimento, avventura.»

«Questo significa che la mia vita è in qualche modo la fusione di questi due modi di pensare?»

«Sì. Nel tuo caso è un problema di spiritualità. Nel corso della tua vita, infatti, cercherai di trovare una forma di spiritualità che ti permetta di sentirti realizzato. Questo è il problema che i tuoi genitori non sono riusciti a risolvere e ti hanno quindi lasciato in eredità. Si tratta della tua evoluzione, in pratica della ricerca che devi affrontare in questa esistenza.»

Mi misi a riflettere. Padre Carl disse qualcos'altro ma non

riuscivo a concentrarmi sulle sue parole. Il fuoco quasi spento aveva su di me un effetto rilassante, e mi accorsi di essere stanco.

Il sacerdote si alzò e disse: «Credo che per questa sera tu abbia esaurito ogni energia, ma lascia che ti dica un'ultima cosa: adesso puoi andartene a dormire e non pensare più alle cose di cui abbiamo discusso, puoi tornare al tuo vecchio dramma o svegliarti invece domattina pensando a questa nuova concezione della tua persona. In questo caso potrai affrontare il passo successivo che consiste nel considerare attentamente tutto ciò che ti è accaduto a partire dal giorno della tua nascita. Se consideri la tua vita come una lunga storia riuscirai a vedere in che modo te ne sei occupato fino a oggi, capirai come hai fatto ad arrivare in Perù e quali saranno le tue prossime mosse.»

Annuii e lo guardai attentamente. Il suo sguardo mi comunicava calore e comprensione, la stessa espressione che avevo visto spesso sui volti di Wil e Sánchez.

«Buona notte», si congedò padre Carl, e andò in camera da letto chiudendosi la porta alle spalle. Sistemai il mio sacco a pelo sul pavimento e mi addormentai subito all'istante.

Mi svegliai pensando a Wil: volevo chiedere a padre Carl che altro sapeva dei suoi piani. Ero ancora avvolto nel sacco a pelo quando il sacerdote entrò silenziosamente nella stanza per accendere il fuoco.

Io feci scorrere la cerniera del sacco a pelo e lui mi guardò richiamato dal rumore.

«Buon giorno», esclamò. «Come hai dormito?»

«Bene», risposi alzandomi in piedi.

Appoggiò sui carboni alcuni legnetti e dei ceppi più grandi.

«Wil ha detto cosa aveva intenzione di fare?» gli chiesi.

Padre Carl mi fissò. «Ha detto che sarebbe andato a casa di un amico ad aspettare certe informazioni, probabilmente qualcosa che ha a che fare con la Nona Illuminazione.»

«Che altro ha detto?»

«È convinto che il cardinale Sebastián voglia trovare lui stesso l'ultima Illuminazione. Sembra che sia sul punto di farlo. Secondo Wil la persona che raggiungerà questa Illuminazione potrà decidere se diffondere e far capire il Manoscritto.»

«Perché?»

«Non lo so con certezza: Wil è stato il primo a riunire e leggere le varie Illuminazioni, ed è in grado di comprenderle meglio di chiunque altro. Io credo sia convinto che l'ultima renda più chiare e accettabili tutte le altre.»

«Pensi che abbia ragione?»

«Non saprei, la mia comprensione non è pari alla sua. Tutto ciò che capisco è quello che devo fare.»

«Che sarebbe?»

Si fermò un attimo, poi riprese. «Come ti ho già spiegato, il mio scopo è quello di aiutare le persone a scoprire chi sono in realtà, e l'ho capito leggendo il Manoscritto. La Sesta è la mia Illuminazione particolare: per me la verità consiste nell'aiutare gli altri a comprenderla. So di poterlo fare perché io stesso sono passato attraverso il processo.»

«Qual era il tuo dramma del controllo?» gli chiesi.

Mi guardò con aria divertita. «Ero un inquisitore.»

«Controllavi le persone trovando qualcosa di sbagliato nel modo in cui conducevano le loro esistenze?»

«Esatto. Mio padre apparteneva al genere vittimistico e mia madre era invece chiusa in se stessa. Mi ignoravano completamente, e l'unico mezzo che avevo per ottenere una qualunque forma di energia era curiosare in quello che stavano facendo e trovarci qualcosa di sbagliato.»

«E quando hai superato questo tipo di dramma?»

«Circa diciotto mesi fa, quando ho incontrato padre Sánchez e ho cominciato a studiare il Manoscritto. Dopo aver analizzato con attenzione i miei genitori mi sono reso conto di ciò che la mia esperienza con loro mi aveva preparato a fare. Vedi, mio padre era per i risultati, andava dritto verso l'obiettivo e pianificava il suo tempo nei minimi dettagli, giudicando se stesso in base a ciò che riusciva a ottenere. Mia madre invece era molto intuitiva e mistica, credeva che ognuno di noi avesse una guida spirituale e che la vita consistesse nel seguire tale direzione.»

«Tuo padre cosa ne pensava?»

«Credeva che fosse pazza.»

Sorrisi senza fare nessun commento.

«Riesci a capire in che posizione venivo a trovarmi?» mi chiese.

Scrollai la testa: non riuscivo a capire.

«Per via di mio padre», mi spiegò Carl, «io ero particolarmente sensibile all'idea che il senso della vita fosse ottenere qualcosa, avere qualcosa di importante da fare e riuscire in quella cosa. Ma al tempo stesso mia madre continuava a ripetermi che la vita si basava su una guida interiore. E io mi sono reso conto che la mia esistenza era la sintesi di entrambi i punti di vista. Cercavo di scoprire in che modo veniamo guidati dall'interno verso la missione che solo noi siamo in grado di svolgere, sapendo che tale compito è della massima importanza e può farci sentire felici e realizzati.»

Annuii.

«A questo punto puoi capire perché ero così eccitato per la Sesta Illuminazione: non appena l'ho letta ho capito che il mio compito era quello di aiutare la gente a fare chiarezza dentro di sé in modo da poter intuire il proprio scopo.»

«Tu sai come ha fatto Wil a trovare la sua strada?»

«Sì, ha condiviso con me parte delle sue informazioni. Il dramma di Wil era il distacco, come il tuo. E proprio come nel tuo caso, ognuno dei suoi genitori era un inquisitore e aveva una filosofia che avrebbe voluto che Wil condividesse. Suo padre era uno scrittore tedesco convinto che il destino dell'umanità fosse quello di perfezionarsi. Citava sempre e solo i più puri princìpi umanitari, ma i nazisti sfruttarono la sua idea di perfezione per legittimare lo sterminio criminale delle cosiddette razze inferiori.

«La corruzione delle sue idee lo distrusse, costringendolo a emigrare in Sudamerica con la moglie e Wil. La donna, di origine peruviana, era cresciuta e aveva studiato in America. Era una scrittrice, e le sue opinioni filosofiche erano prettamente orientali. Credeva che lo scopo della vita fosse quello di raggiungere l'illuminazione interna, una maggiore consapevolezza caratterizzata da una tranquillità d'animo e dal distacco dalle cose del mondo. Secondo lei il senso della vita non era la ricerca della perfezione ma piuttosto l'abbandono del bisogno di perfezionismo... Riesci a capire in che posizione è venuto a trovarsi Wil?»

Scrollai la testa.

«Si è trovato in una posizione molto difficile: suo padre sosteneva l'idea occidentale di lavorare per il progresso e la perfezione, mentre sua madre sosteneva la credenza orientale che la vita consiste solo nel raggiungere la pace interna, e nient'altro.

«Queste due persone hanno preparato Wil a lavorare sul modo di integrare le principali discrepanze filosofiche tra la cultura occidentale e quella orientale, senza che lui, in un primo tempo, lo sapesse. Prima è diventato un ingegnere dedito al progresso e poi una semplice guida che ricercava la pace portando la gente nei posti più belli e toccanti di questo paese.

«La ricerca del Manoscritto ha risvegliato in lui tutto ciò. Le Illuminazioni si rivolgono direttamente al suo problema principale, rivelando che il pensiero orientale e quello occidentale possono essere integrati in una verità superiore. Ci mostrano che l'Occidente ha ragione quando afferma che la vita è progresso, un'evoluzione verso qualcosa di più elevato. E al tempo stesso l'Oriente ha ragione quando sottolinea che dobbiamo lasciar perdere il controllo: non possiamo progredire usando solo la logica, ma dobbiamo piuttosto raggiungere una consapevolezza più piena, un'intima connessione con Dio, perché solo allora la nostra evoluzione verso qualcosa di superiore può essere guidata dalla parte superiore di noi stessi.

«Quando Wil ha cominciato a scoprire le Illuminazioni, la sua vita intera ha iniziato a scorrere. Ha incontrato José, il sacerdote che per primo ha trovato il Manoscritto e lo ha tradotto. Subito dopo si è imbattuto nel padrone di Viciente e lo ha aiutato a fondare il centro di ricerche. Più o meno nello stesso periodo ha incontrato Julia, che era in affari e al tempo stesso guidava gruppi di persone nelle foreste vergini.

«Era proprio con Julia che Wil aveva la maggiore affinità. Si erano piaciuti subito per via della somiglianza dei loro percorsi. Julia è cresciuta con un padre che parlava di idee spirituali ma in modo capriccioso e incostante. Sua madre, invece, insegnava retorica in un college, era una donna portata alla discussione che pretendeva chiarezza di pensiero. Naturalmente Julia ha finito per cercare informazioni sulla spiritualità, esigendo che fossero chiare e precise.

«Wil voleva una sintesi fra Oriente e Occidente che spiegasse la spiritualità umana, e da parte sua Julia voleva che questa spiegazione fosse perfettamente chiara... e il Manoscritto poteva soddisfare entrambi.»

«La colazione è pronta», gridò Sánchez dalla cucina.

Mi girai di scatto, sorpreso: non mi ero accorto della presenza di Sánchez. Interrompendo la nostra conversazione ci unimmo a lui per consumare un pasto a base di frutta e cereali. Alla fine padre Carl mi chiese di fare una passeggiata fino alle rovine. Accettai, desideroso di tornare in quei luoghi. Chiedemmo a padre Sánchez di unirsi a noi, ma lui rifiutò con gentilezza, spiegandoci che doveva scendere dalla montagna per fare alcune telefonate.

Quando uscimmo il cielo era limpidissimo e il sole brillava sulle vette intorno a noi. Ci mettemmo subito in marcia.

«Credi sia possibile contattare Wil?» domandai a un certo punto.

«No. Non mi ha detto di quali amici si tratta. L'unica cosa che potremmo fare è arrivare fino a Iquitos, una città nei pressi del confine settentrionale, ma temo che in questo periodo possa essere pericoloso.»

«Perché proprio quella città?»

«Wil era convinto che le sue ricerche l'avrebbero portato laggiù, una zona in cui si trovano molte rovine. Anche il cardinale Sebastián ha una missione da quelle parti.»

«Secondo te riuscirà a trovare l'ultima Illuminazione?»

«Non saprei.»

Camminammo in silenzio per alcuni minuti finché padre Carl mi domandò: «Hai deciso il percorso che dovrai seguire personalmente?»

«Cosa intendi dire?»

«Padre Sánchez ha detto che all'inizio avevi espresso l'intenzione di tornare subito negli Stati Uniti, ma che poi sei sembrato più interessato alla scoperta delle Illuminazioni. Adesso come ti senti?»

«Incerto, eppure per chissà quale ragione ho voglia di continuare.»

«Mi sembra di ricordare che un uomo è stato ucciso proprio davanti ai tuoi occhi.»

«È vero.»

«E tu vuoi fermarti ugualmente?»

«No: voglio andarmene, salvarmi la vita... eppure eccomi qua.»

«Quale credi che sia la ragione del tuo comportamento?» mi chiese.

Lo scrutai attentamente. «Non lo so. Tu cosa dici?»

«Ti ricordi il punto in cui abbiamo interrotto la nostra conversazione ieri sera?»

Me lo ricordavo benissimo. «Avevamo scoperto il compito che mi hanno lasciato i miei genitori: trovare una spiritualità che sia appagante, in grado di donare un senso di avventura e soddisfazione. E tu hai detto che se avessi analizzato attentamente la mia vita, tale questione l'avrebbe messa nella giusta prospettiva, chiarendo ciò che mi sta accadendo adesso.»

Mi sorrise con aria misteriosa. «Sì, secondo il Manoscritto succederà proprio così.»

«In che modo?»

«Ognuno di noi deve rivedere le svolte significative della sua esistenza e reinterpretarle alla luce della propria evoluzione.»

Scrollai la testa, ancora incapace di capire.

«Cerca di percepire la sequenza di interessi, amici importanti e coincidenze che si sono susseguite nella tua vita: non ti hanno forse condotto da qualche parte?»

Ripercorsi la mia storia a partire dall'infanzia, senza riuscire a scorgervi nessuno schema particolare.

«Come passavi il tempo da bambino?» mi chiese.

«Non saprei, credo di essere stato un ragazzino normalissimo. Leggevo molto.»

«Che genere di libri?»

«Soprattutto gialli, storie di fantasmi e fantascienza.»

«E dopo cosa è accaduto?»

Pensai all'effetto che aveva avuto su di me mio nonno, e raccontai a padre Carl del lago e delle montagne.

Lui annuiva con un'espressione di grande saggezza. «E quando sei cresciuto, che cosa è successo?»

«Me ne sono andato per frequentare il college, e nel frattempo è morto mio nonno.»

«Cosa hai studiato?»

«Sociologia.»

«Perché?»

«Avevo incontrato un professore che mi piaceva, mi interessava molto la conoscenza che aveva della natura umana, e così decisi di studiare con lui.»

«E dopo?»

«Mi sono laureato e ho iniziato a lavorare.»

«Ti piaceva?»

«Sì, almeno per un certo periodo.»

«Poi le cose sono cambiate?»

«Avevo l'impressione che tutto ciò che facevo fosse incompleto. Mi occupavo di adolescenti emotivamente disturbati, e pensavo di aver capito il modo in cui superavano il loro passato smettendo di comportarsi in maniera autodistruttiva. Ero convinto di poterli aiutare a continuare a vivere, finché mi sono reso conto che c'era qualcosa di sbagliato nel mio approccio.»

«E allora?»

«Ho mollato il lavoro.»

«E?»

«E poi una vecchia amica mi ha telefonato per parlarmi del Manoscritto.»

«È stato allora che hai deciso di venire in Perù?»

«Sì.»

«Che cosa pensi di questa tua esperienza?»

«Penso di essere impazzito, e che finirò per farmi ammazzare.»

«Ma qual è il tuo parere sul modo in cui è progredita tale esperienza?»

«Non capisco.»

«Quando padre Sánchez mi ha raccontato ciò che ti è successo fin dal tuo arrivo qui in Perù, sono rimasto stupito dalla serie di coincidenze che ti hanno portato a scoprire le Illuminazioni del Manoscritto proprio quando ne avevi bisogno.»

«Cosa pensi che significhi tutto ciò?» gli chiesi.

Si fermò di colpo, e mi guardò. «Significa che eri pronto. Sei come tutti noi che ci troviamo qui: eri arrivato al punto in cui avevi bisogno del Manoscritto perché la tua vita continuasse a evolversi.

«Prova a pensare alla concatenazione degli avvenimenti della tua esistenza. Fin dall'inizio eri interessato al mistero, e tale interesse ti ha portato a studiare la natura umana. Perché credi di aver incontrato quel professore? Lui ha focalizzato i tuoi interessi e ti ha spinto a indagare sul mistero più grande: la condizione umana, il problema di cosa sia in realtà la vita. A un certo livello tu sapevi che, perché l'esistenza possa proseguire, è necessario il superamento dei condizionamenti del passato. Ecco perché hai lavorato con quei ragazzi.

«Adesso però ti rendi conto che sono state necessarie le Illuminazioni per farti capire cosa mancava al tuo approccio: per evolversi i giovani emotivamente disturbati devono fare quello che tutti noi dobbiamo fare, e cioè restare collegati con energia sufficiente a vedere attraverso il loro intenso dramma del controllo e avanzare verso un processo spirituale, un processo che tu hai sempre cercato di capire.

«Vedi questi avvenimenti in una prospettiva più ampia: tutti gli interessi che ti hanno fatto avanzare in passato, tutte le fasi della tua crescita, ti stavano semplicemente preparando alla tua venuta in Perù, all'esplorazione delle Illuminazioni. Per tutta la vita ti sei dedicato alla ricerca della spiritualità, e l'energia che hai assorbito dal luogo naturale in cui sei cresciuto, energia che tuo nonno ha cercato di mostrarti, alla fine ti ha dato il coraggio di venire fin qui. E qui ti trovi perché questo è il luogo in cui puoi continuare la tua evoluzione. La tua esistenza è stata un lungo cammino che ti ha portato direttamente qui, in questo preciso momento.»

Sorrise. «Quando saprai integrare completamente questa visione della tua vita avrai raggiunto ciò che il Manoscritto definisce una chiara consapevolezza della tua via spirituale. Secondo il Manoscritto ognuno deve dedicare tutto il tempo necessario a questo processo di chiarificazione del passato. La maggior parte di noi ha un dramma del controllo da superare, ma dopo averlo fatto occorre anche comprendere l'alto significato per cui siamo nati proprio dai nostri genitori, e per che cosa ci hanno preparati i cambiamenti e le svolte della vita. Abbiamo uno scopo spirituale, una missione che abbiamo cercato di portare a compimento senza esserne del tutto consapevoli, e quando raggiungiamo tale consapevolezza la nostra vita può finalmente decollare.

«Per quanto ti riguarda, adesso tu sai qual è questo scopo. Devi quindi proseguire, permettendo alle coincidenze di darti un'idea sempre più chiara di come continuare la ricerca dal punto in cui sei arrivato, di ciò che devi fare qui. Da quando ti trovi in Perù hai sempre fatto affidamento sull'energia di Wil e di padre Sánchez, ma adesso devi imparare a evolverti da solo e in modo consapevole.»

Stava per aggiungere qualcosa, ma fummo distratti dall'arrivo del camion di Sánchez che accostò e abbassò il finestrino.

«C'è qualcosa che non va?» domandò padre Carl.

«Devo sbrigarmi a fare i bagagli e tornare alla missione: sono arrivate le truppe governative... e anche il cardinale Sebastián.»

Salimmo entrambi a bordo del camion e Sánchez guidò fino

alla casa di padre Carl, raccontandoci che le truppe si erano presentate alla missione per sequestrare tutte le copie del Manoscritto e forse addirittura per chiudere la missione.

Quando arrivammo a casa padre Sánchez si mise subito a fare i bagagli. Io me ne stavo in piedi, indeciso. Padre Carl si avvicinò all'altro sacerdote e disse: «Credo che dovrei venire con te».

Sánchez si girò verso di lui. «Ne sei sicuro?»

«Sì, credo proprio che dovrei farlo.»

«A che scopo?»

«Non lo so ancora.»

Sánchez lo fissò per un lungo istante prima di riprendere a fare i bagagli. «Se credi che sia la cosa migliore da fare...»

Io ero ancora appoggiato allo stipite della porta. «E io?» Si girarono a guardarmi.

«Tocca a te decidere», mi rispose padre Carl.

Mi limitai a fissarli.

«Devi essere tu a decidere», intervenne padre Carl.

Non riuscivo a credere che potessero essere così indifferenti alla mia scelta. Andare con loro voleva sicuramente dire farsi arrestare dalle truppe peruviane, ma al tempo stesso come avrei potuto restarmene là da solo?

«Sentite, io non so cosa fare, e voi due dovete aiutarmi. C'è qualcun altro che potrebbe nascondermi?»

I due sacerdoti si guardarono.

«Non credo», rispose padre Carl.

Io li guardavo, mentre un'ansia indicibile si impadroniva di me.

Padre Carl mi sorrise: «Non perdere il tuo equilibrio. Ricordati chi sei.»

Sánchez prese una cartelletta da una borsa. «Questa è una copia della Sesta Illuminazione. Forse ti aiuterà a decidere cosa fare.»

Mentre prendevo la copia Sánchez si rivolse a padre Carl: «Quanto ci vuole prima che tu possa partire?»

«Un'ora, credo...devo ancora contattare alcune persone.»

«Leggi e medita, poi ne parleremo», mi esortò padre Sánchez.

Tornarono entrambi ai loro preparativi, e io uscii per andare a sedermi su un grosso masso. Aprii il Manoscritto: ripeteva esattamente le parole dei due sacerdoti. Chiarire il passato era un accurato procedimento grazie al quale si diventava consapevoli dei propri metodi personali di controllo, appresi durante l'infanzia. E dopo aver superato tali abitudini, diceva il testo, avremmo trovato il nostro essere superiore, la nostra identità più evoluta.

Lessi il testo completo in meno di mezz'ora, e alla fine avevo capito le basi dell'Illuminazione: prima di poter acquisire quello speciale stato d'animo che tante persone riuscivano solo a intravedere – l'esperienza di noi stessi che avanziamo nella vita guidati da misteriose coincidenze – dovevamo destarci e riconoscere chi eravamo in realtà.

Padre Carl girò intorno alla casa e quando mi scorse venne a sedersi accanto a me.

«Hai finito?» mi chiese. Il suo tono era caldo e amichevole come sempre.

«Sì.»

«Ti dispiace se resto qui seduto per qualche minuto?»

«Mi farebbe piacere.»

Si accomodò alla mia destra, e dopo un breve silenzio mi chiese: «Capisci che qui sei sul tuo sentiero della scoperta?»

«Credo di sì, ma adesso cosa succede?»

«Adesso devi crederci seriamente.»

«In che modo, visto che sono così spaventato?»

«Devi capire qual è la posta in gioco. La verità che stai ricercando è importante quanto l'evoluzione dell'universo intero, poiché permette all'evoluzione stessa di continuare.

«Non capisci? Padre Sánchez mi ha parlato della tua esperienza in cima al crinale, quando hai visto in che modo la materia si è evoluta, partendo da semplice vibrazione di idrogeno fino ad arrivare al genere umano. Ti sei chiesto quanti uomini abbiano portato avanti questa evoluzione, e adesso hai trovato la risposta: ogni essere umano nasce in una data situazione storica, trova qualcosa per cui battersi e forma un'unione con un altro essere che come lui ha trovato uno scopo.

«I bambini nati da tale unione devono poi riconciliare queste due posizioni ricercando una sintesi più elevata, guidati dalle coincidenze. Sono sicuro che l'hai imparato dalla Quinta Illuminazione: ogni volta che facciamo il pieno di energia e si verifica una coincidenza che ci fa avanzare nel corso della nostra esistenza, creiamo in noi stessi un certo livello di energia e possiamo quindi esistere a un livello di vibrazione più elevato. Abbiamo quindi figli che ricevono il nostro livello di vibrazione e lo innalzano ulteriormente. È così che noi esseri umani portiamo avanti l'evoluzione.

«Per quanto riguarda questa generazione la differenza sta nel fatto che siamo pronti ad accelerare consapevolmente il processo. Non importa quanta paura tu possa avere, ora non hai più scelta: dopo aver imparato in cosa consiste l'esistenza, non c'è modo di cancellare tale conoscenza. Se cerchi di usare in modo diverso la tua vita avrai sempre la sensazione di esserti perso qualcosa.»

«Ma adesso cosa faccio?»

«Non lo so. Solo tu puoi saperlo, ma ti suggerisco di cercare prima di accumulare un po' di energia.»

Padre Sánchez si unì a noi, senza fare rumore né fissarci negli occhi, quasi avesse paura di interromperci. Cercai di concentrarmi, focalizzando la mia attenzione sulle cime rocciose che circondavano la casa. Respirai a fondo e mi accorsi di essere rimasto chiuso in me stesso fin dal momento in cui ero uscito all'aperto, come se avessi avuto una visione limitata. Mi ero privato della bellezza e della maestà delle montagne.

Lasciai correre lo sguardo intorno a me, cercando consapevolmente di apprezzare ciò che vedevo, e cominciai a provare quella sensazione di intimità ormai familiare. Di colpo l'aspetto di ogni cosa mi sembrò più intenso, e notai anche un leggero chiarore. Mi sentii più leggero, con il corpo carico di energia.

Guardai prima padre Sánchez poi padre Carl: entrambi mi fissavano con attenzione, e mi resi conto che stavano studiando il mio campo di energia.

«Com'è il mio aspetto?» chiesi loro.

«Sembra che tu stia meglio», mi rispose Sánchez. «Rimani qui e aumenta il più possibile la tua energia. Ci servono altri venti minuti per finire di preparare i bagagli.»

Mi sorrise ironico. «E dopo sarai pronto a cominciare.»

LASCIARSI TRASCINARE DALLA CORRENTE

I due sacerdoti tornarono in casa, e io rimasi ancora qualche minuto a osservare la bellezza delle montagne, cercando di assorbire altra energia. A un certo punto persi la concentrazione e cominciai a fantasticare su Wil: dov'era? Stava forse per scoprire la Nona Illuminazione?

Lo immaginai che correva attraverso la giungla con la Nona Illuminazione in mano, inseguito dalle truppe governative. Pensai a Sebastián, l'uomo che dirigeva la caccia: era chiaro che, nonostante tutta la sua autorità, stava prendendo un abbaglio. Aveva mal interpretato l'impatto che le Illuminazioni avrebbero avuto sulla gente. Sapevo che qualcuno avrebbe convinto il cardinale a vedere le cose in modo diverso se solo fosse riuscito a capire da quale parte del Manoscritto si sentiva minacciato.

Mi venne in mente Marjorie. Chissà dov'era. Immaginai di incontrarla ancora. Sarebbe mai potuto accadere?

Il rumore della porta che si chiudeva mi riportò alla realtà. Mi sentii nuovamente debole e nervoso. Sánchez si avvicinò con passo veloce e deciso.

Si sedette di fianco a me e mi domandò: «Hai deciso cosa fare?»

Scrollai la testa.

«Non mi sembri molto in forma», commentò.

«E infatti non mi sento per niente forte.»

«Forse non stai accumulando in modo sistematico la tua energia.»

«Cosa intendi dire?»

«Lascia che ti spieghi il mio metodo personale per acquisire energia: forse ti aiuterà a creare un tuo sistema.»

Gli feci cenno di proseguire.

«Per prima cosa mi concentro sull'ambiente che mi circonda,

penso che lo faccia anche tu. Poi cerco di ricordare come mi appaiono gli oggetti quando sono carico di energia. Lo faccio riportando alla mente l'aspetto di ogni cosa, la sua forma e bellezza unica, specialmente nel caso delle piante, e il modo in cui i colori sembrano brillare, quasi fossero più luminosi. Mi segui?»

«Sì, anch'io cerco di fare così.»

«Poi», riprese Sánchez, «cerco di provare quella sensazione di intimità, l'impressione di poter toccare qualunque oggetto, anche il più lontano, entrando in sintonia con esso. E poi inspiro.» «Inspiri?»

«Padre John non te ne ha parlato?»

«No.»

Sánchez mi apparve confuso. «Forse aveva intenzione di ritornare e parlartene più tardi. Spesso ha un atteggiamento drammatico: se ne va e lascia il suo alunno a meditare su ciò che gli ha insegnato, poi torna al momento giusto e aggiunge qualcosa alle istruzioni che ha già dato. Immagino volesse parlarti di nuovo, ma ce ne siamo andati troppo alla svelta.»

«Mi piacerebbe saperne qualcosa.»

«Ti ricordi la sensazione di ottimismo che hai provato in cima al crinale?» mi chiese.

«Certo.»

«Per recuperare tale sensazione io cerco di inspirare l'energia con cui sono appena entrato in contatto.»

Avevo seguito tutto il ragionamento di Sánchez, e il semplice fatto di sentire le sue parole faceva aumentare il mio collegamento. L'aspetto e la bellezza di ogni oggetto mi apparivano accentuati, persino le pietre sembravano emanare un leggero chiarore, e il campo di energia di Sánchez era ampio e blu. Il sacerdote stava ora respirando a fondo, con grande concentrazione, trattenendo il fiato almeno cinque secondi prima di espirare. Seguii il suo esempio.

«Quando visualizziamo», riprese, «ogni respiro che porta in noi energia e ci riempie come palloni, noi diventiamo effettivamente più forti e ci sentiamo leggeri e ottimisti.»

Dopo alcuni respiri cominciai a sentirmi proprio come mi aveva appena spiegato.

«Dopo aver inspirato l'energia», continuò Sánchez, «io controllo per vedere se provo la giusta emozione, in modo da sapere se sono davvero collegato.»

«Ti riferisci all'amore?»

«Esatto. Ne abbiamo già parlato alla missione: l'amore non è un concetto intellettuale, un obbligo morale o roba del genere. Si tratta piuttosto di un'emozione che esiste quando una persona è collegata all'energia disponibile nell'universo che, ovviamente, è l'energia di Dio.»

Anche se continuava a fissarmi, lo sguardo di padre Sánchez si era fatto più sfocato. «Ecco, lo hai raggiunto. Questo è il livello di energia di cui hai bisogno. Ti sto in qualche modo aiutando, ma tu sei pronto a mantenerlo da solo.»

«In che senso mi stai aiutando?»

Padre Sánchez scrollò la testa. «Adesso non preoccuparti, lo scoprirai più tardi con l'Ottava Illuminazione.»

Arrivò anche padre Carl e ci guardò entrambi, apparentemente soddisfatto, poi si rivolse a me: «Non hai ancora deciso?»

La domanda mi irritò, e di conseguenza subii una perdita di energia.

«Non ricadere nel tuo dramma del distacco», mi disse padre Carl. «Qui non puoi fare a meno di prendere posizione. Cosa pensi di dover fare?»

«Non sto pensando a nulla», replicai. «È questo il problema.»

«Ne sei sicuro? Quando entri in contatto con l'energia i pensieri cambiano.»

Gli lanciai uno sguardo stupito.

«Le parole che hai normalmente in testa quando cerchi di controllare logicamente gli avvenimenti», mi spiegò, «cessano di esistere appena ti liberi del tuo dramma del controllo. Fai il pieno di energia e nella tua mente entreranno pensieri completamente diversi, provenienti dalla parte più evoluta di te stesso. Sono le tue intuizioni che provocano una sensazione diversa. Appaiono in fondo alla tua mente presentandosi a volte come una sorta di fantasticheria o visione, e arrivano per dirigerti e guidarti.»

Non riuscivo ancora a capire.

«Raccontaci a cosa hai pensato quando ti abbiamo lasciato solo poco fa», mi sollecitò padre Carl.

«Non sono sicuro di ricordare tutto», risposi.

«Provaci.»

Cercai di concentrarmi. «Pensavo a Wil, e mi chiedevo se sia vicino alla scoperta della Nona Illuminazione. Poi ho pensato alla crociata di Sebastián contro il Manoscritto.»

«E poi?»

«Mi è venuta in mente Marjorie, e mi sono domandato cosa può esserle successo. Ma non capisco come tutto ciò possa aiutarmi a scoprire ciò che devo fare.»

«Lascia che ti spieghi», intervenne padre Sánchez. «Dopo aver assorbito abbastanza energia sei pronto a impegnarti in modo consapevole nell'evoluzione, aprendoti alle coincidenze che ti faranno progredire. Ti dedichi all'evoluzione in modo molto specifico. Per prima cosa, come ti ho detto, accumuli abbastanza energia, poi tieni sempre a mente la questione basilare della tua esistenza – quella che ti hanno lasciato i tuoi genitori – perché è in grado di fornire il contesto generale per la tua evoluzione. Il passo successivo consiste nel concentrarti sul tuo cammino scoprendo i problemi immediati che ti ritrovi attualmente ad affrontare. Questi problemi si riferiscono sempre alla questione più ampia e definiscono il punto in cui ti trovi nella tua ricerca esistenziale.

«Quando diventi consapevole di tali problemi, arrivi anche a conoscere in modo intuitivo cosa fare e dove andare. Scopri qual è il passo successivo, sempre. L'unico caso in cui ciò non accade è quando hai in mente la questione sbagliata. Vedi, il problema della vita non è la mancanza di risposte, ma piuttosto la capacità di individuare le domande giuste. Quando hai ben chiare le domande, le risposte arrivano sempre.

«Dopo aver intuito ciò che ti accadrà in seguito», proseguì, «il passo successivo sarà diventare particolarmente attento e osservatore: prima o poi si verificheranno le coincidenze che ti spingeranno nella direzione indicata dalla intuizione. Mi segui?»

«Credo di sì.»

«E allora non credi che quei pensieri su Wil, Sebastián e Marjorie siano importanti? Prova a pensare al motivo per cui ti sono venuti in mente proprio adesso, in questo momento della tua esistenza. Adesso sai di essere nato nella tua famiglia per scoprire come si possa rendere la vita spirituale un'avventura di accrescimento interno, giusto?»

«Sì.»

«Crescendo ti sei interessato ad argomenti di carattere misterioso, hai studiato sociologia e hai lavorato a diretto contatto con la gente, pur non conoscendo ancora il motivo di quell'interesse. E proprio quando cominciavi a svegliarti hai sentito parlare del Manoscritto, sei venuto in Perù e hai trovato le Illuminazioni una dopo l'altra. Ognuna di loro ti ha insegnato qualcosa sul genere di spiritualità che stai cercando. Adesso che ti è tutto chiaro, puoi diventare ulteriormente consapevole di questa evoluzione definendo le tue domande e osservando le risposte che arrivano.»

Lo fissai in silenzio.

«Quali sono le tue domande?» mi chiese.

«Credo di voler conoscere le altre Illuminazioni, e soprattutto vorrei sapere se Wil troverà la Nona. Mi interessa scoprire cosa è successo a Marjorie, e quello che fa Sebastián.»

«Cosa ti ha suggerito la tua intuizione a proposito di queste domande?»

«Non lo so. Stavo pensando di rivedere Marjorie, e a Wil che correva inseguito dalle truppe. Che cosa significa?»

«Dove stava correndo Wil?»

«Nella giungla.»

«Forse quella è la direzione verso cui dovresti muoverti: Iquitos è nella giungla. Cosa mi dici a proposito di Marjorie?»

«Ho avuto una visione di me stesso mentre la rivedevo.»

«E Sebastián?»

«Ho immaginato che fosse contrario al Manoscritto perché lo ha interpretato erroneamente, e che cambierebbe opinione se qualcuno riuscisse a scoprire cosa pensa e cosa teme esattamente dal Manoscritto.»

I due sacerdoti si scambiarono uno sguardo sbigottito.

«Che cosa significa?» domandai.

Padre Carl rispose con un'altra domanda: «Tu cosa ne pensi?»

Per la prima volta dalla mia esperienza sul crinale mi sentivo ancora pieno di energia e di fiducia in me stesso. Risposi: «Credo voglia dire che dovrei andare nella giungla e cercare di scoprire quali sono gli aspetti del Manoscritto che la Chiesa disapprova».

Padre Carl sorrise. «Esatto! Puoi prendere il mio camion!»

Feci un cenno d'assenso e ci dirigemmo insieme sul lato della casa dove erano parcheggiati i veicoli. In quello di padre Carl c'erano già i miei bagagli oltre a una scorta di cibo e acqua, e anche quello di padre Sánchez era già pronto.

«Ancora una cosa», disse Sánchez. «Ricordati di fermarti tutte le volte che sarà necessario per ristabilire il contatto con l'energia. Resta sempre caricato, vivi in uno stato di amore costante. Dopo che avrai raggiunto questa condizione niente e nessuno sarà in grado di toglierti più energia di quanta tu possa riceverne. In pratica l'energia che emani crea una corrente che attira in te altrettanta energia alla stessa velocità. Non potrai mai restarne sprovvisto. Ma perché questo processo non si interrompa devi esserne sempre consapevole, soprattutto quando interagisci con altre persone.»

Si interruppe, quasi volesse lasciare spazio a padre Carl, il quale si avvicinò per dirmi: «Hai letto tutto il Manoscritto tranne due sole Illuminazioni, la Settima e l'Ottava. La Settima riguarda il processo di evoluzione consapevole grazie al quale si diventa ricettivi verso ogni coincidenza e risposta che l'universo fornisce».

Mi porse un raccoglitore. «Questa è la Settima. È molto breve e generica e descrive il modo in cui certi oggetti si pongono sul nostro cammino e certi pensieri ci fanno da guida. Per quanto riguarda l'Ottava, la troverai tu stesso quando sarà il momento giusto. Spiega in che modo possiamo aiutare gli altri quando ci portano le risposte che cerchiamo. Propone inoltre un'etica completamente nuova per regolare il modo di rapportarsi degli esseri umani al fine di facilitare l'evoluzione di tutti.»

«Perché non potete darmi adesso l'Ottava Illuminazione?» domandai.

Padre Carl sorrise mettendomi una mano sulla spalla. «Perché non ci sembra giusto farlo. Anche noi dobbiamo seguire le nostre intuizioni. Raggiungerai l'Ottava Illuminazione non appena formulerai la domanda esatta.»

Mi adeguai alla loro volontà. Poi i due sacerdoti mi abbracciarono augurandomi buona fortuna. Padre Carl era convinto che presto ci saremmo incontrati di nuovo e che io avrei senz'altro trovato le risposte che cercavo.

Stavamo per salire a bordo dei nostri mezzi quando Sánchez si girò improvvisamente verso di me: «Sento di doverti dire qualcosa: più avanti imparerai qualcos'altro in proposito. Lasciati guidare dalla tua percezione della bellezza. Luoghi e persone che hanno le risposte per te appariranno più luminosi e attraenti».

Annuii, salii a bordo del camion di padre Carl e li seguii per alcuni chilometri giù per la strada rocciosa finché arrivammo a una deviazione. Sánchez sporse il braccio dal finestrino per salutarmi, poi lui e padre Carl si diressero a est. Li osservai per un istante prima di girare verso nord, diretto al bacino del Rio delle Amazzoni.

Fui assalito da un impeto di impazienza. Dopo aver viaggiato a un buon ritmo per più di tre ore, mi ero ritrovato davanti a un crocevia, incapace di decidere tra due diverse direzioni.

A giudicare dalla mappa, la strada a sinistra conduceva a nord lungo il margine delle montagne per un centinaio di chilometri, poi curvava bruscamente a est, verso Iquitos. L'altra strada raggiungeva la stessa destinazione attraversando la giungla a est.

Respirai a fondo, cercando di rilassarmi, e controllai rapidamente lo specchietto retrovisore: non c'era nessuno in vista. In realtà era da più di un'ora che non vedevo nessuno – né veicoli, né indigeni a piedi. Cercai di soffocare l'ansietà: sapevo che per prendere la decisione giusta avrei dovuto rilassarmi e mantenere il contatto con l'energia.

Mi concentrai sul panorama. Il percorso attraverso la giungla avanzava in mezzo a un gruppo di grossi alberi. Il terreno intorno era disseminato di sporgenze rocciose, perlopiù attorniate da grandi cespugli tropicali. L'altro sentiero, quello che correva tra le montagne, sembrava spoglio al confronto. In quella direzione vedevo un solo albero stagliarsi, e il resto del paesaggio era roccioso, con pochissima vegetazione.

Guardai di nuovo verso destra e cercai di indurre in me uno stato d'amore. Gli alberi e i cespugli erano di un colore verde brillante. Rivolsi lo sguardo a sinistra, sforzandomi di ripetere la stessa procedura. A quel punto notai una striscia di erba fiorita che delimitava la strada. I fili d'erba erano chiari e macchiati, ma i fiorellini bianchi, visti nell'insieme, creavano un disegno unico. Mi stupii di non averli notati prima. In quel momento sembravano brillare. Allargai la mia messa a fuoco in modo da comprendere tutto ciò che si trovava in quella direzione. Le rocce e le macchie marroni di ghiaia apparivano straordinariamente colorate e distinte. L'intero panorama era striato di pennellate viola, color ambra e persino rosse scure.

Lanciai un'occhiata a destra, verso gli alberi e i cespugli. Per quanto stupenda, quella strada impallidiva in confronto all'altra. Ero confuso. Come era potuto succedere che all'inizio mi avesse attratto più dell'altra? Rivolgendo di nuovo lo sguardo a sinistra sentii rafforzare la mia intuizione, e la ricchezza di forme e colori mi colmò di stupore.

Ormai avevo scelto. Misi in moto e voltai a sinistra, sicuro della mia decisione. La strada era accidentata, disseminata di sassi e buche. Mentre avanzavo mi sentivo sempre più leggero: il peso del mio corpo era centrato sul bacino, il collo e le spalle erano diritti. Tenevo il volante con le braccia, senza però appoggiarvi il mio peso.

Guidai per due ore indisturbato, mangiucchiando il cibo preparato da padre Carl. Ero l'unica presenza umana su quelle strade. Salivo e scendevo dalle colline, lasciandomele alle spalle una dopo l'altra. Giunto in cima a un'altura vidi due auto scalcinate parcheggiate alla mia destra. Spiccavano in mezzo agli alberi a una certa distanza dalla strada. Non vidi nessuno al volante o nei paraggi, così immaginai che si trattasse di due veicoli abbandonati. Più avanti la strada svoltava bruscamente a destra e cominciava a scendere, verso un'ampia vallata. Dall'alto avevo una visibilità di diversi chilometri.

Fermai bruscamente il camion. A metà vallata c'erano tre o quattro veicoli militari fermi su entrambi i lati della strada, e alcuni soldati passeggiavano nei paraggi. Un brivido freddo mi percorse la schiena. Un blocco stradale. Feci marcia indietro, parcheggiai dietro due grosse rocce e tornai a piedi per osservare cosa succedeva nella valle. Scorsi un veicolo che si stava allontanando nella direzione opposta.

All'improvviso sentii un rumore alle mie spalle. Mi girai di scatto e vidi Phil, l'ecologista che avevo incontrato a Viciente.

Era sconvolto quanto me. «Cosa ci fai da queste parti?» mi chiese correndomi incontro.

«Sto cercando di raggiungere Iquitos», gli risposi.

Mi sembrava in preda all'agitazione. «Anche noi, ma le autorità sono letteralmente impazzite per via del Manoscritto. Siamo in quattro, e dobbiamo decidere se rischiare di forzare il posto di blocco.» Con un cenno del capo indicò alla sua sinistra, dove scorsi alcuni uomini in mezzo agli alberi.

«Perché vai a Iquitos?» mi chiese.

«Sto cercando Wil. Siamo stati separati a Cula, ma ho sentito che potrebbe essersi diretto a Iquitos alla ricerca del resto del Manoscritto.»

Phil era inorridito. «Non dovrebbe fare una cosa del genere! I militari hanno proibito a chiunque di possedere delle copie. Hai saputo quello che è successo a Viciente?»

«Sì, qualcosa, ma tu dimmi quello che sai.»

«Io non c'ero, ma so che le autorità hanno fatto irruzione arrestando chiunque fosse in possesso di una copia del Manoscritto. Tutti gli ospiti sono stati fermati e interrogati. Hanno portato via Dale e gli altri studiosi, e nessuno sa che fine abbiano fatto.»

«Sai perché il governo è così ostile a questo Manoscritto?»

«No, ma quando ho visto che la faccenda diventava troppo pericolosa ho deciso di tornare a Iquitos per raccogliere i dati della mia ricerca e lasciare il paese.»

Gli raccontai nei dettagli ciò che era successo a me e Wil dopo che avevamo lasciato Viciente, soprattutto la sparatoria in cima al crinale.

«Dannazione», esclamò, «e tu stai ancora perdendo tempo con questa storia?»

Le sue parole incrinarono per un momento la mia serenità, ma riuscii ugualmente a ribattere: «Senti, se non facciamo nulla il governo distruggerà completamente il Manoscritto, impedendone la conoscenza al mondo intero. E io sono convinto che le Illuminazioni siano molto importanti».

«Al punto da rimetterci la vita?» mi chiese.

Un rombo di motori attrasse la nostra attenzione: i militari stavano attraversando la vallata diretti verso di noi.

«Merda!» esclamò Phil. «Eccoli che arrivano!»

Prima che potessimo muoverci sentimmo altri veicoli in avvicinamento dal lato opposto.

«Ci hanno circondati!» gridò Phil in preda al panico.

Mi precipitai verso il camion e stipai tutto il cibo rimasto in uno zainetto. Ci misi anche i vari raccoglitori contenenti il Manoscritto, ma cambiai subito idea e preferii nasconderli sotto il sedile.

Il rumore si faceva sempre più forte. Attraversai la strada di corsa, andando verso destra, nella stessa direzione in cui si era dileguato Phil. Riuscii a vedere lui e gli altri alla base del pendio, nascosti dietro a un mucchio di sassi. Li raggiunsi e mi nascosi con loro, sperando che i veicoli militari sarebbero passati senza fermarsi. Il mio camion non era in vista, e c'era da sperare che i soldati pensassero, così come avevo fatto io, che le altre auto giacevano là abbandonate.

I mezzi provenienti da sud arrivarono per primi, e con nostro grande sgomento si fermarono.

«Non muovetevi! Polizia!» gridò una voce. Terrorizzati, restammo immobili. Alcuni soldati si avvicinarono alle nostre spalle, con la massima cautela, tutti con le armi in pugno. Ci perquisirono accuratamente, portandoci via ogni cosa, e ci costrinsero poi a tornare sulla strada dove dozzine di altri soldati stavano frugando i mezzi. Phil e i suoi compagni vennero caricati su un camion che si allontanò velocemente. Riuscii a scorgerlo un'ultima volta, pallido e con l'aria spettrale.

Fui condotto a piedi nella direzione opposta, finché mi chiesero di sedermi in cima alla collina. Accanto a me c'erano molti soldati, ognuno di essi con un'arma automatica a tracolla. Alla fine si avvicinò un ufficiale che gettò ai miei piedi i raccoglitori contenenti le Illuminazioni, lasciandoci cadere sopra le chiavi del camion di padre Carl.

«Sono tue queste copie?» mi domandò.

Lo guardai senza rispondere.

«Avevi addosso le chiavi, e dentro al camion abbiamo trovato le copie. Te lo chiedo un'altra volta, è tua questa roba?»

«Credo che risponderò solo in presenza di un avvocato», riuscii a balbettare. Alla mia risposta l'ufficiale face un ghigno sarcastico, disse qualcosa ai suoi compagni e si allontanò. I soldati mi spinsero verso una jeep, facendomi sedere sul sedile anteriore di fianco all'autista. Due soldati erano saliti dietro di noi, con le armi puntate, e altri ancora si erano sistemati su un altro veicolo. Dopo una breve attesa si mossero entrambi, diretti a nord nella vallata.

La paura mi toglieva quasi il respiro. Dove mi stavano portando? Perché mai mi ero cacciato in una situazione del genere? La lunga preparazione che mi avevano impartito i due sacerdoti era andata sprecata: non avevo resistito nemmeno una giornata! All'incrocio avevo avuto la sensazione certa di aver scelto la strada giusta, quella che più mi aveva attirato. Ma allora, dove avevo sbagliato?

Respirai a fondo e cercai di rilassarmi, chiedendomi cosa sarebbe accaduto. Avrei finto di essere all'oscuro di tutto: un turista ignaro e innocuo. Ho solo incontrato le persone sbagliate, avrei detto. Lasciatemi tornare a casa.

Tenni le mani in grembo, e mi accorsi che tremavano leggermente. Uno dei soldati seduti alle mie spalle mi offrì una borraccia d'acqua, e io la presi anche se non riuscii a bere. Il militare era giovane, e quando gli resi la borraccia mi sorrise senza ombra di malizia. Mi venne in mente il viso terrorizzato di Phil, e mi chiesi cosa gli avrebbero fatto.

Pensai che l'incontro con lui su quella collina doveva essere stato una coincidenza. Ma qual era il suo significato? E di cosa avremmo parlato se non ci avessero interrotti? Io mi ero limitato a sottolineare l'importanza del Manoscritto, mentre lui mi aveva avvisato del pericolo che correvo in quel luogo, consigliandomi di fuggire prima di essere catturato. Sfortunatamente il suo consiglio era arrivato troppo tardi.

Per diverse ore viaggiammo in silenzio. Il panorama si faceva sempre più piatto e l'aria si scaldava. A un certo punto lo stesso soldato mi passò una lattina contenente qualcosa che sembrava pasticcio di carne, ma, come prima, non riuscii a ingoiare nulla. Appena dopo il tramonto calarono rapidamente le tenebre.

Fissai le luci del camion davanti a me, con la mente sgombra da qualunque pensiero, finché scivolai in un sonno agitato. Sognai di scappare disperatamente da un nemico sconosciuto fra centinaia di falò giganteschi, certo che da qualche parte si nascondesse la chiave segreta capace di aprire la strada verso la conoscenza e la salvezza. A un tratto vidi la chiave proprio in mezzo a uno di quei roghi, e mi lanciai a recuperarla.

Mi svegliai di soprassalto, madido di sudore. I soldati mi guardavano di sottecchi, nervosi. Scrollai la testa e mi appoggiai allo sportello del camion. Guardai a lungo fuori dal finestrino le sagome scure del paesaggio, cercando di soffocare il panico. Ero solo e sotto sorveglianza, diretto verso l'ignoto, e nessuno si preoccupava dei miei incubi.

Intorno a mezzanotte ci fermammo davanti a un ampio edificio in pietra su due piani scarsamente illuminato. Entrammo da una porta laterale e scendemmo alcuni gradini fino ad arrivare a uno stretto corridoio. Anche i muri interni erano in pietra, mentre il soffitto era di travi in legno grezzo. Il nostro cammino era illuminato da alcune lampadine che pendevano da fili attaccati al soffitto. Varcammo un'altra porta e ci trovammo in mezzo alle celle. Fummo raggiunti da un soldato che aprì una delle celle e mi fece cenno d'entrare.

L'interno era sorprendentemente pulito e conteneva tre brande, un tavolo di legno e un vaso di fiori. Un giovane peruviano, che dimostrava diciotto o diciannove anni, sollevò lo sguardo verso di me. Il militare si chiuse la porta alle spalle e si allontanò. Mi sedetti su una delle brande, e il ragazzo si allungò per accendere una lampada a olio. Quando la luce illuminò il suo viso mi accorsi che era indiano.

«Parli inglese?» gli chiesi.

«Sì, un po'.»

«Dove siamo?»

«Vicino a Pullcupa.»

«È una prigione questa?»

«No, ci hanno portati qui per interrogarci sul Manoscritto.»

«Da quanto tempo sei qui?» gli domandai.

Mi fissò con occhi scuri e tristi. «Due mesi.»

«Che cosa ti hanno fatto?»

«Vogliono che io smetta di credere al Manoscritto e dica i nomi delle persone che ne possiedono delle copie.»

«Come hanno cercato di convincerti?»

«Parlandomi.»

«Solo parlandoti, senza ricorrere alle minacce?»

«Solo parlando», ripeté.

«Hanno detto quando ti lasceranno andare?»

«No.»

Si interruppe per un istante e mi guardò con aria interrogativa. «Ti hanno preso con una copia del Manoscritto?»

«Sì, anche te?»

«Sì. Vivo in un orfanotrofio qui vicino. Il direttore insegnava i fondamenti del Manoscritto e mi permetteva di parlarne ai bambini. Lui è riuscito a scappare ma io sono stato catturato.»

«Quante Illuminazioni hai visto?» gli chiesi.

«Tutte quelle che sono state trovate, e tu?»

«Quasi tutte. Avevo la Settima ma non sono riuscito a leggerla perché sono arrivati i soldati, e mi manca anche l'Ottava.»

Il ragazzo sbadigliò e mi chiese: «Possiamo dormire, adesso?»

«Sì, certo», gli risposi distrattamente.

Mi sdraiai sulla branda e chiusi gli occhi. Non riuscivo a darmi pace. Cosa avrei potuto fare adesso? Come avevo potuto lasciarmi catturare? Sarei riuscito a fuggire? Prima di addormentarmi provai a immaginare alcune strategie e piani d'azione.

Sognai di nuovo. Cercavo ancora la stessa chiave, ma questa volta mi ero smarrito in una fitta foresta. Avevo camminato a lungo senza una meta, sperando di trovare una sorta di guida, finché a un certo punto scoppiava un tremendo temporale che inondava il terreno. Durante il diluvio scivolavo in un burrone e finivo in un fiume che scorreva nella direzione sbagliata, rischiando di annegare. Lottavo disperatamente contro la corrente per alcuni minuti che mi erano sembrati giorni interi. Alla fine riuscivo a emergere dal fiume arrampicandomi sugli scogli. Salivo in alto, sempre più in alto fino a raggiungere punti sempre più impervi. Nonostante avessi fatto ricorso a tutta la mia forza di volontà per superare le rocce, a un certo punto mi ritrovavo pericolosamente aggrappato a un masso, incapace di proseguire. Guardavo in basso e mi accorgevo con orrore che il fiume in cui mi ero dibattuto attraversava la foresta fino a una splendida spiaggia verdeggiante. E la chiave si trovava proprio in quel prato, circondata dai fiori. A un tratto scivolavo e cadevo sempre più in basso, urlando disperatamente, fino a inabissarmi nelle acque del fiume.

Mi alzai a sedere di scatto sulla branda, annaspando in cerca d'aria. Il giovane indiano, già sveglio, mi venne vicino.

«Che ti succede?» mi chiese.

Trattenni il respiro e mi guardai intorno, rendendomi finalmente conto di dove mi trovavo. Mi accorsi che nella stanza c'era una finestra e che all'esterno era già chiaro.

«È stato solo un incubo», risposi.

Mi sorrise come se la mia risposta gli avesse fatto piacere. «I brutti sogni contengono messaggi importanti», commentò.

«Messaggi?» ripetei, alzandomi e indossando la camicia.

Sembrò imbarazzato all'idea di dovermi dare spiegazioni. «La Settima Illuminazione parla dei sogni.»

«E cosa dice?»

«Spiega come...»

«Interpretare i sogni?»

«Sì.»

«E che cosa dice?»

«Che occorre confrontare la storia del sogno con quella della propria vita.»

Rimasi un istante a riflettere sul significato delle sue parole. «Cosa intendi per 'confrontare' ?»

Il ragazzo sembrava volesse evitare il mio sguardo. «Vuoi interpretare il tuo sogno?»

Annuii, e gli raccontai ciò che avevo provato.

Mi ascoltò con attenzione. «Confronta le parti di questa storia con la tua vita.»

Lo guardai. «Da dove comincio?»

«Dal principio. Cosa stavi facendo all'inizio del sogno?»

«Stavo cercando una chiave nella foresta.»

«Come ti sentivi?»

«Perso.»

«Confronta questa situazione con quella che stai vivendo ora.»

«Forse c'è un collegamento. Sono alla ricerca di alcune risposte sul Manoscritto, e mi sento davvero perso.»

«Cos'altro sta succedendo nella tua vita?»

«Mi hanno catturato, e mi trattengono. Adesso spero solo di convincere qualcuno a lasciarmi tornare a casa.»

«Vuoi opporti a questa prigionia?»

«Naturalmente!»

«Cosa succedeva poi nel sogno?»

«Lottavo contro la corrente.»

«Perché?» mi chiese.

Cominciai a capire dove voleva arrivare. «Perché in quel momento pensavo che sarei annegato.»

«E se tu non ti fossi opposto alla corrente?»

«Mi avrebbe portato alla chiave. È questo che vuoi dire, che se io non mi ribello a questa situazione potrei ancora ottenere le risposte che cerco?»

Mi parve di nuovo a disagio. «Io non dico niente, è il sogno a parlare.»

Riflettei per qualche istante. Era davvero corretta quella interpretazione?

Il giovane indiano alzò lo sguardo su di me e mi chiese: «Se tu dovessi ripetere quel sogno, cosa faresti di diverso?»

«Mi lascerei trasportare dalla corrente, anche se avessi paura di annegare. Saprei come comportarmi.»

«Che cosa ti sta minacciando adesso?»

«I soldati, immagino. La prigione.»

«E allora, secondo te qual è il messaggio?»

«Tu credi che il sogno voglia dirmi di considerare questa prigionia come un evento positivo?»

Il ragazzo non mi rispose, si limitò a sorridere.

Ero seduto sulla mia branda con la schiena appoggiata al muro. Quell'interpretazione mi procurava una forte emozione. Se fosse stata esatta significava che all'incrocio non mi ero sbagliato e che la prigionia faceva parte di ciò che doveva accadere.

«Come ti chiami?» gli domandai.

«Pablo.»

Sorrisi e mi presentai a mia volta, poi gli feci un breve resoconto del mio viaggio in Perù fino a quel momento. Pablo era seduto sulla sua branda con i gomiti sulle ginocchia. Era molto magro, con i capelli neri e corti.

«Perché sei qui?» mi chiese.

«Per sapere qualcosa sul Manoscritto.»

«Cosa, per la precisione?»

«Sulla Settima Illuminazione, e anche sulla sorte di certi miei amici, Wil e Marjorie... e sento anche di dover scoprire il motivo per cui la Chiesa è contraria al Manoscritto.»

«Qui ci sono molti sacerdoti con cui parlare.»

Meditai per un istante sulle sue parole, poi gli chiesi: «Che altro dice la Settima Illuminazione dei sogni?»

Pablo mi spiegò che i sogni vengono a dirci qualcosa che ci è sfuggito sulla nostra vita. Mentre ancora parlava, cominciai a pensare a Marjorie. Mi apparve il suo viso, mi chiesi dove avrebbe potuto essere, e infine la vidi correre verso di me, sorridente.

Improvvisamente mi accorsi che Pablo aveva smesso di parlare. Lo guardai. «Scusa, mi ero distratto. Cosa hai detto?»

«Non importa. A cosa stavi pensando?»

«A un'amica. Niente di importante.»

Mi guardò come se volesse saperne di più, ma qualcuno si stava avvicinando alla porta della cella. Attraverso le sbarre riuscimmo a vedere un soldato che faceva scorrere il chiavistello.

«È ora di colazione», disse Pablo.

Il militare aprì la porta e con un cenno del capo ci indicò il corridoio. Pablo si avviò per primo lungo il corridoio di pietra. Salimmo una rampa di scale e giungemmo a una sala da pranzo non molto grande. In un angolo c'erano quattro o cinque soldati mentre alcuni civili, due uomini e una donna, aspettavano di essere serviti.

Ebbi un sussulto. Non potevo credere ai miei occhi: la donna era Marjorie. Lei mi vide nello stesso istante e si coprì la bocca con la mano, spalancando gli occhi per la sorpresa. Sbirciai il militare alle mie spalle, e vidi che si stava avvicinando ad altri soldati in piedi in un angolo, sorridendo e dicendo loro qualcosa in spagnolo. Seguii Pablo che attraversò la stanza per mettersi in fondo alla coda.

Stavano servendo Marjorie. Gli altri due uomini si accomodarono con i vassoi a un tavolo, continuando a parlare. Marjorie guardò più volte verso di me, incrociando il mio sguardo e sforzandosi di non parlare. Dopo la seconda occhiata Pablo capì che ci conoscevamo, e mi guardò con aria interrogativa. Marjorie si sedette a un altro tavolo, e appena ci servirono la raggiungemmo. I soldati chiacchieravano indisturbati e non prestavano attenzione ai nostri movimenti.

«Mio Dio, come sono felice di vederti!» esclamò Marjorie. «Come sei arrivato fin qui?»

«Per un po' sono rimasto nascosto con alcuni sacerdoti, poi me ne sono partito per cercare Wil, finché ieri mi hanno catturato. E tu da quanto tempo sei qui?»

«Da quando mi hanno scoperta sul crinale.»

Mi accorsi che Pablo ci stava osservando, e lo presentai a Marjorie.

«Avevo immaginato che si trattasse di lei», disse soltanto.

Scambiarono due parole, poi io chiesi a Marjorie: «Che altro è successo?»

«Non molto», rispose. «Non so nemmeno perché mi tengono qui. Ogni giorno mi portano da un prete o da un ufficiale per un interrogatorio. Vogliono sapere quali erano i miei contatti a Viciente, e se so dove si trovano altre copie del Manoscritto. Me lo chiedono in continuazione!»

Marjorie mi sorrise, di colpo vulnerabile, e in quel momento mi sentii ancora profondamente attratto da lei. Mi guardò con la coda dell'occhio e scoppiammo entrambi a ridere sommessamente. Restammo in silenzio fino alla fine del pasto, quando si aprì la porta ed entrò un sacerdote vestito in modo formale, accompagnato da quello che sembrava un ufficiale di alto rango.

«Quello è il gran sacerdote», ci informò Pablo.

L'ufficiale disse qualcosa ai soldati che scattarono sull'attenti, e attaversò poi la stanza diretto in cucina insieme al prete. Quest'ultimo guardò verso di me e i nostri occhi si incontrarono per un lungo istante. Distolsi lo sguardo e misi in bocca una forchettata di cibo, cercando di non attirare su di me l'attenzione. Entrambi gli uomini raggiunsero la cucina e uscirono poi da un'altra porta.

«Quello è uno dei sacerdoti con cui hai parlato?» chiesi a Marjorie.

«No, non l'ho mai visto.»

«Io lo conosco», si intromise Pablo. «È arrivato ieri. Si chiama Sebastián.»

Mi drizzai di colpo. «Quello era il cardinale Sebastián?»

«Sembra che tu abbia già sentito parlare di lui», osservò Marjorie.

«Sì, è il personaggio più in vista che guida l'opposizione della Chiesa contro il Manoscritto. Pensavo che si trovasse alla missione di padre Sánchez.»

«Chi è padre Sánchez?» volle sapere Marjorie.

Stavo per spiegarglielo quando il soldato che ci aveva scortati fin là si avvicinò al tavolo e fece cenno a me e Pablo di seguirlo.

«È ora di fare un po' di movimento», sussurrò Pablo.

Io e Marjorie ci guardammo, e dal suo sguardo traspariva una notevole preoccupazione.

«Non preoccuparti», cercai di rassicurarla. «Parleremo durante il prossimo pasto. Andrà tutto bene.»

Mi allontanai, chiedendomi se il mio ottimismo era realistico. Quelle persone avrebbero potuto farci sparire in qualunque momento, cancellando ogni traccia di noi sul pianeta. Il soldato ci guidò attraverso un corridoietto fino a una porta che dava su una scala esterna. Arrivammo così in un cortile circondato da un alto muro di pietra. Il militare rimase accanto alla porta. Pablo mi fece cenno di passeggiare con lui intorno al cortile. Mentre camminavamo si abbassò varie volte per raccogliere i fiori che crescevano alla base del muro.

«Che altro dice la Settima Illuminazione?» domandai.

Pablo si chinò a prendere un altro fiore. «Dice che non

sono solo i sogni a guidarci, ma anche i pensieri e le fantasticherie.»

«Sì, padre Carl me l'aveva detto. Spiegami come fanno a guidarci i sogni a occhi aperti.»

«Ci mostrano una scena, un avvenimento, e questa è già un'indicazione che questo fatto può accadere. Se facciamo attenzione possiamo essere pronti a queste svolte nella nostra esistenza.»

Lo guardai. «Sai, Pablo, ho immaginato di incontrare Marjorie e poi è successo davvero.»

Sorrise.

Un brivido mi corse lungo la schiena: se avevo intuito qualcosa che in seguito si era realizzato, dovevo per forza trovarmi nel posto giusto. Avevo pensato più volte di ritrovare Marjorie e alla fine era successo. Le coincidenze si stavano finalmente verificando, e io mi sentivo più leggero.

«Pensieri del genere non mi vengono in mente molto spesso», osservai.

Pablo distolse lo sguardo e commentò: «La Settima Illuminazione spiega che non possiamo avere coscienza di tutti i nostri pensieri. Per riconoscerli dobbiamo assumere la posizione di chi osserva. Quando un pensiero arriva chiediamoci perché lo abbiamo avuto proprio in quel preciso momento e in che modo si collega alle questioni della nostra esistenza. Svolgendo il ruolo di osservatore possiamo liberarci dal nostro bisogno di controllare sempre tutto, inserendoci nel flusso dell'evoluzione.»

«E cosa mi dici dei pensieri negativi?» gli chiesi. «Le immagini spaventose che ci mostrano avvenimenti nefasti, come per esempio il ferimento di qualcuno che amiamo o il mancato raggiungimento di qualcosa a cui teniamo molto?»

«È semplicissimo. La Settima Illuminazione dice che le immagini spaventose devono essere subito bloccate e sostituite con altre positive. In questo modo nel giro di breve tempo non si ripresenteranno più, e le tue intuizioni riguarderanno solo avvenimenti favorevoli. Il Manoscritto suggerisce però di prendere sul serio le visioni negative che continuano a tornare. Per esempio, se ti viene in mente che stai per avere un incidente a bordo di un camion e qualcuno ti offre un passaggio proprio su un mezzo del genere, tu non devi accettarlo.»

Avevamo terminato il giro del cortile e ci stavamo ormai avvicinando alla guardia. Mentre gli passavamo accanto nessuno di noi due parlò. Pablo colse un fiore e io respirai profondamente. L'aria era calda e umida, e la vegetazione tropicale oltre il muro di cinta era particolarmente fitta. Mi accorsi che c'erano molte mosche.

«Venite!» ci ordinò la guardia.

Ci spinse all'interno, indirizzandoci verso la nostra cella. Pablo entrò per primo, e quando feci per seguirlo il soldato alzò un braccio e mi bloccò.

«Tu no», disse, e mi fece cenno di continuare a camminare lungo il corridoio, su per i gradini fino alla porta da cui eravamo entrati la sera prima. Nel parcheggio scorsi il cardinale Sebastián che saliva sul sedile posteriore di una grossa auto. L'autista chiuse la portiera alle sue spalle. Il sacerdote mi fissò per un istante, poi si girò e disse qualcosa all'autista. L'auto si allontanò velocemente.

Il soldato mi spinse verso la facciata anteriore dell'edificio. Entrati in un ufficio, mi fecero accomodare sulla sedia di fronte a una scrivania di metallo. Alcuni minuti dopo entrò un giovane prete, piccolo di statura con i capelli biondi, che si sedette dietro la scrivania senza degnarmi di uno sguardo. Sfogliò una pratica e alla fine alzò gli occhi su di me. Gli occhiali cerchiati d'oro gli davano un'aria da intellettuale.

«Sei stato colto in flagrante possesso illegale di documenti di stato», esordì in tono asciutto. «Sono qui per stabilire se sia il caso o meno di procedere contro di te, e apprezzerei molto la tua collaborazione.»

Annuii.

«Dove hai preso le traduzioni?»

«Non capisco», ribattei. «Perché mai le copie di un vecchio documento dovrebbero essere illegali?»

«Il governo del Perù ha le sue ragioni. Per favore, rispondi alle mie domande.»

«Perché la Chiesa è coinvolta?» domandai.

«Perché questo Manoscritto va contro le tradizioni della nostra religione», fu la risposta. «Rappresenta in modo errato la nostra natura spirituale. Dove...»

«Senti», lo interruppi, «sto solo cercando di capirci qualcosa. Sono semplicemente un turista a cui interessa quel Manoscritto, e non rappresento un pericolo per nessuno. Mi piacerebbe sapere perché è così pericoloso.»

Il prete mi sembrò confuso, quasi dovesse stabilire la strategia migliore per affrontarmi. Evidentemente io ero a caccia di informazioni.

«La Chiesa crede che il Manoscritto possa confondere la nostra gente», mi rispose con molta prudenza. «Dà l'impressione che le persone possano decidere da sole come vivere, senza preoccuparsi delle Scritture.»

«Quali scritture?»

«Il comandamento che impone di onorare il padre e la madre, tanto per cominciare.»

«Cosa vuoi dire?»

«Il Manoscritto dice che i genitori sono la causa di tutti i problemi, e in questo modo indebolisce la famiglia.»

«Credevo che parlasse del modo in cui porre fine ad antichi risentimenti», osservai. «E anche di come acquisire una visione positiva dell'inizio della nostra vita.»

«No», ribatté il sacerdote. «Non è esatto. Tanto per cominciare non dovrebbe esserci una sensazione negativa fin dall'inizio.»

«I genitori non possono dunque sbagliare?»

«Fanno del loro meglio, e i figli hanno il dovere di perdonarli.»

«Ma non è proprio quello che dice il Manoscritto? Il perdono non si verifica forse quando vediamo il lato positivo della nostra infanzia?»

La sua voce si fece acuta per la rabbia. «Ma dall'alto di quale autorità parla questo Manoscritto? Come possiamo fidarci?»

Si alzò e girò intorno alla scrivania, fissandomi con rabbia. «Tu non sai di cosa stai parlando. Sei forse uno studioso? Non credo. Sei invece la prova vivente della confusione creata dal Manoscritto. Non capisci che al mondo c'è un certo ordine solo grazie alla legge e all'autorità? Come puoi metterlo in discussione?»

Rimasi in silenzio, e il sacerdote sembrò infuriarsi ancora di più. «Lascia che ti spieghi qualcosa: il crimine che hai commesso è punibile con anni di galera. Sei mai stato in una prigione peruviana? Sei forse curioso di scoprire com'è fatta? Io posso accontentarti! Mi hai capito? Ho detto che posso toglierti questa curiosità!»

Si mise una mano sugli occhi e fece una pausa, respirando a

fondo, cercando evidentemente di calmarsi. «Sono qui per scoprire chi ha delle copie e dove le ha trovate. Te lo chiedo un'altra volta: dove hai preso le tue traduzioni?»

La sua sfuriata mi aveva impressionato. Con tutte quelle domande stavo solo peggiorando la situazione. Che cosa avrebbe potuto farmi se mi fossi rifiutato di collaborare? Al tempo stesso, non avrei mai potuto coinvolgere padre Sánchez e padre Carl.

«Prima di darti una risposta ho bisogno di tempo per pensarci.» Per un attimo sembrò vicino a un'altra esplosione di rabbia, ma poi riuscì a controllarsi. Improvvisamente sembrava esausto.

«Posso concederti fino a domattina», disse, e fece segno al soldato in piedi vicino alla porta di portarmi via. Lo seguii lungo il corridoio, fino alla mia cella.

Mi sdraiai sulla branda, stanco a mia volta, senza aprire bocca. Pablo guardava fuori tra le sbarre della finestra.

«Hai parlato con il cardinale Sebastián?» mi chiese.

«No, era un altro prete. Voleva sapere chi mi ha dato le copie.»

«Cosa gli hai risposto?»

«Niente. Ho cercato di prendere tempo, e lui mi ha concesso fino a domattina.»

«Ha detto qualcosa a proposito del Manoscritto?» domandò Pablo.

Lo fissai negli occhi, e questa volta Pablo non abbassò lo sguardo. «Mi ha spiegato che il Manoscritto scardina l'autorità tradizionale», risposi. «Poi ha cominciato a farneticare e a minacciarmi.»

Pablo sembrava davvero sorpreso. «Aveva i capelli chiari e un paio di occhiali tondi?»

«Sì.»

«È padre Costous. Che altro gli hai detto?»

«Non ero d'accordo con lui sul fatto che il Manoscritto mette in pericolo l'autorità tradizionale, e lui ha minacciato di sbattermi in prigione. Credi che facesse sul serio?»

«Non saprei.» Pablo andò a sedersi sulla sua branda, proprio di fronte a me. Capivo che aveva qualcosa in mente ma ero stanco e spaventato, e mi limitai a chiudere gli occhi. Mi svegliai sentendomi scrollare.

«Ora di pranzo», disse Pablo.

Seguimmo una guardia al piano di sopra, dove ci servirono un piatto di carne e patate. I due uomini che avevamo visto in precedenza entrarono dopo di noi, ma stavolta Marjorie non era con loro.

«Dov'è Marjorie?» chiesi a bassa voce. Sentendo la mia domanda i due apparvero terrorizzati, e i soldati mi fissarono intensamente.

«Non credo che parlino inglese», disse Pablo.

«Mi domando dove possa essere.»

Pablo mi disse qualcosa in risposta ma non gli prestai ascolto. Di colpo vidi me stesso nell'atto di correre lungo una strada e infilarmi in un portone, diretto verso la libertà.

«A cosa stai pensando?» volle sapere Pablo.

«Stavo immaginando di fuggire. Che stavi dicendo?»

«Aspetta, non cancellare quel pensiero, potrebbe essere importante. Com'era la tua fuga?»

«Stavo correndo lungo un vicolo, o una strada, poi sono entrato in un portone e ho avuto l'impressione di essere in salvo.»

«Cosa ne pensi di questa immagine?» mi chiese Pablo.

«Non saprei. Non mi sembrava per niente collegata ai discorsi che stavamo facendo.»

«Ma ti ricordi di cosa stavamo parlando?»

«Certo, mi stavo informando sulla sorte di Marjorie.»

«E non credi che ci sia un nesso fra lei e la tua fuga?»

«No, almeno non in modo evidente.»

«E un legame nascosto?»

«Non ne vedo. Che collegamento potrebbe esserci tra la fuga e Marjorie? Credi che lei sia riuscita a fuggire?»

Pablo sembrò pensieroso. «Hai pensato alla tua fuga.»

«Sì. Forse fuggirò senza di lei.» Lo guardai. «O forse sto per scappare con lei.»

«Questa è la mia ipotesi.»

«Ma dove si trova adesso?»

«Non ne ho idea.»

Finimmo di mangiare in silenzio. Ero affamato, ma il cibo mi sembrava indigesto. Mi sentivo terribilmente stanco e la fame mi passò alla svelta.

Mi accorsi che anche Pablo aveva smesso di mangiare.

«Credo che dovremmo tornare in cella», suggerì.

Annuii, e lui fece cenno al soldato di riportarci indietro. Quando arrivammo in cella io mi stesi sulla branda e Pablo si sedette, fissandomi con attenzione.

«La tua energia sembra stia calando», osservò.

«È vero. C'è qualcosa che non va, ma non so esattamente di cosa si tratta.»

«Stai cercando di assorbire energia?» volle sapere.

«Credo di no, e quel cibo non aiuta di sicuro.»

«Non hai bisogno di mangiare molto se riesci ad assorbire ogni cosa.» Mosse le braccia davanti a sé per farmi capire che intendeva proprio tutto.

«Lo so. Per me è molto difficile lasciar fluire l'amore in una situazione come questa.»

Mi guardò con aria interrogativa. «Ma se non lo fai danneggi te stesso!»

«Cosa vuoi dire?»

«Il tuo corpo vibra a un certo livello, e se lasci che la tua energia si abbassi troppo, il corpo ne soffre. Questo è il legame che c'è fra tensione e malattia. L'amore è importantissimo, tiene alta la nostra vibrazione e ci mantiene in buona salute.»

«Dammi qualche minuto», dissi.

Misi in pratica il metodo che mi aveva insegnato padre Sánchez e mi sentii subito meglio. Gli oggetti intorno a me si fecero più vividi. Chiusi gli occhi e mi concentrai sulla sensazione che provavo.

«Così va bene», esclamò Pablo.

Aprii gli occhi e lo vidi sorridere. Il suo aspetto era ancora quello di un ragazzino, ma ora il suo sguardo era pieno di saggezza.

«Posso vedere l'energia che fluisce in te», mi spiegò.

Riuscii a scorgere un lieve campo di energia intorno al corpo di Pablo, e anche i fiori appena colti che aveva sistemato in un vaso sul tavolo sembravano splendere.

«Per afferrare la Settima Illuminazione ed entrare davvero nel flusso dell'evoluzione occorre inglobare tutte le Illuminazioni nel proprio modo di vivere.»

Rimasi in silenzio.

«Puoi riassumermi come è cambiato il mondo per te dopo la conoscenza delle Illuminazioni?»

Ci pensai un attimo. «Credo di essermi svegliato e di aver

visto il mondo come un luogo misterioso che fornisce tutto ciò di cui abbiamo bisogno, se facciamo chiarezza e ci mettiamo sulla giusta via.»

«Dopo cosa succede?»

«Siamo pronti a dare il via all'evoluzione.»

«Come ci impegniamo in questo processo?»

Meditai per un istante. «Tenendo bene a mente le questioni della nostra esistenza e cercando la giusta direzione, in un sogno, in un'intuizione o nel modo in cui l'ambiente che ci circonda si palesa al nostro sguardo.»

Mi interruppi, cercando di mettere insieme il panorama completo delle Illuminazioni, e aggiunsi: «Accumuliamo energia, ci mettiamo al centro delle nostre situazioni e delle questioni che dobbiamo affrontare, poi riceviamo una specie di guida istintiva, un'idea di dove andare o di cosa fare, e alla fine si verificano le coincidenze che ci permettono di avanzare in tale direzione».

«Sì, sì!» esclamò Pablo. «È vero! E ogni volta che queste coincidenze ci portano a qualcosa di nuovo, noi cresciamo, diventiamo persone più complete ed esistiamo a una vibrazione più alta.»

Quando si chinò verso di me notai l'incredibile energia che lo circondava. Brillava, pieno di forza, e non sembrava più timido o inesperto.

«Pablo, che cosa ti è successo? In confronto alla prima volta che ti ho visto mi sembri più a tuo agio, sicuro di te e in qualche modo potente.»

Scoppiò a ridere. «Quando sei arrivato ho permesso alla mia energia di dissolversi. All'inizio ho pensato che avresti potuto aiutarmi a farla scorrere, ma mi sono reso conto che non eri ancora in grado di farlo. È una capacità che si acquisisce grazie all'Ottava Illuminazione.»

Ero confuso. «Che cosa non ho fatto?»

«Devi imparare che tutte le risposte che ci arrivano in modo misterioso provengono in realtà da altre persone. Pensa a tutto ciò che hai imparato da quando ti trovi in Perù: le risposte non ti sono forse arrivate grazie alle azioni di individui che hai misteriosamente incontrato?»

Ci pensai e dovetti ammettere che aveva ragione. Avevo sempre incontrato le persone giuste al momento giusto: Charlene,

Dobson, Wil, Dale, Marjorie, Phil, Reneau, padre Sánchez, padre Carl, e adesso Pablo.

«Anche se il Manoscritto è stato redatto da una persona», aggiunse Pablo, «non tutti gli uomini e le donne che incontrerai avranno l'energia o la chiarezza sufficienti per rivelarti il messaggio che hanno per te. Tu devi quindi aiutarli dando loro la tua forza.» Si interruppe. «Mi hai raccontato di aver imparato a proiettare energia su una pianta concentrandoti sulla sua bellezza, ricordi?»

«Sì.»

«Bene, con le persone devi fare esattamente la stessa cosa. Quando assorbono l'energia, riescono a vedere la loro verità e a passartela.

«Padre Costous è un esempio», continuò. «Aveva un importante messaggio per te, ma tu non l'hai aiutato a rivelartelo. Hai cercato di ottenere risposte da lui e questo ha creato fra voi un conflitto per l'energia. E quando se ne è reso conto l'intimidatore, il suo dramma dell'infanzia, ha preso il sopravvento.»

«Che cosa avrei dovuto dire?» gli chiesi.

Pablo non rispose. Sentimmo ancora qualcuno alla porta della cella.

Entrò padre Costous.

Fece un cenno a Pablo, abbozzando un sorriso. Pablo sorrise apertamente, come se il prete gli piacesse sul serio. Padre Costous spostò lo sguardo su di me, con il volto improvvisamente serio. Sentii un brivido freddo sulla schiena.

«Il cardinale Sebastián ha chiesto di vederti. Questo pomeriggio verrai trasferito a Iquitos. Ti consiglio di rispondere a tutte le sue domande.»

«Perché vuole vedermi?» gli domandai.

«Perché quando sei stato catturato eri a bordo di un camion che appartiene a uno dei nostri sacerdoti. Noi crediamo che tu abbia ricevuto proprio da lui le copie del Manoscritto, e per uno dei nostri andare contro la legge è un fatto molto grave.» Mi guardò deciso.

Lanciai uno sguardo a Pablo che mi fece cenno di continuare.

«Credi che il Manoscritto sia pericoloso per la tua religione?» chiesi gentilmente a Costous.

Mi guardò con condiscendenza. «Non solo per la nostra, ma anche per quella di tutti. Credi forse che non ci sia un piano per questo mondo? Dio ha il controllo, determina il nostro destino, e noi dobbiamo obbedire alle sue leggi. L'evoluzione è un mito. Dio crea il futuro a suo piacimento, e affermare che gli uomini possono evolversi da soli significa non prendere in considerazione la volontà divina. In questo modo le persone sentono il diritto di essere egoiste e lontane, poiché pensano che solo la loro evoluzione sia importante, non il piano divino. E tra loro si tratteranno ancora peggio di quanto stiano facendo adesso.»

Non riuscii a formulare un'altra domanda. Il scerdote mi fissò per un istante e aggiunse quasi gentilmente: «Spero che collaborerai con il cardinale Sebastián».

Si girò a guardare Pablo, evidentemente orgoglioso del modo in cui aveva affrontato le mie domande. Pablo si limitò a sorridergli, facendo un altro cenno con il capo. Costous uscì e una guardia chiuse la porta alle sue spalle. Pablo si allungò verso di me, raggiante, con un'espressione di estrema sicurezza in volto.

Lo guardai e sorrisi.

«Cosa credi che sia appena successo?» mi domandò.

Cercai di trovare una risposta ironica. «Ho forse scoperto di essere nei guai più di quanto pensassi?»

Pablo scoppiò a ridere. «Che altro è accaduto?»

«Non capisco dove vuoi arrivare.»

«Quali erano le tue domande quando sei arrivato qui?»

«Volevo trovare Marjorie e Wil.»

«E hai trovato uno di loro. Qual era l'altra domanda?»

«Avevo la sensazione che questi sacerdoti fossero contrari al Manoscritto non per cattiveria ma solo perché non lo hanno ben capito. Volevo conoscere la loro opinione. Pensavo che parlando con loro potessero cambiare parere.» Appena dette queste parole mi resi conto che era proprio ciò a cui si riferiva Pablo: avevo incontrato Costous per poter scoprire cosa lo preoccupava del Manoscritto.

«E quale messaggio hai ricevuto?» mi chiese.

«Messaggio?»

«Sì, il messaggio.»

Lo guardai. «È l'idea di partecipare all'evoluzione che li sconvolge, vero?»

«Sì», mi confermò Pablo.

«Potrebbe darsi», aggiunsi. «L'idea di evoluzione fisica è già abbastanza difficile da accettare. Estenderla alla vita di tutti i giorni, alle decisioni che ognuno di noi prende, alla storia stessa... questo è addirittura inaccettabile. Loro credono che gli uomini perderanno la testa per via dell'evoluzione e che di conseguenza i rapporti interpersonali peggioreranno. Non c'è quindi da meravigliarsi se desiderano eliminare il Manoscritto.»

«Riusciresti a convincerli del contrario?» domandò Pablo.

«No... voglio dire, io stesso non ne so abbastanza.»

«Ma una persona come potrebbe convincerli?»

«Dovrebbe conoscere la verità, e soprattutto sapere come si tratterebbero a vicenda gli uomini se seguissero le Illuminazioni e si evolvessero.»

Pablo era compiaciuto.

«Allora?» gli domandai, sorridendo anch'io.

«Il modo in cui gli uomini si tratteranno a vicenda viene illustrato nell'Illuminazione successiva, l'Ottava. La tua domanda sul perché i preti sono contrari al Manoscritto ha avuto risposta, e tale risposta si è poi trasformata in un'altra domanda.»

«Sì, devo trovare l'Ottava, devo fuggire da qui.»

«Non correre troppo», mi mise in guardia Pablo. «Prima di proseguire devi essere sicuro di aver perfettamente compreso la Settima.»

«Tu credi che l'abbia capita? Pensi che io sia entrato nel flusso dell'evoluzione?»

«Lo sarai se terrai sempre a mente le tue domande. Anche le persone ancora inconsapevoli possono imbattersi nelle risposte e vedere le coincidenze in retrospettiva. La Settima Illuminazione si realizza quando riusciamo a vedere queste risposte a mano a mano che arrivano, sensibilizzando le nostre esperienze quotidiane. «Dobbiamo partire dal presupposto che ogni avvenimento abbia un significato e contenga un messaggio che si riferisce in qualche modo alle nostre questioni, soprattutto a quelli che definiamo come fatti negativi. La Settima Illuminazione dice che la sfida sta nel trovare un raggio di luce in ogni avvenimento, anche in quelli negativi. All'inizio pensavi che il fatto di essere stato catturato avesse rovinato tutto, ma adesso ti rendi conto che dovevi trovarti qui perché questo è il luogo in cui si trovavano le tue risposte.»

Aveva ragione, ma se io stavo ricevendo le mie risposte evolvendomi a un livello superiore, anche lui stava sicuramente vivendo la stessa esperienza.

A un tratto sentimmo dei passi nel corridoio. Pablo mi guardò, serio.

«Senti, ricorda tutto ciò che ti ho detto. Per te l'Ottava Illuminazione è il passo successivo. Riguarda l'Etica Interpersonale, che spiega come trattare le persone affinché si possa condividere il maggior numero possibile di messaggi. Ma ricordati, non correre troppo velocemente e rimani ancorato alla tua situazione. Quali sono le tue domande?»

«Voglio scoprire dove si trova Wil, trovare l'Ottava Illuminazione, e anche Marjorie.»

«Qual era la tua intuizione su Marjorie?»

Mi fermai un istante a riflettere. «Che sarei scappato... che noi due saremmo scappati.»

Sentimmo qualcuno dietro la nostra porta.

«Io ti ho portato un messaggio?» chiesi in tutta fretta a Pablo.

«Certo. Quando sei arrivato non capivo perché mi trovavo qui. Sapevo che c'entrava in qualche modo la diffusione della Settima Illuminazione, ma dubitavo della mia abilità, non credevo di saperne abbastanza. Adesso grazie a te so che posso farcela. È uno dei messaggi che mi hai portato.»

«Ce n'è un altro?»

«Sì, la tua intuizione che sia possibile persuadere i preti ad accettare il Manoscritto è un messaggio anche per me. Mi fa pensare che mi trovo qui per convincere padre Costous.»

Mentre Pablo finiva di parlare un soldato aprì la porta e mi fece un cenno.

Guardai Pablo.

«Voglio dirti uno dei concetti di cui parla la prossima Illuminazione», disse.

La guardia gli lanciò un'occhiataccia, spingendomi fuori dalla porta e chiudendosela alle spalle. Mentre venivo condotto via Pablo guardava attraverso le sbarre.

«L'ottava Illuminazione ti mette in guardia contro qualcosa», mi gridò. «Ti avvisa che la tua crescita può interrompersi... se diventi dipendente da un'altra persona.»

L'ETICA INTERPERSONALE

Seguii il soldato su per i gradini, e uscimmo alla luce del sole. Nella mente mi echeggiava l'avvertimento di Pablo: dipendenza da un'altra persona? Cosa voleva dire? Che tipo di dipendenza?

Raggiungemmo un'area di parcheggio, dove ci aspettavano due soldati con una jeep. Ci osservarono attentamente, mentre noi ci avvicinavamo. Quando fui abbastanza vicino da vedere l'interno della jeep, mi accorsi che sul sedile posteriore era seduto un passeggero. Marjorie! Era pallida in volto e sembrava impaurita. Prima che potesse accorgersi di me un soldato mi afferrò per un braccio e mi fece sedere accanto a lei. Gli altri due si accomodarono davanti. Quello seduto al posto di guida ci lanciò una breve occhiata, fece manovra e si diresse a nord.

«Parlate inglese?» domandai ai soldati.

L'energumeno seduto accanto all'autista mi guardò con aria assente e borbottò qualcosa di incomprensibile in spagnolo; poi si girò bruscamente.

Mi rivolsi a Marjorie. «Stai bene?» le chiesi a bassa voce.

«Io...» La voce le tremava, e mi accorsi che aveva il volto rigato di lacrime.

«Andrà tutto bene», la consolai, mettendole un braccio intorno alle spalle. Mi rivolse un sorriso forzato e appoggiò la testa sulla mia spalla. Un brivido di passione mi attraversò il corpo.

Avanzammo per un'ora lungo una strada sterrata. Attorno a noi la vegetazione si faceva sempre più fitta e lussureggiante. A un tratto, dopo una curva, si aprì un varco nel verde e davanti a noi apparve un piccolo villaggio. Su entrambi i lati della strada si allineavano casette di legno.

Una decina di metri più in là un grosso camion bloccava il passaggio, e un gruppo di militari ci intimò l'alt. Dietro di noi c'erano altri veicoli, alcuni con una luce gialla lampeggiante sul tettuccio. Cominciai a preoccuparmi. Appena ci fermammo uno dei soldati del posto di blocco si avvicinò e disse qualcosa che non riuscii a capire. L'unica parola che riconobbi fu «benzina». Gli uomini della nostra scorta scesero dalla jeep e andarono a parlare con i loro colleghi fermi in mezzo alla strada. Di tanto in tanto ci lanciavano un'occhiata, tenendo sempre le armi a portata di mano.

Notai una stradina sulla sinistra. Mentre guardavo i negozi e i portoni allineati la mia percezione si modificò: di colpo le forme e i colori mi apparvero in risalto, più appariscenti.

Sussurrai il nome di Marjorie, la vidi sollevare lo sguardo, ma prima che potesse dire qualcosa una gigantesca esplosione fece sussultare la jeep. Davanti a noi si alzò una colonna di fuoco, e tutti i militari si gettarono a terra. La nostra visuale fu oscurata dal fumo e dalle ceneri che svolazzavano nell'aria.

«Sbrigati!» gridai trascinando Marjorie fuori dal veicolo. Approfittando della confusione ci precipitammo giù per la strada verso la stradina che avevo notato prima. Alle nostre spalle udii il rumore degli spari e alcuni lamenti. Corremmo per una cinquantina di metri, ancora soffocati dal fumo, finché notai un portone sulla sinistra.

«Da questa parte!» gridai. Entrammo di corsa dalla porta aperta, chiudendola subito alle nostre spalle. Mi guardai attorno e vidi una donna di mezza età che ci fissava. Eravamo finiti in casa di qualcuno.

Le rivolsi un sorriso stentato, e mi accorsi che il volto della donna non esprimeva terrore o rabbia per l'intrusione di due sconosciuti. Il suo viso sembrava piuttosto esprimere una certa rassegnazione, come se in qualche modo si fosse aspettata di vederci e sapesse di dover fare qualcosa. Una bambinetta di quattro anni era seduta su una sedia accanto a lei.

«Sbrigatevi!» esclamò la donna in inglese. «Vi cercheranno di sicuro.» Ci spinse fuori dal soggiorno scarsamente ammobiliato, attraverso un corridoio e giù per alcuni gradini di legno fino alla cantina. La bambina camminava al suo fianco. Attraversammo velocemente lo scantinato e, dopo aver salito alcuni gradini, raggiungemmo una porta che dava all'esterno.

La donna aprì la portiera di una utilitaria, ordinandoci di salire e di sdraiarci sul sedile posteriore. Ci coprì con una coperta, avviò il motore e puntò verso nord. In quei pochi attimi ero rimasto senza parole, trascinato dall'intraprendenza della donna. Quando mi resi conto di ciò che era accaduto, mi sentii assalire da una sferzata di energia: la mia intuizione riguardante la fuga si era avverata.

Marjorie era stesa accanto a me con gli occhi serrati.

«Tutto bene?» le mormorai.

Mi guardò con gli occhi pieni di lacrime e annuì.

Dopo un quarto d'ora la donna disse: «Credo che adesso possiate sedervi.»

Spostai la coperta e mi guardai intorno. Avevo l'impressione di trovarmi sulla stessa strada in cui era avvenuta l'esplosione, solo un po' più a nord.

«Chi sei?» domandai.

La donna si girò a guardarmi, con un sorriso appena accennato. Doveva avere circa quarant'anni, era piuttosto formosa e portava i capelli neri lunghi fino alle spalle.

«Mi chiamo Karla Deez, e questa è mia figlia Mareta.»

La bambina, sorridente, ci guardava con occhi grandi e curiosi. Anche lei aveva i capelli neri e lunghi.

Le spiegai chi eravamo e le chiesi a mia volta: «Perché ci hai aiutato?»

Il sorriso di Karla si fece più aperto. «State fuggendo dai soldati per via del Manoscritto, vero?»

«Sì, ma tu come fai a saperlo?»

«Conosco anch'io il Manoscritto.»

«Dove ci stai portando?» le domandai.

«Non lo so. Adesso tocca a voi aiutarmi.»

Lanciai un'occhiata a Marjorie, che mi fissava con attenzione. «In questo preciso momento non so proprio dove andare», risposi. «Prima di essere catturato stavo cercando di raggiungere Iquitos.»

«Perché?»

«Voglio rintracciare un amico che è alla ricerca della Nona Illuminazione.»

«È pericoloso.»

«Lo so.»

«Allora vi porteremo a Iquitos, vero, Mareta?»

La bambina ridacchiò sommessamente, poi con un tono troppo serio per la sua età disse: «Naturalmente!»

«A cosa era dovuta l'esplosione di poco fa?» chiesi a Karla.

«Credo fosse una cisterna di gas. Poco prima c'era stato un incidente, probabilmente una perdita.»

Ero ancora sorpreso per la rapidità con cui Karla aveva deciso di aiutarci, e decisi quindi di indagare a fondo. «Come facevi a sapere che stavamo fuggendo dai soldati?»

Respirò a fondo. «Ieri molti veicoli militari hanno attraversato il villaggio diretti a nord. Non accade spesso, e così ho ripensato a due mesi fa, quando alcuni miei amici sono stati portati via. Avevamo studiato insieme il Manoscritto, ed eravamo gli unici in tutto il villaggio a possedere le otto Illuminazioni al completo. Poi sono arrivati i soldati e hanno portato via i miei amici. Non ho più saputo niente di loro.

«Mentre guardavo i camion ieri, ho capito che i militari erano ancora alla ricerca delle copie del Manoscritto e che altre persone avrebbero avuto bisogno d'aiuto, proprio come i miei amici. Ho visualizzato me stessa nell'atto di aiutare quella gente, se solo avessi potuto. Naturalmente ho sospettato che non fosse un caso che io avessi avuto quel particolare pensiero in quel preciso istante. Per questo quando siete arrivati a casa mia non sono rimasta affatto sorpresa.»

Si interruppe, poi mi domandò: «Hai già provato qualcosa del genere?»

«Sì.»

Giunti a un incrocio Karla rallentò.

«Credo che dovremmo girare a destra», disse. «Ci vorrà più tempo ma saremo al sicuro.»

Quando Karla girò a destra, Mareta scivolò sul lato opposto e per non cadere dovette aggrapparsi al sedile. Scoppiò a ridere. Marjorie la guardava con evidente simpatia.

«Quanti anni ha Mareta?» chiese a Karla.

Karla apparve infastidita dalla domanda, ma poi ripose con gentilezza: «Per favore, non parlare di lei come se non ci fosse. Se fosse stata una persona adulta ti saresti rivolta direttamente a lei.»

«Mi spiace», si scusò Marjorie.

«Ho cinque anni», rispose Mareta con orgoglio.

«Hai studiato le otto Illuminazioni?» domandò Karla.

«No», rispose Marjorie. «Ho visto solo la Terza.»

«Io sono arrivato all'Ottava», mi intromisi io. «Tu ne possiedi forse qualche copia?»

«No, se le sono prese tutte i militari.»

«L'Ottava spiega forse come rivolgersi ai bambini?»

«Sì. Parla del modo in cui gli uomini impareranno a relazionarsi tra loro, per esempio proiettando sugli altri la propria energia ed evitando la dipendenza da altre persone.»

Di nuovo quell'avvertimento. Stavo per chiedere delucidazioni quando Marjorie parlò.

«Parlaci dell'Ottava Illuminazione.»

«Spiega come usare l'energia in modo nuovo quando si ha a che fare con la gente in generale, partendo proprio dall'inizio, cioè dai bambini.»

«In che modo dovremmo considerare i bambini?» le chiesi.

«Come sono in realtà: creature in via di sviluppo che facilitano il nostro cammino verso la verità. Ma per imparare a evolversi hanno costantemente bisogno della nostra energia, senza nessuna condizione. Nulla è più nocivo per i bambini dell'assorbimento della loro energia nella fase educativa. È così che si creano in loro i drammi del controllo, come voi già sapete. Le manipolazioni che i bambini imparano dai genitori non esisterebbero se gli adulti dessero loro tutta l'energia necessaria, in qualunque situazione. Ecco perché bisogna sempre includerli nelle conversazioni, specialmente in quelle che li riguardano. E non bisogna mai assumersi la responsabilità per un numero di bambini maggiore rispetto a quello cui ci si può dedicare.» «Il Manoscritto dice tutte queste cose?» domandai.

«Sì», rispose Karla, «e il punto che riguarda il numero dei bambini è messo in particolare evidenza.»

Ero confuso. «Perché mai è così importante il numero di figli che uno ha?»

Mi lanciò una breve occhiata continuando a guidare. «Perché qualunque adulto può dare energia e concentrarsi solo su un bambino alla volta. Se il numero di piccoli è sproporzionato rispetto agli adulti, questi ultimi vengono sopraffatti e non riescono a fornire abbastanza energia. I bambini cominciano così a competere fra loro per ottenere l'attenzione degli adulti.»

«Rivalità tra fratelli», commentai.

«Sì, ma il Manoscritto dice che questo problema è molto più importante di quanto la gente non pensi. Spesso gli adulti enfatizzano la positività delle famiglie numerose e di tanti figli che crescono insieme, ma in realtà i bambini devono imparare com'è il mondo solo dagli adulti, e non da altri bambini. In troppe società i ragazzini si radunano in vere e proprie bande. Il Manoscritto spiega che col tempo gli uomini capiranno che non devono mettere al mondo un figlio, se non c'è almeno un adulto che possa dedicargli la massima attenzione.»

«Aspetta un minuto», la interruppi. «In molte situazioni entrambi i genitori devono lavorare per sopravvivere, e questo toglierebbe loro il diritto di avere figli.»

«Non è detto», ribatté Karla. «Secondo il Manoscritto gli uomini impareranno ad allargare le loro famiglie oltre i vincoli di parentela. In questo modo un'altra persona può essere in grado di fornire l'attenzione necessaria. L'energia non deve arrivare per forza dai genitori, anzi, è meglio che non provenga da loro. Ma chiunque si occupi del bambino deve dedicarsi a lui completamente.»

«Hai fatto un ottimo lavoro: Mareta sembra veramente matura.»

Karla si rabbuiò di nuovo. «Non dirlo a me, parla direttamente con lei.»

«Hai ragione.» Mi rivolsi alla bambina. «Ti comporti proprio come una persona matura.»

Mareta distolse lo sguardo, leggermente intimidita: «Grazie». Karla la strinse a sé con affetto.

La donna mi guardò con orgoglio. «Negli ultimi due anni ho cercato di comportarmi con Mareta seguendo le indicazioni del Manoscritto, vero?»

La piccola annuì sorridendo.

«Ho cercato di trasmetterle energia e le dico sempre la verità in ogni circostanza, usando un linguaggio che lei possa comprendere. Quando mi ha rivolto le sue domande di bambina, io le ho considerate con la massima serietà evitando di darle le risposte sciocche che servono solo a divertire gli adulti.»

Sorrisi. «Ti riferisci forse alle bugie come 'le cicogne portano i bambini' e roba del genere?»

«Sì, anche se queste espressioni culturali non sono poi così negative. I bambini le capiscono perché sono immutabili. Sono decisamente peggiori le distorsioni della realtà create dagli adulti a proprio uso e consumo o nella convinzione che la verità sia troppo complicata perché un bambino sia in grado di capirla. Questo non è affatto vero: la verità può sempre venire espressa al livello di comprensione di un bambino. Basta solo pensarci.»

«Cosa suggerisce in proposito il Manoscritto?»

«Dice che dovremmo sempre trovare il modo di dire loro la verità.»

Una parte di me si opponeva a un'idea simile: io ero tra quelli che provava gusto a scherzare con i bambini!

«Ma i piccoli di solito sono in grado di riconoscere uno scherzo di un adulto. Ho l'impressione che certi discorsi possano farli crescere troppo alla svelta, togliendo parte del divertimento legato all'infanzia.»

Mi guardò severa. «Mareta si diverte moltissimo. Giochiamo per ore a rincorrerci e facciamo tutti i giochi di fantasia. L'unica differenza sta nel fatto che quando fantastichiamo lei ne è perfettamente consapevole.»

Annuii. Karla aveva ragione.

«Mareta appare sicura di sé, perché io sono sempre stata disponibile. Le ho dato tutta l'attenzione di cui ha avuto bisogno. E quando ero assente al mio posto c'era mia sorella, che abita accanto a me. Un adulto ha sempre risposto alle sue domande, e, proprio perché non le è mai mancata l'attenzione, Mareta non sente il bisogno di fingere o mettersi in mostra. Avendo sempre avuto abbastanza energia, è sicura che continuerà a riceverne. E in questo modo riesce a capire come sia più facile ricevere energia dagli adulti anziché dall'universo intero.»

Guardai il paesaggio intorno a noi. Stavamo attraversando una fitta giungla, e anche se non riuscivo a vederlo, sapevo che il sole era già basso.

«Riusciremo ad arrivare a Iquitos entro sera?» domandai.

«No. Ci fermeremo in una casa che conosco.»

«Qui vicino?»

«Sì. È la casa di un amico. Lavora per l'ente protezione natura.»

«Lavora per il governo?»

«Parte del Rio delle Amazzoni è area protetta. Lui si chiama Juan Hinton ed è l'agente locale, molto potente. Non preoccuparti: crede al Manoscritto e non gli hanno mai dato nessun fastidio.»

Quando arrivammo il cielo era ormai completamente scuro. Intorno a noi la giungla era animata dai consueti suoni notturni e l'aria si era fatta afosa. In fondo a una radura sommersa dalla fitta vegetazione c'erano una grande casa ben illuminata, altri due edifici e numerose jeep. Due uomini stavano riparando un veicolo.

Un peruviano snello, vestito con abiti costosi, venne ad aprire e sorrise vedendo Karla. Ma quando notò Mareta, Marjorie e me in attesa sui gradini l'espressione del suo viso si trasformò. Nervoso e irritato, si rivolse a Karla in spagnolo. Lei gli rispose in tono implorante, ma dal suo atteggiamento era chiaro che l'uomo non voleva che ci fermassimo.

Attraverso la porta socchiusa intravidi una figura femminile in piedi nel corridoio. Mi sporsi in avanti per vederla meglio: era Julia. In quel momento si girò e mi vide. Si affrettò verso di noi con un'espressione sorpresa. Sfiorò la spalla dell'uomo sulla porta e gli sussurrò qualcosa all'orecchio. L'uomo annuì e aprì la porta con aria rassegnata. Ci presentammo, e Hinton ci condusse in soggiorno. Julia mi guardò ed esclamò: «Ci incontriamo ancora!» Indossava un paio di pantaloni color kaki con grandi tasche e una maglietta rosso brillante.

«Davvero!» risposi.

Un servitore peruviano bloccò Hinton, e dopo aver parlato per un istante i due andarono in un'altra parte della casa. Julia si accomodò su una sedia di fianco a un tavolino, e ci fece cenno di sistemarci su un divano di fronte a lei. Marjorie mi fissava in preda al panico. Karla sembrò accorgersi del suo disagio. Le andò vicino e le prese una mano. «Beviamoci un bel tè caldo», suggerì.

Mentre si allontanavano Marjorie si girò a guardarmi. Le sorrisi, seguendo entrambe con lo sguardo finché entrarono in cucina, e mi rivolsi poi a Julia.

«Allora, che cosa credi voglia dire?» mi domandò.

«Che cosa?» le chiesi a mia volta, ancora distratto.

«Il fatto di esserci incontrati ancora.»

«Non saprei...»

«Come hai fatto a trovare Karla? E dove state andando?»

«Ci ha salvato. Io e Marjorie siamo stati catturati dalle truppe peruviane, e quando siamo scappati lei era là ad aiutarci.»

Julia mi fissò attentamente. «Raccontami cosa è successo.»

Mi misi più comodo e le raccontai tutta la storia, a partire da quando avevo preso il camion di padre Carl fino alla cattura e alla fuga.

«Karla ha accettato di accompagnarvi a Iquitos?»

«Sì.»

«Perché volete andarci?»

«Secondo padre Carl è il luogo in cui era diretto Wil; sembra che stia seguendo una traccia che può portarlo alla Nona Illuminazione. E anche Sebastián si trova a Iquitos.»

Julia annuì. «Sebastián ha una missione da quelle parti. È là che si è fatto una reputazione convertendo gli Indiani.»

«E tu cosa mi dici?» le chiesi. «Cosa fai qui?»

Julia mi raccontò che anche lei avrebbe voluto trovare la Nona Illuminazione, ma che non sapeva come muoversi. Era arrivata in quella casa dopo aver pensato a lungo a Hinton, un suo vecchio amico.

L'ascoltavo appena. Marjorie e Karla erano uscite dalla cucina e stavano chiacchierando in corridoio con una tazza di tè in mano. Marjorie incrociò il mio sguardo, ma non disse nulla.

«Ha letto molto del Manoscritto?» mi chiese Julia, indicando Marjorie con un cenno del capo.

«Solo la Terza Illuminazione», le risposi.

«Se vuole andarsene dal Perù, potremmo aiutarla.»

Mi girai a guardarla. «In che modo?»

«Rolando parte domani per il Brasile. Laggiù abbiamo alcuni amici all'ambasciata americana che potranno farla tornare negli Stati Uniti. Abbiamo già aiutato altri americani.»

Annuii con poca convinzione. Mi resi conto di provare sentimenti contrastanti: sapevo che partire sarebbe stata la cosa migliore per Marjorie, d'altro canto avrei voluto che restasse con me. Quando l'avevo vicina mi sentivo diverso, pieno di energia.

«Credo sia meglio che parli con lei», riuscii finalmente a dire.

«Naturalmente. Noi possiamo parlare più tardi.»

Mi alzai e le andai vicino. Karla rientrò in cucina, e Marjorie girò l'angolo del corridoio, appoggiandosi al muro.

La presi tra le braccia, con il cuore in gola per l'emozione.

«Senti questa energia?» le mormorai in un orecchio.

«È incredibile. Cosa significa?»

«Non lo so. Fra noi c'è una specie di collegamento.»

Mi guardai intorno: non poteva vederci nessuno. Ci baciammo appassionatamente.

Quando mi scostai per vederla bene in viso mi apparve diversa, in un certo senso più forte. Ripensai al giorno in cui ci eravamo incontrati a Viciente e a quello che ci eravamo detti nel ristorante di Cula. Non riuscivo a credere all'enorme energia che sentivo in sua presenza e ogni volta che lei mi toccava.

Si strinse a me. «Fin da quel giorno a Viciente ho desiderato stare con te. Non sapevo cosa pensare, ma l'energia è davvero meravigliosa... non ho mai provato niente del genere.»

Con la coda dell'occhio vidi Karla che si stava avvicinando. Ci comunicò che la cena era pronta. Andammo in sala da pranzo dove trovammo un enorme buffet di frutta fresca, verdura e pane. Ognuno riempì il proprio piatto e si accomodò intorno a un tavolo. Mareta cantò una benedizione, e poi per un'ora e mezza mangiammo tutti insieme, chiacchierando con naturalezza. Hinton, non più nervoso, era di ottimo umore e ci aiutò a dissolvere la tensione della nostra fuga. Marjorie parlava disinvolta, ridendo di tanto in tanto, e seduto di fianco a lei mi sentivo colmo d'amore.

Dopo cena Hinton ci riaccompagnò in soggiorno dove ci venne servita una torta alla crema, accompagnata da un liquore dolce. Io e Marjorie ci sedemmo sul divano, immersi in una lunga conversazione sul nostro passato e sulle esperienze più significative della vita. Ci sentivamo sempre più vicini. Emerse una sola difficoltà: io vivevo a sud e lei invece sulla costa occidentale. Più tardi Marjorie cancellò con una risata quel problema.

«Non vedo l'ora di tornare negli Stati Uniti. Ci divertiremo tantissimo viaggiando avanti e indietro!»

Mi appoggiai allo schienale e la fissai: «Julia ha detto che può farti tornare a casa subito».

«Stai parlando di tutti e due, vero?» mi chiese.

«No. Io... io non posso andarmene.»

«Perché? Io non parto senza di te, ma non posso nemmeno restare. Rischio di impazzire.»

«E invece devi andare avanti. Io potrò partire fra un po'.»

«No!» esclamò a voce alta. «Non posso sopportarlo!»

Karla, che aveva appena messo a letto Mareta, ci guardò e poi distolse velocemente lo sguardo. Hinton e Julia stavano ancora chiacchierando, apparentemente ignari dello sfogo di Marjorie.

«Ti prego, torniamo a casa insieme!» mi implorò.

Guardai da un'altra parte.

«E va bene, resta!» Si alzò di scatto e corse in camera sua. Guardandola andar via mi sentii serrare lo stomaco. L'energia che avevo acquisito grazie a lei svanì, e di colpo mi sentii debole e confuso. Cercai di riprendermi. Dopo tutto, dissi a me stesso, la conosco da poco. Ma era anche possibile che lei avesse ragione. Forse dovevo tornarmene a casa. Che utilità aveva la mia presenza lì? A casa avrei potuto magari perorare la causa del Manoscritto, senza dimenticare che sarei stato certo di sopravvivere. Mi alzai e feci per seguirla. Ma per qualche ragione mi sedetti di nuovo. Non riuscivo a decidermi sul da farsi.

«Posso parlarti un attimo?» mi chiese all'improvviso Karla. Non mi ero accorto che era in piedi davanti al divano.

«Certo.»

Si sedette e mi guardò con attenzione. «Non ho potuto fare a meno di accorgermi di ciò che sta accadendo, e ho pensato che prima di decidere potresti sentire cosa dice l'Ottava Illuminazione a proposito della dipendenza dalle persone.»

«Mi interessa molto.»

«Chi impara a fare chiarezza e a impegnarsi nella propria evoluzione può bloccarsi in qualunque momento per colpa della sua dipendenza nei confronti di un'altra persona.»

«Ti riferisci a Marjorie e me, vero?»

«Lascia che ti spieghi l'intero procedimento, e poi giudicherai tu stesso.»

«Va' avanti.»

«Prima di tutto voglio dirti che ho faticato molto ad assimilare questa parte dell'Illuminazione. Temo che non l'avrei ancora capita se non avessi incontrato il professor Reneau.»

«Reneau?» esclamai. «Lo conosco! Ci siamo incontrati quando stavo imparando la Quarta Illuminazione.»

«Io invece mi sono imbattuta in lui quando avevamo raggiunto entrambi l'Ottava. Si è fermato alcuni giorni a casa mia.»

Annuii, ancora sorpreso.

«Mi disse che il concetto di dipendenza nel Manoscritto spiega l'insorgere delle lotte di potere nell'ambito dei rapporti d'amore. Ci siamo sempre chiesti che cosa provochi la fine della gioia e dell'eccitazione provocati dall'amore, trasformando la relazione in un conflitto. Adesso finalmente lo sappiamo: è la conseguenza dello scambio di energia fra le persone coinvolte.

«Quando nasce l'amore, tra due persone avviene uno scambio di energia a livello inconscio, ed entrambe si sentono piene di ottimismo e in forma smagliante. Questa è la sensazione eccitante dell'essere innamorati. Sfortunatamente, quando qualcuno si aspetta questa sensazione da un'altra persona finisce per allontanarsi dall'energia dell'universo e dipendere sempre più da quella del suo compagno. Subentra allora la convinzione che non ve ne sia mai abbastanza, così il flusso si interrompe e i due innamorati ricadono nel loro drammma infantile, cercando di controllarsi a vicenda per rubarsi l'energia. A questo punto la relazione degenera nella solita lotta per il potere.»

Esitò un istante, quasi volesse assicurarsi che io avevo capito, poi riprese: «Reneau mi ha spiegato che la nostra predisposizione a questo tipo di dipendenza può essere definita come psicologica, se questo può aiutarti a capire».

Le feci cenno di continuare. «Secondo Reneau la questione sorge nella nostra famiglia d'origine. A causa della competizione per il possesso dell'energia nessuno di noi riesce a completare un importante processo psicologico: non integriamo mai il nostro lato sessualmente opposto.»

«Il nostro cosa?»

«Nel mio caso», continuò Karla, «io non sono stata capace di integrare il mio lato maschile. Nel tuo invece si è trattato di quello femminile. Sviluppiamo una dipendenza nei confronti di una persona del sesso opposto, proprio perché noi stessi non abbiamo ancora accesso all'energia maschile o femminile, a seconda dei casi. Vedi, l'energia mistica a cui possiamo accedere dentro di noi è al tempo stesso maschile e femminile. Prima o poi riusciamo ad aprirci a essa, ma appena iniziamo a evolverci dobbiamo fare molta attenzione. Il processo di integrazione richiede tempo. Se stabiliamo un contatto precoce con una fonte umana per la nostra energia maschile o femminile blocchiamo il flusso universale.»

Le confessai di non aver capito.

«Pensa al modo in cui questa integrazione dovrebbe avvenire in una famiglia ideale, e forse riuscirai a comprendere cosa voglio dire», mi spiegò. «In qualunque famiglia il bambino riceve per la prima volta in vita sua l'energia dagli adulti. In genere è piuttosto facile identificarsi e integrare l'energia del genitore del proprio sesso. Riceverla dal genitore del sesso opposto, invece, può risultare difficile proprio a causa delle differenze che esistono tra donne e uomini.

«Prendiamo ad esempio una bambina. Inizialmente, quando

cerca di integrare il suo lato maschile, sa solo di essere profondamente attratta da suo padre. Lo vuole sempre accanto a sé. Il Manoscritto spiega che in realtà la piccola desidera l'energia maschile per poter integrare il suo lato femminile. Da questa energia maschile la bimba ricava un senso di completezza ed euforia, ma pensa erroneamente che l'unico modo per impadronirsene sia quello di possedere sessualmente il padre e tenerselo vicino fisicamente.

«Intuisce che tale energia dovrebbe appartenerle e che lei dovrebbe essere in grado di controllarla con la propria volontà: in pratica vuole dirigere il padre come se fosse una parte di sé. È convinta che il genitore sia un essere magico e perfetto, in grado di soddisfare ogni suo capriccio. In una famiglia non in perfetta armonia questo scatena un conflitto di potere tra padre e figlia. Il dramma sorge quando lei impara ad assumere gli atteggiamenti che le servono a manipolare il padre, il quale di conseguenza le concede l'energia che desidera.

«In una famiglia ideale invece il padre non entra in competizione. Continua a comportarsi con sincerità e possiede abbastanza energia da fornirne incondizionatamente alla piccola, anche se non è in grado di fare tutto ciò che lei gli chiede. In questo nostro esempio è importante tenere a mente che il padre rimane disponibile e comunicativo. La bambina lo ritiene magico e perfetto, ma se lui le spiega onestamente cosa sta facendo e perché, lei può capire il suo atteggiamento e le sue capacità, abbandonando una visione irreale della realtà. Alla fine lo vedrà come un essere umano particolare che ha pregi e difetti come tutti. Dopo aver acquisito l'energia del sesso opposto dal proprio padre, la bambina è ora in grado di assorbirla dall'universo intero.

«Il problema è che fino a oggi la maggior parte dei genitori è sempre stata in competizione con i propri figli per il controllo dell'energia, e questo ha condizionato tutti noi. Poiché avveniva questo conflitto, nessuno è mai riuscito a risolvere del tutto il problema del sesso opposto. Siamo tutti bloccati alla fase in cui cerchiamo tale energia al di fuori di noi, nell'uomo o nella donna che consideriamo magico e perfetto, e pensiamo di poter possedere sessualmente. Capisci il problema?»

«Sì, credo di sì.»

«Per quanto riguarda la nostra capacità di un'evoluzione

consapevole, ci troviamo ad affrontare una situazione critica. Come ho detto prima, secondo l'Ottava Illuminazione quando iniziamo a evolverci riceviamo automaticamete l'energia appartenente al sesso opposto. Ci giunge in modo spontaneo dall'energia dell'universo. Dobbiamo però fare attenzione, perché se un'altra persona ci offre direttamente questa energia noi rischiamo di allontanarci dalla vera fonte, e quindi di regredire.» Si mise a ridacchiare.

«Cosa c'è da ridere?» le chiesi.

«Una volta Reneau ha fatto un'analogia», continuò lei. «Mi ha spiegato che fino a quando non impariamo a evitare questa situazione noi ci muoviamo come se seguissimo il percorso di un cerchio incompleto. Come la lettera C. Siamo molto sensibili nei confronti di una persona dell'altro sesso, un altro semicerchio, che arriva e si unisce a noi – completando così il cerchio – e ci dà un'esplosione di ottimismo ed energia che ci fa sentire interi come se fossimo in connessione con tutto l'universo. In realtà ci siamo semplicemente uniti a un altro essere che come noi è alla ricerca della sua metà.

«Secondo Reneau questa è la classica relazione di dipendenza che implica problemi connaturati all'essenza della relazione stessa.»

Esitò, quasi si aspettasse un mio commento, ma io mi limitai ad annuire.

«Vedi, il problema con questo nuovo essere più completo, questa O che entrambi credono di essere diventati, è che ci sono volute due persone per farne una intera: una fornisce l'energia femminile, l'altra quella maschile. E di conseguenza ci sono due teste, due personalità. Entrambe le persone coinvolte vogliono avere il controllo su questa nuova entità che hanno creato e così, proprio come accadeva nell'infanzia, vogliono comandarsi a vicenda. Questa illusione di completezza sfocia sempre in una lotta per il potere. Alla fine ognuna delle due controparti cerca di annullare l'altra in modo da poter guidare questa nuova persona nella direzione che preferisce. Naturalmente ciò non funziona, almeno non al giorno d'oggi. Forse in passato uno dei due partner era disposto a sottomettersi all'altro – di solito la donna, raramente l'uomo. Ma adesso stiamo diventando tutti più consapevoli, e nessuno vuole più essere schiavo.»

Pensai a ciò che la Prima Illuminazione diceva a proposito delle lotte per il potere nell'ambito delle relazioni sentimentali, e all'esplosione di collera della donna a cui avevo assistito con Charlene al ristorante. «Alla faccia del romanticismo», commentai.

«C'è ancora posto per il romanticismo», replicò Karla. «Prima però dobbiamo completare da soli il nostro cerchio. Ci vuole tempo, ma in questo modo il problema non si ripresenterà mai più e noi saremo in grado di avere quella che il Manoscritto definisce una relazione di livello superiore. Quando ci leghiamo sentimentalmente a un'altra persona dopo questa esperienza, creiamo una persona speciale, senza allontanarci mai dal sentiero della nostra evoluzione personale.»

«Tu credi che io e Marjorie ci stiamo comportando in questo modo, vero? Che ci stiamo allontanando a vicenda dai rispettivi sentieri?»

«Sì.»

«Come possiamo evitare questa trappola?»

«Resistendo all'amore a prima vista, imparando ad avere relazioni platoniche con i membri del sesso opposto. Ricordati l'intera procedura. Devi avere relazioni di questo tipo solo con persone che si rivelano completamente, spiegandoti come e perché fanno quello che stanno facendo – proprio come accadrebbe con il genitore del sesso opposto durante un'infanzia ideale. Quando comprendiamo la vera natura interiore di questi amici dell'altro sesso, cancelliamo la proiezione della nostra fantasia e manteniamo il contatto con l'universo.

«Ricordati anche», continuò Karla, «che non è affatto facile, specialmente se una persona deve interrompere una relazione di dipendenza attualmente in corso. È una vera e propria separazione dall'energia, dolorosa ma inevitabile. La dipendenza non è una nuova malattia che qualcuno di noi ha. Siamo tutti dipendenti, e tutti ci stiamo liberando.

«In teoria bisognerebbe provare da soli la sensazione di benessere ed euforia che ci assale all'inizio di una relazione dipendente. Devi conoscere lui, o lei, in profondità. A questo punto inizia la tua evoluzione e puoi trovare la speciale relazione romantica che fa per te.»

Si interruppe. «Chissà, magari se tu e Marjorie riuscirete a evolvervi ulteriormente, scoprirete di essere fatti davvero l'uno per l'altra. Per il momento però la vostra relazione non può funzionare.»

La nostra conversazione venne interrotta dall'arrivo di Hinton che ci augurò la buona notte, e ci informò che le nostre camere erano pronte. Io e Karla lo ringraziammo per l'ospitalità, poi la donna si congedò: «Credo che andrò a dormire anch'io. Continueremo un'altra volta il nostro discorso».

Mentre la guardavo andar via sentii una mano sulla spalla. Era Julia.

«Vado in camera mia», esclamò. «Sai dov'è la tua? Se vuoi posso mostrartela.»

«Ti ringrazio. Dov'è quella di Marjorie?»

Sorrise, continuando a camminare lungo il corridoio e fermandosi davanti a una porta. «Lontana dalla tua», mi rispose. «Il signor Hinton è un vero conservatore.»

Sorrisi a mia volta e le augurai buona notte, poi entrai nella mia stanza e mi addormentai a fatica.

Mi svegliai con l'aroma forte del caffè che aveva invaso tutta la casa. Dopo essermi vestito andai in soggiorno, dove un anziano cameriere mi offrì un bicchiere di succo d'uva fresco.

«Buon giorno», esclamò Julia alle mie spalle.

Mi girai. «Buon giorno.»

Mi guardò intensamente e mi chiese: «Hai scoperto per quale motivo ci siamo incontrati ancora?»

«No, non sono riuscito a concentrarmi. Ho cercato di capire le dipendenze.»

«Me ne sono accorta.»

«Cosa vuoi dire?»

«Ho capito che stava succedendo qualcosa vedendo il tuo campo d'energia.»

«Com'era?» le domandai.

«La tua energia era collegata a quella di Marjorie. Quando tu eri seduto qui e lei si trovava nell'altra stanza, il tuo campo si è allungato fino a raggiungerla, unendosi al suo.»

Scrollai la testa.

Julia sorrise e mi appoggiò una mano sulla spalla. «Hai perso il tuo collegamento con l'universo, e di conseguenza sei diventato dipendente dall'energia di Marjorie. Succede così in tutti i casi di dipendenza, si passa tramite qualcuno o qualcosa per poter entrare in contatto con l'universo. L'unica soluzione è incrementare la propria energia e concentrarsi nuovamente su ciò che si sta facendo.»

Uscii dalla stanza. Julia rimase ad aspettarmi in soggiorno. Per una decina di minuti misi in pratica il metodo che mi aveva insegnato padre Sánchez per accumulare energia. Ripresi lentamente contatto con la bellezza delle cose e mi sentii molto più leggero. Tornai in casa. «Hai un aspetto migliore», osservò Julia.

«E infatti mi sento meglio», replicai.

«A questo punto, quali sono le tue domande?»

Riflettei un istante. Avevo trovato Marjorie, e la mia prima domanda aveva quindi avuto risposta. Ora dovevo trovare Wil, e riuscire a capire in che modo si sarebbero comportate le persone con i loro simili seguendo i dettami del Manoscritto. Se l'effetto fosse stato positivo, Sebastián e gli altri preti non avrebbero più avuto di che preoccuparsi.

Mi rivolsi a Julia. «Ho bisogno di capire il resto dell'Ottava Illuminazione, e voglio trovare Wil. Forse lui ha scoperto la Nona.»

«Domani vado a Iquitos. Vuoi venire con me?» mi domandò Julia.

Esitai.

«Credo che Wil si trovi laggiù», aggiunse.

«Come fai a saperlo?»

«Perché ieri sera ho pensato a lui.»

Restai in silenzio.

«Ho pensato anche a te», riprese Julia. «Ho visualizzato noi due a Iquitos, e credo che tu sia in qualche modo coinvolto.»

«Coinvolto in cosa?»

Sorrise. «Nel trovare quest'ultima Illuminazione prima di Sebastián.»

Mentre parlava mi si palesò l'immagine del nostro arrivo a Iquitos. Per qualche motivo le nostre strade si dividevano. Sentivo di avere uno scopo, ma non mi era ancora del tutto chiaro.

Riportai la mia attenzione su Julia, che stava ora sorridendo.

«Dov'eri?» mi chiese.

«Scusa, mi era venuta in mente una cosa.»

«Importante?»

«Non saprei. Stavo pensando che quando arriveremo a Iquitos prenderemo due direzioni diverse.»

Rolando entrò nella stanza.

«Ti ho portato le provviste che avevi chiesto», disse a Julia. Dopo avermi riconosciuto mi rivolse un cenno di saluto.

«Grazie», rispose la donna. «Hai visto molti soldati?»

«No, non ne ho visto nessuno.»

In quel momento entrò anche Marjorie, e io mi distrassi. Sentii appena Julia spiegare a Rolando che Marjorie probabilmente sarebbe voluta andare con lui in Brasile e trovarsi un passaggio per gli Stati Uniti.

Mi avvicinai a Marjorie. «Come hai dormito?» le domandai.

Mi guardò. Sembrava ancora offesa. «Non molto bene», fu la sua risposta.

Le indicai con un cenno Rolando. «È un amico di Julia. Parte questa mattina per il Brasile, e da là può farti tornare negli Stati Uniti.»

Marjorie sembrò spaventata.

«Ascoltami, andrà tutto bene. Conoscono qualcuno all'ambasciata americana e hanno già aiutato altri a scappare. In pochissimo tempo sarai a casa.»

Scrollò la testa. «Io sono preoccupata per te.»

«Starò benissimo, vedrai. Appena arrivo in America ti telefono.»

Alle mie spalle Hinton annunciò che la colazione era pronta. Andammo tutti in sala da pranzo. Julia e Rolando sembravano aver fretta. La donna spiegò che lui e Marjorie dovevano assolutamente attraversare il confine prima di sera, e che il viaggio sarebbe durato per l'intera giornata.

Marjorie avvolse in un pacchetto alcuni abiti che le aveva dato Hinton. Più tardi, mentre Rolando e Julia parlavano in piedi accanto alla porta, la presi da parte.

«Non preoccuparti di nulla», cercai di rassicurarla. «Basta che tieni gli occhi bene aperti, e magari riuscirai a vedere le altre Illuminazioni.»

Sorrise senza dire nulla. Rimasi a guardare mentre Julia e Rolando l'aiutavano a caricare il suo bagaglio sull'utilitaria dell'uomo. I nostri sguardi si incrociarono per un istante, e poi l'auto si allontanò.

«Credi che se la caveranno?» domandai a Julia.

La donna mi strizzò l'occhio. «Ma certo! E adesso è meglio che ce ne andiamo anche noi. Ho alcuni vestiti per te.» Mi passò una borsa di abiti che caricammo insieme ad alcune casse di provviste su un camioncino. Salutammo Hinton, Karla e Mareta e ci dirigemmo a nord-est, verso Iquitos.

La giungla si faceva sempre più fitta, e la zona sembrava disabitata. Cominciai a pensare all'Ottava Illuminazione. Proponeva un nuovo modo di rapportarsi agli altri che io non riuscivo a capire del tutto. Karla mi aveva spiegato come si dovrebbero trattare i bambini e i pericoli connessi alla dipendenza nei confronti di una persona. Sia lei che Pablo avevano accennato a un modo di proiettare consciamente la propria energia sulle altre persone. Qual era questo modo?

Guardai Julia e le dissi: «Temo di non avere ancora capito completamente l'Ottava Illuminazione».

«Il modo in cui ci avviciniamo alle altre persone determina la nostra velocità di evoluzione e la rapidità con cui troviamo risposta alle nostre domande», mi spiegò.

«Come funziona?» le domandai.

«Pensa alla tua situazione personale: in che modo hai ottenuto le risposte che cercavi?»

«Grazie alle persone che ho incontrato, direi.»

«Tu eri completamente aperto ai loro messaggi?»

«Non del tutto. Rimanevo un po' troppo distante.»

«E la gente faceva lo stesso con te?»

«No, erano tutti aperti e disponibili. Loro...», esitai, incapace di trovare la parole per esprimere il mio concetto.

«Ti hanno aiutato ad aprirti? Ti hanno in qualche modo riempito di calore ed energia?»

La sua domanda provocò un fiume di ricordi. Mi tornarono in mente il modo in cui Wil era riuscito a calmarmi quando ero stato assalito dal panico a Lima, l'ospitalità di padre Sánchez, e i consigli affettuosi di padre Carl, Pablo e Karla. E adesso Julia. Tutti avevano lo stesso sguardo.

«Sì, tutti voi lo avete fatto.»

«È vero. Lo abbiamo fatto, e continuiamo a farlo in modo consapevole, seguendo l'Ottava Illuminazione. Incoraggiandoti e aiutandoti a far chiarezza possiamo cercare la verità, il messaggio che tu hai per noi. Mi capisci? Passarti la nostra energia è la cosa migliore che possiamo fare per noi stessi.»

«Cosa dice esattamente il Manoscritto in proposito?»

«Dice che qualunque persona incontriamo ha un messaggio

per noi. Gli incontri casuali non esistono, e il modo in cui reagiamo a tali incontri determina se siamo in grado di riceverlo. Se parliamo con una persona che abbiamo incontrato e nelle sue parole non troviamo il messaggio relativo alle nostre attuali domande, ciò non significa che il messaggio non c'era. Semplicemente, per qualche ragione non siamo riusciti ad afferrarlo.»

Julia si interruppe, poi riprese: «Ti è mai capitato di imbatterti in un vecchio amico, parlare con lui per qualche minuto e andartene, per poi incontrarlo ancora lo stesso giorno o la stessa settimana?»

«Sì, mi è accaduto.»

«E di solito cosa dici? Qualcosa del tipo 'È incredibile, ci vediamo di nuovo!' Poi scoppi a ridere e te ne vai per la tua strada.»

«Qualcosa del genere.»

«Secondo il Manoscritto noi dovremmo invece interrompere qualunque cosa stiamo facendo per scoprire il messaggio che abbiamo per quell'amico e quello che lui ha per noi. Il Manoscritto predice che quando gli uomini riusciranno a capire questa verità, la nostra interazione rallenterà e noi diventeremo più decisi e meno frettolosi.»

«Ma non è difficile farlo, specie con qualcuno che non sa di cosa stai parlando?»

«Sì, ma il Manoscritto indica come comportarsi.»

«Vuoi dire che descrive il modo in cui dovremmo relazionarci agli altri?»

«Esatto!»

«Che cosa dice?»

«Ti ricordi la Terza Illuminazione, quella che spiega come gli uomini siano gli unici in tutto l'universo a poter proiettare in modo consapevole la loro energia?»

«Sì.»

«Ricordi anche come ciò avviene?»

Mi rammentai della lezione di John. «Sì: riusciamo a farlo apprezzando la bellezza di un oggetto finché ci carichiamo della quantità di energia necessaria a farci provare un sentimento d'amore. A questo punto siamo in grado di diffondere noi stessi l'energia.»

«Esatto. E lo stesso accade con la gente. Quando apprezziamo l'aspetto e il comportamento di una persona, concentrandoci su di essa finché le sue caratteristiche non assumono particolare rilevanza, noi siamo in grado di mandarle la nostra energia per incoraggiarla.

«Naturalmente, la prima cosa da farsi è tenere alta la nostra energia, in modo da poter mettere in movimento il flusso che scorre tra noi e gli altri. Più apprezziamo la loro integrità e la loro bellezza interna, più l'energia fluisce in loro e di conseguenza in noi.»

Scoppiò a ridere. «Questo sì che è vero edonismo», riprese. «Più amiamo e apprezziamo gli altri, più assorbiamo energia. Ecco perché amare e dare energia a chi ci circonda è quanto di meglio possiamo fare per noi stessi.»

«Lo so, è una cosa che padre Sánchez ripete spesso.»

Guardai attentamente Julia. Avevo l'impressione di vedere la sua personalità per la prima volta. Mi fissò per un istante, poi tornò a concentrarsi sulla strada davanti a sé. «Su ogni individuo l'effetto di questa proiezione di energia è immenso. In questo preciso momento, per esempio, tu mi stai colmando di energia. Provo una notevole sensazione di leggerezza e chiarezza mentre formulo i miei pensieri.

«Grazie al fatto che tu mi stai dando più energia di quella di cui normalmente dispongo, riesco a comprendere quale sia la mia verità e a passartela prontamente. E le mie parole provocano in te un senso di rivelazione. In questo modo consideri la mia persona in maniera più completa, concentrandoti su di me con maggiore intensità, e mi dai ancora più energia e capacità di visione. Il ciclo ricomincia così da capo. Due o più persone che si comportano in questo modo raggiungono livelli elevatissimi, donandosi a vicenda energia. Devi capire però che questo tipo di collegamento è completamente diverso da una relazione di dipendenza. Quest'ultima inizia alla stesso modo, ma ben presto degenera in una forma di controllo. La dipendenza allontana le persone dalla fonte primaria, causando l'esaurimento della loro energia. Una vera proiezione di energia non ha vincoli o scopi nascosti: le persone coinvolte si limitano ad aspettare il messaggio.»

Mentre Julia parlava mi venne in mente una domanda da farle: Pablo aveva detto che non ero riuscito ad afferrare il messaggio di padre Costous perché avevo scatenato il suo dramma dell'infanzia.

«Che cosa facciamo», le chiesi, «se la persona con cui stiamo parlando si sta già muovendo all'interno di un dramma del controllo e cerca di coinvolgerci? Come possiamo liberarci?»

Mi rispose rapidamente. «Il Manoscritto dice che se noi non recitiamo il dramma corrispondente, quello del nostro interlocutore si dissolverà.»

«Non sono sicuro di aver capito.»

Julia guardava la strada davanti a sé, assorta nei suoi pensieri. «Laggiù da qualche parte c'è una casa dove possiamo fermarci a far benzina.»

Guardai l'indicatore di livello della benzina, e vidi che il serbatoio era pieno a metà.

«Ne abbiamo ancora in abbondanza», osservai.

«Sì, lo so, ma mi è venuto in mente di fermarmi a fare il pieno, e credo proprio che dovremmo farlo.»

«Come vuoi.»

Svoltammo e ci addentrammo per un chilometro nella giungla prima di arrivare a quello che sembrava un emporio di caccia e pesca. Era un edificio costruito sulla riva di un fiume; numerose barche erano legate al molo. Ci fermammo davanti a un distributore arrugginito, e Julia scese in cerca del proprietario.

Finalmente potevo sgranchirmi le gambe, e feci quattro passi intorno alla casa arrivando sulla riva del fiume. L'aria era molto umida. Le foglie degli alberi oscuravano il sole, ma io potevo sentire ugualmente il suo calore sulla testa. In breve la temperatura sarebbe diventata insopportabile.

All'improvviso sentii alle mie spalle la voce di un uomo che parlava rabbiosamente in spagnolo. Mi girai e vidi un peruviano, piccolo di statura ma robusto, che mi guardava minaccioso ripetendo quelle che sembravano intimidazioni.

«Non capisco cosa dici.»

Passò all'inglese. «Chi sei? Cosa fai qui?»

Cercai di ignorarlo. «Siamo qui solo per fare benzina, ce ne andremo in pochi minuti.» Mi girai di nuovo a guardare il fiume, augurandomi che l'uomo se ne andasse.

E invece mi venne vicino. «È meglio che mi dici chi sei, *yankee.*»

Lo guardai, e mi accorsi che parlava sul serio.

«Sono americano. Non sono sicuro di sapere dove sono diretto, e viaggio con un'amica.»

«Un americano che si è perso!» esclamò in tono ostile.

«Esatto.»

«Cosa cerchi da queste parti, americano?»

«Io non sto cercando proprio niente», ribattei cercando di tornare al camioncino. «E non ti ho fatto nulla. Lasciami in pace.»

Vidi Julia accanto al veicolo. Anche il peruviano si girò a guardarla.

«È ora di andare», disse Julia. «Questo posto di rifornimento non lavora più da tempo.»

«Chi sei?» le domandò il peruviano con lo stesso tono ostile.

«Perché sei così arrabbiato?» gli chiese Julia di rimando.

L'atteggiamento dell'uomo cambiò. «Perché occuparmi di questo posto è il mio lavoro.»

«Sono sicura che lo fai benissimo, ma è difficile per la gente parlarti se tu metti loro paura.»

L'uomo la squadrò, sforzandosi di capire.

«Stiamo andando a Iquitos», spiegò Julia. «Lavoriamo con padre Sánchez e padre Carl. Li conosci?»

L'indigeno scrollò la testa, ma si calmò sentendo il nome di due sacerdoti. Alla fine fece un cenno con il capo e si allontanò.

«Andiamocene», suggerì Julia.

Salimmo sul camioncino e partimmo. Mi accorsi di quanto ero nervoso e agitato, e cercai di calmarmi.

«È successo qualcosa là dentro?» domandai.

Julia mi guardò. «Cosa vuoi dire?»

«Voglio dire, è successo qualcosa dentro quella casa che giustifichi la tua intuizione di fermarti?»

Scoppiò a ridere. «No, tutta l'azione si è svolta all'esterno.»

La fissai senza comprendere.

«Hai capito?» mi chiese.

«No.»

«A cosa stavi pensando appena prima che ci fermassimo?»

«Che avevo voglia di allungare le gambe.»

«No, prima ancora... Che cosa mi hai chiesto mentre stavamo parlando?»

Cercai di concentrarmi: avevamo parlato dei drammi dell'infanzia. Finalmente mi ricordai. «Hai detto qualcosa che mi ha fatto confondere: una persona non può recitare un dramma del controllo con noi a meno che noi stessi non recitiamo il dramma corrispettivo. Non ho capito cosa volevi dire.»

«E adesso ci sei arrivato?»

«Non del tutto.»

«La scena che si è svolta là fuori ha dimostrato chiaramente cosa succede se tu reciti il tuo dramma.»

«Come?»

Mi lanciò una breve occhiata. «Quale dramma stava recitando con te quell'uomo?»

«L'intimidatore, non c'è dubbio.»

«Esatto, e tu che dramma hai recitato?»

«Ho solo cercato di togliermelo di dosso.»

«Lo so, ma che dramma stavi recitando?»

«Ho cominciato mostrandomi distaccato, ma lui continuava a tormentarmi.»

«Poi?»

La conversazione cominciava a irritarmi, ma cercai di dominarmi. «Credo di essermi messo a recitare la parte della vittima.»

Julia sorrise. «Esatto!»

«Ho visto che tu l'hai manipolato senza problemi.»

«Solo perché non ho recitato la parte che lui si aspettava da me. Ricorda che il dramma del controllo di ognuno di noi ha avuto origine nell'infanzia, in relazione con un altro dramma. Per questo motivo ha bisogno di un altro dramma con cui confrontarsi per potersi realizzare. Per acquisire energia l'intimidatore ha bisogno di trovarsi davanti una vittima o un altro intimidatore.»

«Come sei riuscita a cavartela?» le domandai, ancora confuso.

«Se avessi recitato il mio dramma di risposta avrei dovuto comportarmi da intimidatore, cercando di mettergli paura. Io invece ho seguito le regole del Manoscritto, e ho dato un nome al suo dramma. Tutti questi atteggiamenti sono strategie nascoste per acquisire energia, e quell'uomo stava cercando di farti paura per rubartela. Quando ha provato con me, io ho semplicemente dato un nome al suo comportamento.»

«È per questo che gli hai chiesto come mai era così arrabbiato?»

«Sì. Il Manoscritto dice che le manipolazioni occulte per il possesso dell'energia non possono esistere se tu le porti allo scoperto dando loro un nome. È un metodo molto semplice. Alla fine, nell'ambito di una conversazione prevale sempre la verità, e dopo questa rivelazione una persona è costretta a essere più onesta e sincera.»

«Tutto ciò ha senso», replicai. «Credo di aver individuato anch'io drammi in precedenza e di aver dato loro un nome, anche se non sapevo di cosa si trattasse.»

«Ne sono sicura. È qualcosa che tutti noi abbiamo fatto. Stiamo semplicemente imparando qualcosa di più sulla posta in gioco. E il segreto del successo è guardare aldilà del dramma della persona che sta davanti a noi, e inviarle allo stesso tempo quanta più energia possibile. Se riesce a percepire l'energia in arrivo, fa meno fatica a rinunciare al suo modo di manipolare per averla.»

«Che cosa sei riuscita ad apprezzare in quel tizio?»

«L'ho visto come un ragazzino insicuro che aveva disperatamente bisogno di energia. E poi ti ha portato un messaggio proprio in tempo, vero?»

La guardai: sembrava sul punto di scoppiare a ridere.

«Credi che ci siamo fermati laggiù solo perché io potessi capire come trattare una persona che recita un dramma?»

«Questa è la domanda che avevi fatto, giusto?»

Sorrisi, sentendomi di nuovo in forma. «Sì, credo proprio di sì.»

Il ronzio di una zanzara mi distolse dal mio torpore. Guardai Julia: sorrideva come se stesse ricordando qualcosa di divertente. Per alcune ore dopo aver lasciato l'emporio sul fiume avevamo viaggiato in silenzio, mangiando il cibo che Julia aveva preparato.

«Ti sei svegliato», esclamò.

«Sì. Quanto manca a Iquitos?»

«La città è a una trentina di chilometri, ma lo Stewart Inn si trova solo a pochi minuti da qui. È un piccolo alberghetto e anche riserva di caccia. Il proprietario è un inglese che lavora per il Manoscritto.» Sorrise ancora. «Ci siamo divertiti molto insieme a lui. Dovrebbe esserci, a meno che non sia accaduto qualcosa. E intanto spero che riusciremo a scoprire dove è finito Wil.»

Fermò il camioncino ai bordi della strada e mi guardò bene in faccia. «Faremmo bene a concentrarci sul luogo in cui ci troviamo. Prima di incontrarti la seconda volta ero molto confusa:

avrei voluto collaborare alla ricerca della Nona Illuminazione ma non sapevo come. Poi mi sono accorta che pensavo in continuazione a Hinton, così sono andata a casa sua. E sei arrivato tu. Mi hai raccontato di essere alla ricerca di Wil e di avere raccolto voci sulla sua presenza a Iquitos. Poi ho avuto l'intuizione che saremo entrambi coinvolti nel ritrovamento della Nona Illuminazione, e tu hai pensato che a un certo punto ci separeremo in direzioni diverse. Direi che può bastare, non credi?»

«Sì.»

«Devi sapere che dopo ho cominciato a pensare a Willie Stuart e al suo albergo: evidentemente da quelle parti succederà qualcosa.»

Annuii.

Riportò il veicolo sulla strada e imboccò una curva. «Ecco l'albergo», disse.

A circa duecento metri da noi, nel punto in cui la strada girava bruscamente a destra, c'era una casa di due piani in stile vittoriano.

Ci fermammo in un parcheggio. Alcuni uomini stavano chiacchierando sul portico. Aprii lo sportello per scendere. Julia mi sfiorò la spalla.

«Ricordati che nessuno si trova qui solo per caso. Rimani all'erta per qualunque messaggio.»

La seguii sul portico. Passammo di fianco agli uomini, tutti indigeni ben vestiti, i quali ci rivolsero distrattamente un cenno di saluto.

Julia indicò con un gesto l'ampia sala da pranzo e mi chiese di accomodarmi a un tavolo mentre lei andava a cercare il proprietario.

Diedi un'occhiata alla sala. C'erano una decina di tavoli posti su due file. Ne scelsi uno nel mezzo e mi sedetti con la schiena rivolta al muro. Entrarono tre indigeni che si accomodarono di fronte a me, e uno straniero, forse un europeo che si sedette alla mia destra, a circa un metro di distanza.

Arrivò anche Julia, che mi scorse subito e venne a sedersi davanti a me.

«Il padrone non c'è, e il portiere non sa nulla di Wil.»

«E adesso?» le domandai.

Si strinse nelle spalle. «Non so. Immagino che qualcun altro abbia un messaggio per noi.»

«Chi credi che sia?»

«Non ne ho idea.»

«Come fai a sapere che succederà?» le chiesi, improvvisamente scettico. Nonostante tutte le misteriose coincidenze che si erano verificate dal mio arrivo in Perù, faticavo ancora a credere che se ne sarebbe verificata una solo perché io e Julia lo volevamo.

«Non dimenticare la Terza Illuminazione», replicò Julia. «L'universo è fatto di energia che risponde alle nostre aspettative. Anche gli uomini fanno parte di tale energia, e per questo motivo quando hanno una domanda, si presenta sempre qualcuno con la relativa risposta.»

Lanciò un'occhiata alle altre persone che si trovavano nella sala da pranzo. «Non so chi sia questa gente, ma se riusciamo a parlare abbastanza a lungo con loro potremmo trovare la verità che ognuno di essi ha in serbo per noi, parte della risposta alle nostre domande.»

La guardai di traverso, e lei si chinò verso di me. «Mettitelo bene in testa: chiunque attraversi il nostro cammino ha un messaggio per noi. Altrimenti avrebbe scelto un'altra strada o se ne sarebbe già andato. Se queste persone si trovano qui vuol dire che la loro presenza è motivata.»

Non riuscivo ancora a credere che fosse tutto così semplice.

«La parte più difficile», riprese, «è scoprire con chi dobbiamo parlare, visto che è impossibile farlo con tutti.»

«Come si fa a decidere?»

«Il Manoscritto parla di alcuni segni.»

Pur continuando ad ascoltare Julia, mi girai a guardare l'uomo seduto alla mia destra. Questi si voltò verso di me nello stesso istante; poi distolse subito lo sguardo. A quel punto anch'io feci lo stesso.

«Quali segni?» le domandai.

«Quello, per esempio», mi rispose.

«Quello?»

«Ma sì, quello che hai appena fatto.» Indicò con un cenno l'uomo alla mia destra.

«Cosa vuoi dire?»

Julia si chinò ancora verso di me. «Secondo il Manoscritto noi impareremo che un improvviso e spontaneo contatto visivo è il segnale che due persone devono parlarsi.»

«Ma non succede sempre?»

«Sì, solo che la maggior parte della gente non ci fa caso e riprende a fare ciò che stava facendo.»

Annuii. «Il Manoscritto parla di altri segni?»

«Di una sensazione di riconoscimento. Vedere qualcuno che sembra familiare anche se siamo certi di non averlo mai incontrato prima.»

Appena sentii quelle parole pensai a Dobson e Reneau, e a come mi erano sembrati familiari la prima volta che li avevo visti.

«Il Manoscritto spiega perché certe persone sembrano familiari?»

«Non dice molto in proposito, solo che noi facciamo parte dello stesso gruppo di pensiero a cui appartengono altri individui. Di solito i gruppi di pensiero si evolvono seguendo i medesimi interessi. Il fatto di pensarla allo stesso modo li porta ad avere espressioni e atteggiamenti uguali. Riconosciamo istintivamente i membri del nostro gruppo di pensiero, i quali hanno spesso un messaggio per noi.»

Guardai ancora l'uomo alla mia destra. Aveva un aspetto vagamente familiare. Incredibilmente, proprio mentre io lo fissavo, lui si girò di nuovo a guardarmi. Distolsi subito lo sguardo.

«Tu *devi* parlare con quell'uomo», disse Julia.

Non risposi. Mi sentivo a disagio all'idea di alzarmi e andare a parlargli. Avrei voluto partire, proseguire subito per Iquitos. Stavo per suggerirlo quando Julia riprese a parlare: «È questa la nostra meta, non Iquitos. Dobbiamo recitare fino in fondo la nostra parte. Il guaio con te è che ti opponi all'idea di andare da quell'uomo ad attaccare discorso.»

«Come fai?» le chiesi.

«A fare cosa?»

«A sapere quello che sto pensando.»

«Non c'è niente di misterioso. Basta solo guardare attentamente la tua espressione.»

«Cosa vuoi dire?»

«Quando tu apprezzi profondamente qualcuno riesci a vedere la sua vera essenza, ciò che sta oltre qualsiasi facciata. Se ti concentri a questo livello riesci a capire ciò che questa persona ha in mente solo guardando l'espressione del suo viso. È qualcosa di perfettamente naturale.»

«A me sembra telepatia», commentai.

Sorrise. «La telepatia è perfettamente naturale.»

Lanciai un'altra occhiata all'uomo che questa volta non si girò a guardarmi.

«Faresti meglio a raccogliere la tua energia e a parlare con lui, prima di perdere l'occasione.»

Mi concentrai per incrementare la mia energia finché mi sentii più forte, poi chiesi a Julia: «Cosa posso raccontare a quel tizio?»

«La verità, esprimendola in modo che lui possa riconoscerla.»

«Va bene, ci proverò.»

Mi alzai, dirigendomi al tavolo dell'uomo. Sembrava timido e nervoso, proprio come Pablo la sera del nostro incontro. Cercai di guardarlo in profondità, di andare aldilà del suo disagio. Allora mi sembrò di vedere sul suo viso una nuova espressione più carica di energia.

«Salve», esclamai. «Non mi sembri peruviano. Spero tu possa aiutarmi: sto cercando un amico, Wil James.»

«Accomodati», rispose con un accento scandinavo. «Sono il professor Edmond Connor.»

Ci stringemmo la mano, e l'uomo disse: «Mi dispiace ma non conosco il tuo amico Wil».

Mi presentai e gli spiegai che Wil era alla ricerca della Nona Illuminazione. Speravo che potesse trovarci un significato.

«Conosco il Manoscritto, sono qui per verificarne l'autenticità», mi rispose.

«Da solo?»

«Avrei dovuto incontrare qui un certo professor Dobson, ma non è ancora arrivato. Non capisco questo ritardo: mi aveva assicurato che lo avrei trovato qui al mio arrivo.»

«Conosci Dobson?»

«Sì, è stato lui a volere questo controllo del Manoscritto.»

«E sta bene, sta arrivando qui?»

Il professore mi guardò con aria interrogativa. «Così avevamo stabilito. È forse successo qualcosa?»

L'energia mi abbandonò. Mi resi conto che l'incontro fra Connor e Dobson era stato deciso prima dell'arresto di quest'ultimo. «L'ho incontrato sull'aereo per il Perù», gli spiegai a mia volta. «A Lima lo hanno arrestato, e non ho idea di cosa gli sia accaduto in seguito.»

«Arrestato! Mio Dio!»

«Quando hai parlato con lui per l'ultima volta?» gli domandai.

«Alcune settimane fa, e il nostro appuntamento in questo albergo era già fissato. Aveva detto che mi avrebbe chiamato se ci fossero stati cambiamenti.»

«Ricordi perché voleva incontrarti proprio qui e non a Lima?» «Mi spiegò che da queste parti ci sono delle rovine, e che lui sarebbe venuto qui in zona per incontrare un altro studioso.»

«Ti ha detto il luogo esatto del loro appuntamento?»

«Sì, credo si trattasse di San Luis. Perché?»

«Non saprei... stavo solo pensando.»

In quello stesso istante accaddero due cose. Pensai a Dobson, immaginando di rivederlo lungo una strada delimitata da alberi giganteschi, e quando guardai fuori dalla finestra, con mia grande sorpresa vidi padre Sánchez che saliva i gradini del portico. Sembrava stanco, e i suoi abiti erano malridotti. Un altro sacerdote lo aspettava nel parcheggio a bordo di una vecchia auto.

«Che succede?» mi domandò Connor.

«È padre Sánchez!» risposi, trattenendo a stento l'eccitazione.

Mi girai in cerca di Julia, ma la donna non era più seduta al nostro tavolo. Mi alzai proprio mentre Sánchez entrava nella sala da pranzo. Quando mi vide si bloccò di colpo, con un'espressione stupita sul volto, poi si avvicinò ad abbracciarmi.

«Stai bene?» mi chiese.

«Sì, certo. Cosa fai da queste parti?»

Nonostante la stanchezza, si lasciò scappare una risatina. «Non sapevo dove altro andare, e ho rischiato di non arrivare. Centinaia di soldati sono diretti da questa parte.»

«Perché arrivano le truppe?» domandò Connor alle mie spalle, avvicinandosi a me e Sánchez.

«Mi spiace, ma non ho idea di cosa abbiano in mente. So soltanto che ce ne sono tantissimi.»

Feci le presentazioni e raccontai a padre Sánchez la situazione di Connor, il quale era evidentemente in preda al panico.

«Devo andarmene», esclamò, «ma non so come.»

«Padre Paul è là fuori che aspetta», suggerì Sánchez. «Tra poco riparte per Lima. Se vuoi può darti un passaggio.»

«Volentieri», accettò subito Connor.

«Aspetta un attimo: e se incontrano i soldati?»

«Non credo che fermerebbero Paul», replicò Sánchez. «La sua faccia non è molto conosciuta.»

In quel momento tornò Julia. Appena vide Sánchez lo abbracciò con affetto. Dovetti presentare di nuovo Connor, il quale appariva sempre più spaventato. Dopo alcuni minuti Sánchez gli disse che Paul doveva ripartire, e il professore ci lasciò per andare a fare i bagagli. Dopo poco era di ritorno; lo salutai e tornai subito al mio tavolo, mentre Sánchez e Julia lo accompagnavano fuori. Sapevo che l'incontro con Connor doveva avere un significato, e che era importante anche il fatto di aver rivisto Sánchez, ma non riuscivo a capire il perché.

Julia tornò quasi subito e si sedette accanto a me. «Ti avevo detto che qui sarebbe accaduto qualcosa», disse. «Se non ci fossimo fermati non avremmo incontrato né Sánchez né Connor. A proposito, che cosa hai imparato dal professore?»

«Non so ancora. Dov'è adesso Sánchez?»

«Ha preso una camera e si sta riposando. Non dorme da due giorni.»

Distolsi lo sguardo. Sapevo bene che Sánchez era stanco, ma mi irritai ugualmente. Avrei voluto parlare con lui, vedere se poteva mettere nella giusta prospettiva ciò che stava accadendo. Capire insieme a lui le ragioni che spingevano i soldati fin laggiù. Mi sentivo a disagio, e una parte di me avrebbe voluto fuggire insieme a Connor.

Julia percepì la mia impazienza. «Stai tranquillo», mi esortò. «Prendi le cose con più calma e raccontami cosa pensi dell'Ottava Illuminazione.»

La guardai, cercando di concentrarmi. «Non so bene da dove cominciare.»

«Quale credi che sia il messaggio di questa Illuminazione?»

Feci uno sforzo. «Riguarda il modo di confrontarsi con le altre persone, adulti e i bambini. Dice di dare un nome ai drammi del controllo, vedendo al di là del loro aspetto esteriore e concentrandoci sulle persone in modo da inviare loro l'energia.»

«E?»

La guardai attentamente in viso e capii subito dove voleva arrivare. «E se osserviamo con attenzione le persone con cui parliamo, riusciamo a ottenere le risposte che ci servono.»

Julia mi rivolse un ampio sorriso.

«Allora, ho afferrato l'Illuminazione?»

«Quasi, ma c'è ancora un dettaglio. Finora hai capito come una persona possa sostenere un'altra, adesso vedrai cosa succede in un gruppo quando tutti i partecipanti sanno interagire in questo modo.»

Uscii sul portico e andai a sedermi su una sedia in ferro battuto. Alcuni minuti dopo arrivò anche Julia. Dopo aver cenato in tutta tranquillità e senza troppe chiacchiere avevamo deciso di goderci il fresco della sera sul portico. Sánchez era in camera sua ormai da tre ore, e io ero di nuovo impaziente. Quando finalmente il sacerdote venne a sedersi con noi mi sentii sollevato.

«Hai saputo qualcosa a proposito di Wil?» gli domandai.

Spostò la sedia in modo da mettersi di fronte a me e Julia. Mi accorsi che si era sistemato in modo da trovarsi alla stessa distanza da ciascuno di noi.

«Sì», rispose alla fine.

Si interruppe nuovamente, assorto nei suoi pensieri, e io insistetti: «Che cosa hai saputo?»

«Lascia che vi racconti tutto ciò che è accaduto», rispose. «Quando io e padre Carl siamo tornati alla missione credevamo di trovare anche Sebastián con i soldati. Pensavamo di dover affrontare l'Inquisizione, e invece al nostro arrivo abbiamo scoperto che il cardinale e i militari se ne erano andati in tutta fretta da alcune ore, subito dopo aver ricevuto un messaggio.

«Per una giornata intera non siamo riusciti a capire cosa stava succedendo, finché ieri abbiamo ricevuto la visita di padre Costous, che mi pare tu abbia conosciuto. Ci ha raccontato di essere stato inviato alla missione da Wil James. A quanto pare Wil si è ricordato il nome della missione in seguito a una conversazione avuta con Carl, e grazie a una intuizione ha capito che a noi sarebbero servite le informazioni di Costous. Il sacerdote ha infatti deciso di sostenere la causa del Manoscritto.»

«Perché Sebastián è partito all'improvviso?» gli domandai.

«Voleva accelerare l'esecuzione dei suoi piani. Il messaggio diceva che padre Costous intende denunciare la sua volontà di distruggere la Nona Illuminazione.»

« Allora Sebastián l'ha trovata? »

« Non ancora, ma pensa di essere sul punto di farlo. Hanno trovato un altro documento che spiega dov'è. »

« E dove sarebbe? »

« Alle rovine di Celestino », mi rispose Sánchez.

« Dove si trovano? » volli sapere.

Fu Julia a rispondermi. « A circa sessanta chilometri da qui. Sono scavi effettuati in gran segreto dai peruviani, vari strati di templi antichi, prima Maya poi Inca. A quanto pare entrambe le civiltà credevano che quel luogo avesse qualche potere particolare. »

A un tratto mi accorsi che Sánchez era insolitamente concentrato. Quando parlavo mi fissava senza mai distogliere lo sguardo, e quando era Julia a parlare si spostava per concentrarsi completamente su di lei. Sembrava agire seguendo una particolare logica. Mi chiesi cosa stesse facendo, e proprio in quel momento la conversazione si interruppe. Mi guardarono tutti e due speranzosi.

« Che c'è? » domandai.

Sánchez sorrise. « Tocca a te parlare. »

« Facciamo a turno? »

« No », mi rispose Julia. « È solo che stiamo avendo una conversazione consapevole: ogni persona parla quando l'energia si sposta nella sua direzione. E abbiamo visto che adesso si è mossa verso di te. »

Non sapevo cosa rispondere.

Sánchez mi guardò con affetto. « Parte dell'Ottava Illuminazione spiega come interagire consapevolmente all'interno di un gruppo. Non spaventarti, basta che tu capisca il procedimento. Mentre i membri di un gruppo parlano, solo uno di loro avrà l'idea decisiva in un determinato istante. Se sono all'erta, gli altri riescono a prevedere chi sta per parlare e possono concentrare la loro energia su questa persona aiutandola a esprimersi con la massima chiarezza.

« Poi, con il procedere della conversazione, a qualcun altro verrà l'idea migliore; poi sarà il turno di un'altra persona e così via. Se ti concentri su ciò che viene detto, puoi sentire quando è il tuo turno: l'idea giusta apparirà nella tua mente. »

Sánchez spostò lo sguardo su Julia che mi chiese: « Qual era l'idea che avevi in mente ma che non hai espresso? »

Feci una pausa di riflessione. «Mi stavo chiedendo perché padre Sánchez fissava con tanta intensità chi di noi due stava parlando. Non capivo il suo comportamento.»

«La chiave dell'intero processo», riprese Sánchez, «è parlare quando viene il tuo turno e proiettare la tua energia quando è qualcun altro a parlare.»

«Non sempre però funziona», intervenne Julia. «Alcune persone si esaltano eccessivamente quando si trovano all'interno di un gruppo. Sentono il potere di un'idea, la esprimono, ma a causa dell'accumulo di energia che li fa sentire così in forma continuano a parlare anche quando toccherebbe a qualcun altro. In pratica cercano di monopolizzare il gruppo.

«In questo modo ci sono certe persone che vengono respinte e non osano parlare anche quando sentono il valore di un'idea. Il gruppo si divide e i partecipanti non ricevono il beneficio dei messaggi. La stessa cosa avviene quando alcuni membri non vengono accettati da altri: gli individui rifiutati non possono ricevere l'energia e in questo modo il gruppo perde il vantaggio delle loro idee.»

Julia si interruppe. Guardammo Sánchez che stava per parlare. «L'esclusione di certe persone è una questione nodale», spiegò il sacerdote. «Se qualcuno non ci piace o ci fa sentire in pericolo, la nostra tendenza naturale è quella di concentrarci su quello che in lui non amiamo o ci irrita. Sfortunatamente, quando ci comportiamo in questo modo – invece di vedere la bellezza profonda di questa persona e di dargli energia – danneggiamo il nostro interlocutore. Questi si sente improvvisamente imperfetto e insicuro, proprio perché noi abbiamo assorbito la sua energia.»

«Ecco perché», riprese Julia, «questo processo è così importante. Con la loro competitività aggressiva gli esseri umani sono causa del reciproco invecchiamento precoce.»

«Ricordati», aggiunse Sánchez, «in un gruppo veramente funzionale bisogna comportarsi al contrario: l'energia e le vibrazioni devono aumentare grazie all'energia emanata da tutti gli altri. Quando ciò accade i campi delle singole persone si uniscono fra loro, creando un'enorme quantità di energia. Si viene a formare un corpo unico dalle molte teste. A volte una testa parla per conto del corpo, a volte tocca a un'altra, ma in un gruppo che funziona ogni individuo sa quando parlare e cosa dire perché vede la vita con maggiore chiarezza. Questa è la Persona Superiore di cui parla l'Ottava Illuminazione nell'ambito di una relazione romantica tra uomo e donna. Naturalmente anche altri gruppi sono in grado di dare origine a una Persona del genere.»

Le parole di Sánchez mi fecero improvvisamente pensare a padre Costous e a Pablo. Chissà se era stato il giovane indiano a far cambiare idea al sacerdote, convincendolo a sostenere il Manoscritto! Pablo ci era forse riuscito grazie al potere dell'Ottava Illuminazione?

«Dov'è adesso padre Costous?» domandai.

Entrambi sembrarono leggermente sorpresi dalla mia domanda. Sánchez si affrettò a rispondere: «Lui e padre Carl hanno deciso di andare a Lima per parlare con i responsabili della Chiesa dei progetti del cardinale Sebastián».

«Immagino sia per questo che era così deciso a venire con te alla missione: sapeva di dover fare qualcos'altro.»

«Esatto», commentò Sánchez.

La conversazione si interruppe, e noi ci guardammo in faccia aspettando l'idea successiva.

«Adesso occorre decidere cosa fare», disse alla fine Sánchez.

Fu Julia a parlare. «Ho sempre pensato che sarei rimasta coinvolta con il ritrovamento della Nona Illuminazione, e che avrei avuto abbastanza tenacia per giungere a qualche risultato... ma non riesco a vedere con chiarezza.»

Sánchez e io la guardammo intensamente.

«Vedo un posto particolare...» continuò. «Aspettate un attimo: il luogo a cui pensavo si trova alle rovine, le rovine di Celestino. C'è un punto particolare fra i templi, me ne ero quasi dimenticata. Ecco dove devo andare: alle rovine di Celestino.»

Appena ebbe finito, lei e Sánchez si concentrarono nuovamente su di me.

«Non saprei», esordii. «Mi interessava capire perché Sebastián e la sua gente sono così contrari al Manoscritto, e ho scoperto che è a causa della paura provocata dalla nostra evoluzione interna... ma adesso non so più dove andare... arrivano i soldati... pare che sarà Sebastián a trovare per primo l'Illuminazione... non so. Avevo pensato di fare qualcosa per convincerlo a non distruggere il Manoscritto.»

Mi interruppi. I miei pensieri tornarono a Dobson e poi di colpo alla Nona Illuminazione. Improvvisamente sapevo che questa ci avrebbe svelato il punto d'arrivo della nostra evoluzione. Mi ero chiesto come si sarebbero comportati gli uomini se avessero seguito il Manoscritto, e l'Ottava Illuminazione aveva fornito la risposta a tale domanda. Ora dal punto di vista logico la domanda successiva era: dove ci condurrà tutto ciò, in che modo cambierà la società? Questo doveva essere il tema della Nona Illuminazione.

Sapevo che in qualche modo questa conoscenza sarebbe servita a placare i timori di Sebastián sull'evoluzione cosciente... ammesso che lui fosse stato disponibile ad ascoltare.

«Sono ancora del parere che il cardinale Sebastián possa essere convinto a sostenere il Manoscritto!» esclamai deciso.

«Stai vedendo te stesso nell'atto di convincerlo?» mi chiese Sánchez.

«No... non esattamente. Sono in compagnia di qualcuno che può raggiungerlo, una persona che lo conosce e sa esprimersi al suo livello.»

Mentre lo dicevo, io e Julia ci girammo contemporaneamente verso padre Sánchez.

Il sacerdote abbozzò un sorriso e rispose con evidente rassegnazione. «Il cardinale Sebastián e io abbiamo evitato a lungo un confronto diretto sul Manoscritto. Lui è sempre stato il mio superiore, mi considerava un suo protetto e devo ammettere di averlo sempre rispettato. Credo però di aver sempre saputo che saremmo arrivati a questo punto. Fin dalla prima volta che ne hai parlato ho pensato che il compito di convincerlo spettasse a me. La mia intera esistenza mi ha preparato a un momento simile.»

Fissò attentamente me e Julia, poi riprese: «Mia madre era una cristiana riformatrice. Non ha mai tollerato lo sfruttamento del senso di colpa e della coercizione nell'ambito dell'evangelizzazione. Era convinta che la gente dovrebbe avvicinarsi alla religione per amore, e non spinta dalla paura. Mio padre invece credeva nell'importanza della disciplina più severa, e, come Sebastián, divenne un sostenitore della tradizione e dell'autorità. Tutto ciò mi ha fatto desiderare di agire all'interno della gerarchia clericale, per favorire cambiamenti in modo da dare spazio alle più elevate esperienze religiose.

«Per me trattare con Sebastián è quindi il passo successivo. Ho cercato di resistere, ma adesso so che devo andare a Iquitos alla missione di Sebastián.»

«Vengo con te», dissi.

LA CULTURA EMERGENTE

La strada diretta a nord attraversava la giungla e alcuni grandi corsi d'acqua – affluenti del Rio delle Amazzoni, mi spiegò padre Sánchez. Ci eravamo alzati presto e dopo un veloce saluto a Julia eravamo partiti a bordo di un veicolo che padre Sánchez si era fatto prestare, un camion con quattro ruote motrici. Mentre avanzavamo il terreno si alzava leggermente e gli alberi si facevano più ampi e distanziati fra loro.

«Mi ricorda la zona di Viciente», dissi a Sánchez.

Sorrise. «Questo è un territorio diverso, più carico di energia. È una fascia di sessanta chilometri per trenta che arriva fino alle rovine di Celestino, ed è circondata su tutti i lati dalla giungla.»

In lontananza sulla destra, al limite della giungla, notai un appezzamento di terreno pulito. «Cos'è?» domandai, indicandolo a Sánchez.

«È quello che il governo intende per sviluppo agricolo.»

In una vasta zona gli alberi erano stati abbattuti e raccolti in cataste, alcune delle quali parzialmente bruciate. Una mandria pascolava tra l'erba incolta e il terreno dissodato. Al nostro passaggio gli animali sollevarono lo sguardo verso di noi, distratti dal rumore. Notai un altro pezzo di terra su cui erano passati da poco i bulldozer, e mi resi conto che in breve tempo avrebbero tagliato gli alberi più grossi.

«È spaventoso», esclamai.

«Lo è davvero. Persino il cardinale Sebastián è contrario.»

Pensai a Phil. Forse quello era il luogo che stava cercando di proteggere. Cosa poteva essergli accaduto? Improvvisamente mi tornò in mente Dobson: Connor mi aveva detto che avrebbe dovuto andare all'albergo. Per quale motivo il professore scandinavo si era trovato là a dirmelo? E dov'era adesso Dobson? Era in carcere? O era stato espulso dal paese? Mi accorsi di aver spontaneamente evocato l'immagine di Dobson in connessione con il pensiero di Phil.

«Quanto dista la missione di Sebastián?» chiesi.

«Un'ora circa. Come ti senti?»

«Cosa vuoi dire?»

«Com'è il tuo livello di energia?»

«Credo sia alto. Qui è tutto talmente bello...»

«Che ne pensi della conversazione di ieri sera?» mi domandò.

«È stata sbalorditiva.»

«Hai capito cosa è successo?»

«Ti riferisci al modo in cui le idee scaturivano in noi in momenti diversi?»

«Sì, anche, ma parlo soprattutto del vero significato di tutto ciò.»

«Non saprei.»

«Vedi, io ci ho riflettuto a lungo. Questo modo di mettersi consapevolmente in relazione con gli altri, grazie al quale ognuno cerca di tirar fuori il meglio da chi lo circonda, è un atteggiamento che alla fine verrà assunto dall'intero genere umano. Pensa a come aumenterà il livello di energia e la velocità di evoluzione di tutti!»

«È vero», risposi. «Mi ero chiesto come cambierà la cultura umana quando il livello totale di energia si alzerà.»

Sánchez mi guardò come se avessi centrato la domanda esatta. «È quello che vorrei sapere anch'io.»

Ci fissammo per un istante, e mi resi conto che stavamo aspettando di vedere chi avrebbe avuto l'idea successiva. Alla fine il sacerdote esclamò: «La risposta alla nostra domanda deve trovarsi nella Nona Illuminazione! Dovrà spiegare cosa accadrà quando la civiltà si sarà evoluta.»

«Anch'io ho pensato la stessa cosa.»

Sánchez rallentò. Ci stavamo avvicinando a un incrocio, e mi sembrò indeciso sulla via da seguire.

«Andiamo forse dalle parti di San Luis?» gli chiesi.

Mi guardò. «Solo se giriamo a sinistra. Perché?»

«Connor mi ha raccontato che prima di arrivare all'albergo Dobson voleva passare da San Luis. Credo fosse un messaggio per me.»

Ci guardammo di nuovo.

«Stavi già rallentando prima di arrivare a questo incrocio: perché?» volli sapere.

Sánchez si strinse nelle spalle. «Non saprei. La strada più diretta per Iquitos è dritta davanti a noi. Per qualche motivo mi sono sentito incerto.»

Un brivido mi attraversò il corpo.

Sánchez aggrottò le sopracciglia e fece una smorfia. «Credo sia meglio passare da San Luis!»

Annuii, e mi sentii subito carico di energia. Sapevo che la sosta all'albergo e l'incontro con Connor dovevano avere più di un significato. Sánchez girò a sinistra, diretto a San Luis, e io osservai ansiosamente la strada. Dopo mezz'ora non era ancora successo nulla. Attraversammo San Luis, sempre senza incidenti. All'improvviso sentimmo il suono di un clacson e ci girammo: una jeep color argento era alle nostre spalle, e l'autista agitava freneticamente le braccia. Sembrava una faccia conosciuta.

«È Phil!» gridai.

Ci fermammo sul lato della strada. Phil scese velocemente, corse verso la mia portiera e mi afferrò la mano, rivolgendo nel frattempo un cenno di saluto a Sánchez.

«Non ho idea di cosa stiate facendo qui», esclamò, «ma più avanti la strada è piena di soldati. È meglio che torniate indietro e aspettiate con noi.»

«Come facevi a sapere che stavamo arrivando?» gli chiesi.

«Non lo sapevo, vi ho semplicemente visti passare. Noi siamo circa un chilometro più indietro.» Si guardò rapidamente intorno prima di aggiungere: «Togliamoci da questa strada!»

«Ti seguiamo», disse padre Sánchez.

Lo seguimmo mentre Phil girava la jeep e si dirigeva lungo la stessa strada da cui eravamo arrivati. A un certo punto girò verso est e parcheggiò. Un uomo sbucò da dietro a un gruppo di alberi e ci venne incontro. Non credevo ai miei occhi. Dobson!

Scesi dal camioncino e mi avviai verso di lui. Era sorpreso quanto noi, e mi abbracciò con calore.

«È magnifico vederti ancora!» esclamò.

«Lo stesso vale anche per me!» risposi. «Avevo paura che ti avessero ferito.»

Dobson mi diede una pacca sulla schiena. «Temo di essermi lasciato prendere dal panico. Si sono limitati a catturarmi, e più tardi alcuni ufficiali favorevoli al Manoscritto mi hanno lasciato scappare. È da allora che sono in fuga.»

Si interruppe, sorridendomi. «Sono felice che tu stia bene. Quando Phil mi ha raccontato di averti incontrato a Viciente, e di essere stato arrestato con te, non sapevo cosa pensare. Ma avrei dovuto sapere che ci saremmo incontrati ancora! Dove siete diretti?»

«Dal cardinale Sebastián. Crediamo che voglia distruggere l'ultima Illuminazione.»

Dobson annuì e stava per aggiungere qualcosa quando padre Sánchez si avvicinò.

Feci delle presentazioni veloci.

«Credo di aver sentito fare il tuo nome a Lima, insieme a quello di due sacerdoti che adesso sono in prigione», disse Dobson a Sánchez.

«Padre Carl e padre Costous?» gli domandai.

«Sì, credo che i nomi fossero proprio questi.»

Sánchez si limitò a scrollare la testa. Lo fissai per un istante, poi io e Dobson ci raccontammo le avventure avute da quando ci eravamo separati. Mi disse di aver studiato tutte e otto le Illuminazioni, e sembrava ansioso di aggiungere qualcosa ma io lo interruppi per riferirgli il mio incontro con Connor e il suo successivo rientro a Lima.

«Probabilmente finirà anche lui in prigione», disse Dobson. «Mi spiace di non essere arrivato in tempo all'albergo, ma volevo passare prima da San Luis per incontrare un altro studioso. Alla fine non sono riuscito a vederlo, però mi sono imbattuto in Phil e...»

«E?» lo spronò Sánchez.

«Forse dovremmo sederci», suggerì Dobson. «Non ci crederete: Phil ha trovato una copia della Nona Illuminazione!»

Nessuno si mosse.

«Ha trovato una copia tradotta?» domandò Sánchez.

«Sì.»

Phil era andato a prendere qualcosa sul suo veicolo e si stava ora avvicinando.

«Hai trovato parte della Nona Illuminazione?» gli domandai.

«A dire il vero, non l'ho trovata», precisò Phil. «Me l'hanno data. Dopo la cattura mi hanno portato in un'altra città. Non avevo idea di dove mi trovavo. Dopo un po' è arrivato il cardinale Sebastián. Mi ha interrogato più volte sul lavoro che svolgevo a Viciente e sui miei sforzi per salvare le foreste. Non ne ho capito il motivo finché una guardia mi ha portato una copia incompleta della Nona Illuminazione. L'aveva rubata a uno degli uomini di Sebastián, che a quanto pare l'aveva appena tradotta. Parla dell'energia delle antiche foreste.»

«Cosa dice?» gli domandai.

Si interruppe per riflettere, e Dobson propose nuovamente di sederci. Ci portò in una radura dove era steso un telone. Era un posto meraviglioso: una decina di alberi giganteschi disegnavano un cerchio del diametro di circa dieci metri, e all'interno c'erano cespugli tropicali dal profumo intenso e felci dalle foglie lunghissime, di un verde brillante in maniera insolita. Ci sedemmo uno di fronte all'altro.

Phil guardò Dobson, il quale si rivolse a me e Sánchez dicendo: «La Nona Illuminazione spiega come cambierà la cultura umana nel prossimo millennio per via dell'evoluzione consapevole. Parla di una vita completamente diversa. Per esempio, il Manoscritto predice che noi uomini diminuiremo volontariamente il numero di abitanti perché tutti abbiano l'opportunità di vivere nei luoghi più belli e ricchi di energia della terra. Dice anche che in futuro esisteranno molte altre zone del genere perché eviteremo di tagliare le foreste. Esse potranno così invecchiare e produrre energia.

«Secondo la Nona Illuminazione, entro la metà del prossimo millennio gli uomini vivranno abitualmente circondati da alberi centenari e da giardini tenuti con cura; al tempo stesso a una ragionevole distanza dalle aree urbane di eccezionale livello tecnologico. I mezzi di sopravvivenza – cibo, vestiario e trasporti – saranno completamente automatizzati e a disposizione di tutti. I nostri bisogni verranno soddisfatti senza che sia necessario nessuno scambio di valuta e senza dar vita a eccessi di vario genere.

«Guidato dalle proprie intuizioni, ognuno saprà esattamente cosa fare e quando farlo, e si adatterà così alle azioni degli altri. Nessuno eccederà nei consumi, perché avremo superato il bisogno del possesso fine a se stesso. Non avremo più bisogno di quel genere di certezze. Nel prossimo millennio l'esistenza avrà uno scopo diverso.

«Secondo il Manoscritto», continuò Dobson, «la nostra esigenza di dare un senso alla vita verrà soddisfatta dall'entusiasmo per la nostra stessa evoluzione – dall'euforia che ci deriva dalle intuizioni e dal loro realizzarsi nel compimento del nostro destino. La Nona Illuminazione descrive un mondo con meno frenesia e maggiore sensibilità rispetto agli eventi significativi e alle coincidenze. Sapremo che potranno verificarsi ovunque, per esempio su un sentiero che attraversa una foresta o su un ponte che valica un canyon.

«Riesci a immaginare come si svolgeranno gli incontri umani? Prova a fare mente locale: due persone si incontrano e ciascuno osserverà il campo di energia dell'altro. I tentativi di manipolazione saranno immediatamente evidenti. A quel punto si passerà a una fase di chiarificazione. I due divideranno consapevolmente la storia della loro vita fino a quando non verranno alla luce i messaggi. Dopo di che ognuno proseguirà il proprio viaggio individuale, con la sensazione di un profondo cambiamento. I due vibreranno a un nuovo livello e di conseguenza influenzeranno gli altri in una maniera impensabile prima del loro incontro.»

Mentre noi continuavamo a infondergli energia, Dobson diventava sempre più eloquente e ispirato nella sua descrizione della nuova cultura. E tutto ciò che diceva sembrava incredibilmente vero. Da parte mia non dubitavo minimamente che stesse descrivendo un futuro realizzabile. Ma sapevo anche che nella storia dell'umanità altri visionari avevano intravisto un mondo del genere, Marx per esempio. Eppure nessuno aveva ancora trovato il sistema per realizzare una simile utopia. Il comunismo si era trasformato in tragedia.

Nonostante la conoscenza acquisita grazie alle prime otto Illuminazioni, non riuscivo a immaginare come la razza umana avrebbe potuto raggiungere i livelli descritti nella Nona. Quando Dobson si interruppe espressi quindi la mia preoccupazione.

«Il Manoscritto dice che sarà la nostra ricerca naturale della verità a condurci verso questa nuova vita», spiegò Dobson, sorridendomi. «Per comprendere come si svolgerà questa trasformazione occorre visualizzare il prossimo millennio, come abbiamo fatto insieme sull'aereo a proposito di quello in corso, ricordi? Devi cercare di viverlo interamente nell'arco della tua vita.»

Dobson spiegò brevemente agli altri il processo e poi riprese: «Pensa a cosa è già accaduto in questo millennio. Durante il

Medio Evo abbiamo vissuto in un mondo semplice, creato per noi dagli uomini di Chiesa, dove il bene e il male si fronteggiavano. Ma durante il Rinascimento abbiamo spezzato le catene. Eravamo consapevoli che nella nostra vita dovesse esserci qualcosa di più, qualcosa che gli uomini di Chiesa non erano in grado di spiegare e noi volevamo conoscere tutta la storia.

«Poi abbiamo mandato i nostri studiosi in giro per il mondo a scoprire la realtà, ma quando questo sforzo ha prodotto le risposte di cui avevamo urgentemente bisogno, abbiamo deciso di cambiare tattica. Abbiamo trasformato la nostra etica del lavoro moderno in una preoccupazione che laicizzava la realtà, togliendo al mondo ogni parvenza di mistero. Adesso riusciamo finalmente a vedere la veridicità di tale preoccupazione. Siamo consapevoli del fatto che il vero motivo per cui abbiamo passato cinque secoli creando supporti materiali alla nostra esistenza era quello di preparare la via a qualcosa di nuovo, a un modo di vivere che riporti il mistero dell'esistenza.

«E anche la scienza è pervenuta alla stessa conclusione: il genere umano è su questo pianeta per evolversi in modo consapevole. Secondo la Nona Illuminazione, mentre noi impariamo a evolverci e a seguire il nostro cammino, verità dopo verità, la civiltà si trasformerà in maniera prevedibile.»

Si interruppe, ma nessuno parlò. Evidentemente volevamo saperne di più.

«Dopo aver raggiunto la massa critica», riprese, «e dopo che le intuizioni cominceranno a verificarsi su scala globale, gli esseri umani vivranno un periodo di intensa introspezione. Ci renderemo conto di quanto sia meraviglioso e spirituale l'universo fisico. Vedremo gli alberi, i fiumi e le montagne come templi sacri, da temere e riverire. Metteremo fine a qualunque attività economica che minacci questi tesori. Troveremo soluzioni alternative al problema dell'inquinamento: qualcuno riuscirà a intuire le alternative necessarie mentre si dedicherà alla sua evoluzione personale.

«Tutto ciò fa parte del primo grande cambiamento che si verificherà», continuò. «Ci sarà un imponente spostamento di individui da una occupazione all'altra – poiché quando le persone cominciano a intuire la loro vera essenza e il loro compito sulla terra, spesso scoprono di esercitare la professione sbagliata e di doverla cambiare per non fermare l'evoluzione. Il Manoscritto dice che durante questa fase la gente cambierà più volte lavoro nell'arco della propria esistenza.

«Il cambiamento successivo sarà la produzione automatizzata delle merci. All'inizio gli operatori del settore crederanno di soddisfare il bisogno di migliorare il sistema economico. In un secondo momento le loro intuizioni faranno chiarezza, e loro scopriranno che il vero scopo dell'automatizzazione è la creazione del tempo libero di cui la gente ha bisogno per potersi dedicare ad altri compiti.

«Nel frattempo tutti noi continueremo a seguire le nostre intuizioni nell'ambito del lavoro, desiderando di avere più tempo libero a disposizione. Ci renderemo conto che la nostra verità e il nostro compito sulla terra sono troppo importanti per essere subordinati a un lavoro che richieda tempo e dispendio di forze eccessive. Troveremo così il modo di accorciare le nostre ore lavorative per dedicarci alla ricerca della verità. Pochissime persone conserveranno un lavoro a tempo pieno. Questa tendenza permetterà a chi sarà stato eliminato dall'automatizzazione di trovarsi un'occupazione part-time.»

«E il denaro?» chiesi. «Non posso credere che la gente ridurrà volontariamente le proprie entrate.»

«Non sarà necessario», rispose Dobson. «Secondo il Manoscritto i nostri guadagni rimarranno stabili grazie alle persone che ci daranno denaro in cambio delle nostre intuizioni.»

«Cosa?» Mi veniva quasi da ridere.

Dobson sorrise, guardandomi dritto in faccia. «Il Manoscritto dice che scoprendo sempre più cose sulla dinamica energetica dell'universo noi potremo vedere cosa accade in realtà quando diamo qualcosa a qualcuno. Adesso l'unica teoria spirituale sul dare è il concetto limitato delle elemosine religiose.»

Spostò lo sguardo su padre Sánchez. «Come sapete, la nozione di elemosina è comunemente interpretata come l'obbligo di donare alla Chiesa il dieci per cento del proprio guadagno. L'idea sottintesa è che qualunque cosa noi doniamo ci verrà ampiamente restituita. Ma la Nona Illuminazione spiega che in realtà il dare è un principio universale di sostegno per tutti, non solo per le organizzazioni religiose. Ricordate, quando proiettiamo energia su qualcuno creiamo in noi un vuoto che si riempie di nuovo solo se siamo collegati. Con il denaro funziona esattamente allo stesso modo. La Nona Illuminazione dice che quando cominciamo a dare costantemente, riceveremo sempre più di quanto possiamo dare.

«E i nostri doni dovrebbero andare alle persone che ci hanno dato la verità spirituale. Quando la gente entra nella nostra vita al momento giusto per darci le risposte di cui abbiamo bisogno, dovremmo dare loro del denaro. In questo modo cominceremo a integrare le nostre entrate, liberandoci delle professioni che limitano la nostra libertà. Sempre più persone si impegneranno in questa economia spirituale, e inizierà così il vero cambiamento nella civiltà del prossimo millennio. Avremo superato la fase di evoluzione verso la professione che ci si addice, e in seguito verremo pagati per evolverci liberamente offrendo la nostra verità agli altri.»

Guardai Sánchez che stava ascoltando con attenzione e appariva raggiante.

«Sì!», esclamò rivolto a Dobson. «Lo vedo chiaramente. Se tutti partecipassero noi potremmo dare e ricevere in modo costante, e questa interazione con gli altri, questo scambio di informazioni diventerebbe il nuovo lavoro di tutti, il nostro nuovo orientamento economico. Verremmo pagati dalle persone che abbiamo aiutato. Questa situazione permetterebbe la completa automatizzazione della produzione dei mezzi di sussistenza. Saremo troppo occupati per dedicarvi tempo. E questo sistema produttivo andrebbe amministrato come un'azienda. Ne possederemmo quote azionarie, forse, e saremmo liberi di ampliare quella che è già l'era dell'informazione.

«Adesso per noi la cosa più importante è capire dove stiamo andando. Finora non siamo riusciti a salvare l'ambiente, a far regnare la democrazia sul pianeta e a sfamare i poveri. E questo perché non ci siamo ancora liberati dalla nostra paura della carestia e dal nostro bisogno di controllo, e siamo quindi incapaci di dare agli altri. Non siamo stati capaci di liberarcene perché non avevamo una visione alternativa della vita, ma adesso finalmente l'abbiamo!»

Si rivolse a Phil. «Ma non avremmo bisogno di una fonte di energia più a buon mercato?»

«Fusione, superconduttività, intelligenza artificiale», rispose Phil. «La tecnologia per l'automazione probabilmente non è così lontana, ora che abbiamo un motivo per realizzarla.»

«Giusto», approvò Dobson. «La cosa più importante per noi

è cogliere l'autenticità di questo modo di vivere. Ci troviamo su questo pianeta non per costruire un impero personale di controllo, ma per evolverci. Pagare gli altri per le loro intuizioni darà il via alla trasformazione, e quando un numero sempre maggiore di settori dell'economia saranno automatizzati, sparirà anche il denaro. Non ne avremo più bisogno. Se seguiamo correttamente le nostre intuizioni ci prenderemo solo ciò di cui abbiamo bisogno.»

«E capiremo», intervenne Phil, «che le zone incontaminate della terra devono essere nutrite e protette in quanto fonti di incredibile potere.»

Mentre Phil parlava, la nostra attenzione era concentrata su di lui, che sembrava stupirsi della grande carica che ne derivava.

«Io non ho studiato tutte le Illuminazioni», riprese, guardandomi. «Dopo che la guardia mi ha aiutato a fuggire, se non vi avessi incontrati avrei rischiato di perdere questa parte della Nona Illuminazione. Mi sono ricordato ciò che avevate detto sull'importanza del Manoscritto. Anche se non ho letto le altre Illuminazioni, capisco perché sia necessario mantenere l'automatizzazione in armonia con le dinamiche energetiche della terra.

«Mi sono sempre interessato alle foreste e al ruolo che rivestono nell'ecosfera», continuò. «La Nona Illuminazione dice che il genere umano si evolverà spiritualmente e che noi rallenteremo volontariamente la crescita demografica fino a raggiungere un livello di popolazione sopportabile dalla terra. Ci impegneremo a vivere entro i limiti dei sistemi energetici naturali del pianeta. Anche l'agricoltura verrà automatizzata. Le piante che noi investiremo personalmente di energia, per poi consumarle, rimarranno escluse da questo processo. Gli alberi necessari all'edilizia verranno fatti crescere in apposite zone. Questo permetterà agli altri di crescere, invecchiare e trasformarsi infine in potenti foreste.

«Alla fine queste foreste aumenteranno di numero e tutti gli esseri umani vivranno nelle vicinanze di tali fonti di potere. Pensa a come sarà carico di energia il mondo in cui vivremo!»

«Questo dovrebbe alzare il livello di energia di tutti», osservai.

«Sì, così dovrebbe essere», disse distrattamente Sánchez, quasi stesse già pensando agli effetti dell'aumento di energia.

Restammo tutti in attesa.

«Servirebbe ad accelerare il ritmo della nostra evoluzione», riprese infine. «Più l'energia fluisce in noi, più l'universo risponde in modo misterioso portando nella nostra vita le persone che sanno rispondere alle nostre domande.» Fece un'altra pausa riflessiva. «E ogni volta che seguiamo un'intuizione e qualche incontro misterioso ci fa progredire, la nostra vibrazione personale aumenterà.

«Sempre di più», continuò quasi fra sé. «Se la storia continua, allora...»

«Continueremo a raggiungere livelli sempre più elevati di energia e vibrazione», concluse Dobson.

«Sì», osservò Sánchez. «È così. Scusatemi un attimo.» Si alzò e si allontanò addentrandosi nella foresta. A un certo punto si sedette.

«Che altro dice la Nona illuminazione?» domandai a Dobson.

«Non lo sappiamo. In questo punto si interrompe. Ti andrebbe di leggerla?»

Gli dissi che mi avrebbe fatto piacere. Dobson andò verso il suo camion e tornò con una busta che conteneva una ventina di pagine dattiloscritte. Lessi il Manoscritto, impressionato da come Dobson e Phil ne avevano colto i punti essenziali. Quando arrivai all'ultima pagina capii perché dicevano che era solo una parte dell'Illuminazione: il testo finiva bruscamente, proprio a metà di un concetto. Dopo aver suggerito l'idea che la trasformazione del pianeta avrebbe creato una civiltà completamente spirituale dando origine a esseri umani dalle vibrazioni sempre più elevate, lasciava intendere che questa crescita avrebbe portato a qualcos'altro, senza però specificare di cosa si trattasse.

Un'ora più tardi Sánchez si alzò e ritornò vicino a me. Mi era piaciuto starmene seduto in mezzo alle piante, osservando i loro incredibili campi di energia. Dobson e Phil stavano parlando in piedi dietro alla jeep. «Credo che dovremmo andare a Iquitos», disse Sánchez.

«E i soldati?» gli domandai.

«Credo che dovremmo correre il rischio. Ho avuto l'intuizione che se partiamo subito potremo cavarcela.»

Accettai di seguire la sua intuizione. Andammo a informare Dobson e Phil dei nostri progetti.

Entrambi pensavano fosse una buona idea, poi Dobson aggiunse: «Anche noi abbiamo discusso sul da farsi: credo che andremo direttamente alle rovine di Celestino. Forse potremo essere d'aiuto per salvare il resto della Nona Illuminazione.»

Li salutammo e ci dirigemmo verso nord.

«A cosa stai pensando?» chiesi dopo un lungo silenzio.

Padre Sánchez rallentò e spostò lo sguardo su di me. «Sto pensando a Sebastián, e a quello che mi hai detto: al fatto che lui smetterebbe di contrastare il Manoscritto se qualcuno riuscisse a farlo ragionare.»

Mentre Sánchez parlava cominciai a fantasticare su un confronto con Sebastián. Era in piedi in un'aula di tribunale, e ci guardava dall'alto in basso. In quel momento aveva il potere di distruggere la Nona Illuminazione e noi stavamo lottando per fargli capire la verità prima che fosse troppo tardi.

Quando finii il mio sogno a occhi aperti, mi accorsi che Sánchez sorrideva.

«Cosa stavi vedendo?» mi domandò.

«Stavo pensando a Sebastián.»

«E cosa stava succedendo?»

«L'immagine del confronto con Sebastián era chiarissima: stava per distruggere l'ultima Illuminazione, e noi cercavamo di dissuaderlo.»

Sánchez respirò a fondo. «Sembra che dipenda da noi rendere pubblica l'ultima parte della Nona Illuminazione.»

L'idea mi procurava un'ansia indicibile. «Cosa dovremmo dirgli?»

«Non saprei, ma dobbiamo convincerlo a vedere il lato positivo, a capire che il Manoscritto non nega, ma piuttosto chiarisce la verità della Chiesa. Sono sicuro che è proprio ciò che dice il resto dell'Illuminazione.»

Viaggiammo in silenzio per un'ora, senza incontrare anima viva. Ripercorsi gli eventi che si erano manifestati dal mio arrivo in Perù. Sapevo che le Illuminazioni del Manoscritto si erano finalmente fuse nella mia mente dando origine a una consapevolezza globale. Avevo sviluppato una particolare sensibilità riguardo alla misteriosa evoluzione della mia vita, di cui trattava la Prima Illuminazione. Sapevo che l'intera civiltà sentiva nuovamente questo mistero. Stavamo per creare una nuova visione del mondo, come indicato dalla Seconda. La Terza e la Quarta mi avevano mostrato che l'universo era in realtà un vasto sistema di energia, e che i conflitti umani erano dovuti a una mancanza di tale energia oltre che alla manipolazione a cui si faceva ricorso per impossessarsene.

La Quinta Illuminazione mi aveva rivelato che si può porre fine a questo conflitto ricevendo l'energia da una fonte più elevata. Per me questa capacità era diventata ormai un'abitudine. Anche la Sesta, secondo cui noi siamo in grado di chiarire i nostri antichi drammi e di trovare quindi la nostra vera essenza, era ormai impressa in maniera indelebile nella mia mente. E la Settima aveva messo in moto l'evoluzione attraverso le domande, le intuizioni di ciò che occorre fare e le relative risposte. Rimanere in questo flusso magico era il vero segreto della felicità.

L'Ottava, che spiegava come comportarsi in maniera diversa con gli altri portando alla luce la loro parte migliore, era la chiave per mantenere in vita il mistero e cogliere le risposte in arrivo.

Tutte le Illuminazioni si erano integrate in una consapevolezza fatta di attenzione e aspettativa. Restava solo la Nona, che rivelava dove ci avrebbe portato la nostra evoluzione. Ne avevamo scoperto solo una parte: dov'era il resto?

Padre Sánchez si fermò sul ciglio della strada.

«Siamo a meno di dieci chilometri dalla missione del cardinale Sebastián», disse. «Credo che dovremmo parlare.»

«Hai ragione.»

«Non so che cosa ci aspetti, ma immagino non possiamo fare altro che arrivare fin là.»

«Quanto è grande questo posto?»

«Gigantesco. Sebastián ha ampliato la missione per più di vent'anni. Ha scelto questo posto per aiutare gli abitanti delle campagne, senz'altro più bisognosi, ma adesso gli studenti arrivano da ogni angolo del Perù. Copre anche pratiche amministrative a Lima per conto delle organizzazioni ecclesiastiche, ma questo è il suo progetto speciale. Sebastián si dedica completamente alla sua missione.»

Mi guardò. «Ti raccomando di stare all'erta. Può arrivare il momento in cui avremo bisogno l'uno dell'altro.»

Sánchez mise nuovamente in moto. Per alcuni chilometri non incontrammo nessuno, finché a un certo punto superammo due jeep militari parcheggiate sul ciglio destro della strada. Al nostro passaggio i soldati all'interno ci fissarono intensamente.

«Bene», commentò padre Sánchez. «Adesso sanno che siamo qui.»

Un chilometro più avanti trovammo l'entrata della missione. Un enorme cancello di ferro riparava il vialetto d'accesso. Il cancello era aperto, ma una jeep e quattro soldati bloccavano l'accesso. Ci fecero segno di fermarci. Uno dei militari disse qualcosa in una radio a onde corte.

Sánchez sorrise a un soldato che si stava avvicinando. «Sono padre Sánchez, e devo vedere il cardinale Sebastián.»

L'uomo ci scrutò attentamente, poi si girò e tornò dal suo collega con la radio. I due parlarono senza perderci di vista un solo istante. Dopo alcuni minuti il primo soldato tornò a dirci che dovevamo seguirli.

Seguimmo la jeep per alcune centinaia di metri lungo il viale alberato che portava alla missione. La chiesa era costruita in pietra, imponente, e poteva sicuramente ospitare più di mille fedeli. Su entrambi i lati c'erano due edifici di quattro piani.

«Questo posto è imponente», esclamai.

«Sì, ma dove sono tutti quanti?» domandò Sánchez.

Mi accorsi che tutti i sentieri e i vialetti erano deserti.

«Sebastián dirige qui una grande scuola: perché non ci sono gli studenti?»

I soldati ci guidarono fin sulla soglia della chiesa e ci chiesero, gentilmente ma con fermezza, di scendere dal camion e di seguirli all'interno. Mentre salivamo i gradini di cemento vidi molti altri veicoli parcheggiati dietro uno degli edifici laterali. Trenta o quaranta soldati erano in piedi sull'attenti. Ci condussero attraverso la chiesa fino a una piccola stanza, dove fummo perquisiti a fondo e ci venne nuovamente detto di aspettare. I soldati se ne andarono, chiudendo a chiave la porta.

«Dov'è l'ufficio di Sebastián?» domandai.

«Più in là, sul retro.»

A un tratto si aprì la porta e apparve Sebastián circondato da alcuni militari. Aveva un atteggiamento solenne.

«Cosa fai qui?» chiese il cardinale a Sánchez.

«Voglio parlare con te», fu la risposta.

«A che proposito?»

«La Nona Illuminazione del Manoscritto.»

«Non c'è niente da discutere: non verrà mai trovata.»

«E invece sappiamo che l'hai già trovata.»

Un lampo di sorpresa attraversò lo sguardo di Sebastián. «Non permetterò che questa Illuminazione venga diffusa. Non dice la verità.»

«Come fai a sapere che non dice la verità?» ribatté Sánchez. «Potresti anche avere torto. Permettimi di leggerla.»

Mentre guardava Sánchez l'espressione di Sebastián si raddolcì. «Un tempo avresti pensato che in una faccenda del genere io avrei sicuramente preso la decisione giusta.»

«Lo so», replicò Sánchez. «Tu eri il mio maestro, il mio ispiratore. Ho creato la mia missione seguendo il tuo esempio.»

«Mi hai rispettato finché è stato scoperto questo Manoscritto», proseguì Sebastián. «Non vedi come ci divide? Ho cercato di farti andare per la tua strada, ti ho perfino lasciato in pace dopo aver scoperto che divulgavi le Illuminazioni. Ma non permetterò mai che questo documento distrugga tutto ciò che la nostra Chiesa ha costruito.»

Un altro soldato arrivò alle spalle di Sebastián e chiese udienza. Il cardinale lanciò un'occhiata a Sánchez e uscì in corridoio. Potevamo vederli ma non riuscivamo a sentire cosa si stavano dicendo. Il messaggio sembrò allarmare Sebastián. Si voltò per allontanarsi e fece cenno a tutti i soldati di seguirlo, tranne uno a cui aveva evidentemente affidato l'incarico di controllarci.

Il militare entrò nella stanza con uno sguardo angosciato e si appoggiò al muro. Poteva avere al massimo vent'anni.

«C'è qualcosa che non va?» gli chiese Sánchez.

Il ragazzo si limitò a scrollare la testa.

«Riguarda forse il Manoscritto, la Nona Illuminazione?»

Il ragazzo apparve sorpreso. «Cosa ne sapete della Nona Illuminazione?» domandò timidamente.

«Siamo qui per salvarla.»

«Vorrei farlo anch'io», esclamò il ragazzo.

«L'hai letta?» gli chiesi.

«No, ma ne ho sentito parlare. Ridonerebbe vitalità alla nostra religione.»

Improvvisamente dall'esterno giunse il rumore di colpi d'arma da fuoco.

«Che sta succedendo?» chiese Sánchez.

Il soldato restò immobile.

Sánchez gli sfiorò gentilmente il braccio: « Aiutaci ».

Il ragazzo si avvicinò alla porta, uscì in corridoio e tornando disse: « Qualcuno è entrato in chiesa e ha rubato una copia della Nona Illuminazione. Sembra che si trovi ancora all'interno della missione ».

Si sentirono altri colpi.

Sánchez si rivolse al ragazzo: « Dobbiamo cercare di aiutarli. »

Il militare era terrorizzato.

« Dobbiamo fare ciò che è giusto », insistette Sánchez. « È per il bene del mondo intero. »

Il ragazzo cedette e suggerì di spostarci in una parte della chiesa dove c'era meno confusione, e forse lui avrebbe trovato il modo di aiutarci. Ci condusse per il corridoio, su per due rampe di scale fino a un corridoio più ampio che attraversava in larghezza la chiesa.

« L'ufficio di Sebastián è proprio sotto di noi, due piani più giù », ci disse il militare.

Improvvisamente sentimmo un trambusto: un gruppo di persone stava correndo verso di noi. Sánchez e il soldato erano davanti a me, e si rifugiarono in una stanza sulla destra. Sapevo di non poterli raggiungere e mi precipitai quindi nella camera più vicina, chiudendomi la porta alle spalle.

Mi trovai in un'aula. C'erano i banchi, la cattedra e un armadietto. Vidi che l'armadio era aperto e vi entrai, facendomi spazio fra scatole e indumenti che puzzavano di muffa. Cercai di nascondermi come meglio potei, ma sapevo che se qualcuno avesse frugato nell'armadio mi avrebbe sicuramente trovato. Cercai di restare immobile, trattenendo il respiro. La porta dell'aula si spalancò e sentii entrare alcune persone che si aggirarono per la stanza. Una sembrò dirigersi verso l'armadietto, ma si fermò e se ne andò nella direzione opposta. Parlavano tutti ad alta voce in spagnolo. Poi ci fu silenzio. Nessun movimento.

Aspettai dieci minuti prima di aprire lentamente la porta dell'armadio e dare un'occhiata in giro. La classe era vuota. Arrivai sulla porta, e vidi che anche all'esterno non c'era nessuno. Mi diressi rapidamente nella stanza in cui si erano nascosti Sánchez e il militare. Con mia grande sorpresa vidi che si trattava di un corridoio. Rimasi in ascolto, ma non riuscii a sentire nulla. Mi appoggiai contro il muro, in preda al panico. Chiamai a bassa voce Sánchez, ma non ebbi risposta. Ero solo. La paura mi impediva di ragionare.

Respirai a fondo e cercai di tranquillizzarmi: dovevo mantenere il controllo e aumentare la mia energia. Per alcuni minuti lottai, finché i colori e le forme del corridoio si fecero più vividi. Cercai di proiettare amore. Alla fine mi sentii meglio, e pensai ancora a Sebastián. Se il cardinale si trovava nel suo ufficio, Sánchez sarebbe sicuramente andato da lui.

Il corridoio davanti a me portava a un'altra scalinata. Scesi due rampe di scale per arrivare al piano terra. Attraverso la porta a vetri sbirciai nel corridoio: nessuno in vista. Aprii la porta e continuai ad avanzare senza una meta.

Sentii la voce di Sánchez provenire da una stanza di fronte a me. La porta era socchiusa. La voce di Sebastián tuonò in risposta. Mi avvicinai e un soldato aprì di scatto la porta dall'interno. Mi puntò il fucile all'altezza del cuore, costringendomi a entrare e mandandomi a sbattere contro il muro. Sánchez cercò il mio sguardo e si mise una mano sul plesso solare. Sebastián scrollava la testa, disgustato. Nessuna traccia del giovane soldato.

Sapevo che con quel gesto Sánchez aveva voluto dirmi qualcosa. Pensai che avesse bisogno di energia, e quando riprese a parlare mi concentrai sul suo viso. Il suo campo di energia cominciò immediatamente a espandersi.

«Tu non puoi fermare la verità», stava dicendo. «La gente ha il diritto di sapere.»

Sebastián lo guardava sprezzante. «Queste Illuminazioni violano le Scritture. Sono menzogne.»

«Sei certo che le violino, o che non ci mostrino piuttosto il loro vero significato?»

«Conosciamo già il loro significato», ribatté Sebastián. «Da secoli. Hai forse dimenticato la tua preparazione, tutti i tuoi anni di studio?»

«No, non li ho affatto dimenticati», rispose Sánchez. «Ma so anche che le Illuminazioni ampliano la nostra spiritualità. Esse...»

«Chi lo dice?» gridò Sebastián. «Chi ha scritto questo Manoscritto? Un pagano Maya che ha imparato da qualche parte a parlare aramaico? Quella gente credeva nei luoghi magici e nelle energie misteriose. Erano primitivi. Le rovine in cui hanno trovato la Nona Illuminazione sono chiamate i Templi di Celestino, cioè i Templi *del paradiso*. Ma cosa poteva saperne questa gente del paradiso?

«La loro cultura ha forse resistito al tempo?» proseguì. «No. Nessuno sa cosa sia successo ai Maya, sono semplicemente spariti senza lasciare tracce. E tu vorresti che noi credessimo al Manoscritto? Questo documento vuol far credere che gli uomini hanno il controllo, come se avessero il compito di cambiare il mondo. Non tocca a noi, ma a Dio. L'unica scelta che spetta agli esseri umani riguarda l'accettazione degli insegnamenti delle Scritture e, di conseguenza, la conquista della propria salvezza.»

«Prova a pensarci», ribatté Sánchez. «Cosa significa in realtà accettare gli insegnamenti e conquistare la salvezza? Qual è il processo per mezzo del quale avviene tutto ciò? Il Manoscritto non descrive forse il cammino verso una maggiore spiritualità, verso la connessione, la salvezza? L'Ottava e la Nona Illuminazione non mostrano forse cosa succederebbe se tutti si comportassero di conseguenza?»

Sebastián scrollò il capo e si allontanò, poi si girò per lanciare a Sánchez uno sguardo penetrante. «Tu non hai nemmeno visto la Nona Illuminazione.»

«E invece sì. Ne conosco una parte.»

«Come è possibile?»

«Me ne hanno parlato prima che arrivassi qui, e pochi minuti fa ne ho letto un altro pezzo.»

«Cosa? Come è possibile?»

Sánchez si avvicinò all'anziano sacerdote. «Cardinale Sebastián, la gente vuole che quest'ultima Illuminazione venga resa nota. Mette tutte le altre nella giusta prospettiva, ci mostra il nostro destino e cosa sia la vera consapevolezza spirituale.»

«Padre Sánchez, noi sappiamo benissimo cosa sia la spiritualità.»

«Davvero? Io credo di no. Ne abbiamo parlato per secoli interi, visualizzandola ed esprimendo la nostra fede in essa. Abbiamo sempre caratterizzato questa connessione come qualcosa di astratto in cui credere dal punto di vista intellettuale, una condizione che l'individuo dovrebbe raggiungere per evitare che gli accada qualcosa di negativo. Il Manoscritto dice che l'ispirazione arriverà quando ameremo davvero gli altri e procederemo nell'evoluzione della nostra esistenza.»

«Evoluzione! Evoluzione! Ma non ti accorgi di quello che

dici? Tu hai sempre combattuto l'influenza dell'evoluzione. Cosa ti succede adesso?»

Sánchez si ricompose. «Io mi opponevo all'idea dell'evoluzione come sostituzione a Dio, come mezzo per spiegare l'universo escludendo Dio. Ma adesso mi rendo conto che la verità è una sintesi fra la visione scientifica e quella religiosa. La verità è che l'evoluzione è ciò che Dio ha creato e sta ancora creando.»

«Non c'è nessuna evoluzione», protestò Sebastián. «Dio ha creato il mondo e basta.»

Sánchez mi guardò, ma io non avevo nessuna idea da esprimere.

«Cardinale Sebastián», riprese. «Il Manoscritto descrive il progresso delle generazioni che si sono succedute come una forma di evoluzione della comprensione verso una spiritualità e una vibrazione più elevate. Ogni generazione assorbe più energia e accumula più verità, e trasmette tale condizione alle persone della generazione successiva, le quali la ampliano ulteriormente.»

«Tutte sciocchezze», ribatté Sebastián. «Esiste un solo modo per essere più spirituali: seguire gli esempi delle Scritture.»

«Esatto!» gridò Sánchez. «Ma quali sono questi esempi? La storia delle Scritture non è forse la storia di persone che imparano ad accettare l'energia e la volontà di Dio? Non è questo l'insegnamento dei primi profeti dell'Antico Testamento? E non è questa stessa recettività nei confronti dell'energia divina che è culminata nella vita del figlio del falegname, tanto che noi diciamo che Dio stesso è sceso sulla terra?»

«E la storia del Nuovo Testamento», proseguì, «non è forse la storia di un gruppo di persone colme della stessa energia che le ha trasformate? Lo stesso Gesù non diceva che anche noi avremmo potuto fare tutto ciò che faceva lui, e anche di più? Non abbiamo mai preso sul serio questa idea, almeno non fino a oggi. Soltanto adesso cominciamo a comprendere di cosa parlava Gesù, dove ci stava guidando. Il Manoscritto chiarisce cosa voleva dire e come possiamo farlo!»

Sebastián, paonazzo per la rabbia, distolse lo sguardo. In quel momento un ufficiale irruppe nella stanza e riferì a Sebastián che alcuni intrusi erano stati avvistati.

«Guardate!» gridò l'ufficiale, indicando la finestra. «Eccoli!»

A circa quattrocento metri di distanza si vedevano due figure che attraversavano di corsa un campo aperto, dirette verso la giungla. Ai margini della radura un gruppo di soldati sembrava pronto a fare fuoco.

L'ufficiale si scostò dalla finestra e guardò Sebastián, tenendo sempre la radio in mano.

«Se arrivano alla boscaglia», disse, «sarà difficile trovarli. Sei autorizzato ad aprire il fuoco?»

Improvvisamente riconobbi i due fuggitivi.

«Sono Wil e Julia!» gridai.

Sánchez si avvicinò ancora di più a Sebastián. «In nome di Dio, non puoi uccidere!»

L'ufficiale insisteva. «Cardinale Sebastián, se volete che questo Manoscritto rimanga segreto, devo dare adesso l'ordine di sparare.»

Il terrore mi paralizzava.

«Sebastián, fidati di me», implorava Sánchez. «Il Manoscritto non distruggerà tutto ciò che hai costruito e sostenuto. Non puoi uccidere quelle persone!»

Sebastián scrollò la testa. «Fidarmi di te...?» Si sedette alla scrivania e guardò l'ufficiale. «Noi non spareremo a nessuno. Di' ai tuoi soldati di catturarli vivi.»

Il militare annuì e uscì dalla stanza. Sánchez esclamò: «Grazie, hai fatto la scelta giusta!»

«Nessuno morirà», ribatté Sebastián, «ma per il resto non ho cambiato opinione. Questo Manoscritto è una maledizione che può minare la base dell'autorità spirituale. Spingerebbe le persone a credere di avere il controllo del proprio destino spirituale. Distruggerebbe la disciplina necessaria per accostare gli uomini alla Chiesa.» Guardò Sánchez con rabbia. «In questo momento stanno arrivando migliaia di soldati. Non importa quello che tu o altri potete fare: la Nona Illuminazione non lascerà il Perù. E adesso fuori dalla mia missione.»

Mentre ci allontanavamo sentimmo il rombo di una decina di camion in avvicinamento.

«Perché ci ha lasciati andare?» chiesi a Sánchez.

«Probabilmente perché crede che non faccia alcuna differenza, e che noi non siamo in grado di fare nulla. Non so proprio cosa pensare.» Mi guardò con tristezza. «Non lo abbiamo convinto.»

Mi sentivo anch'io confuso. Cosa voleva dire? Forse non eravamo arrivati fin là per convincere Sebastián, forse dovevamo solo fargli perdere tempo.

Lanciai un'occhiata a Sánchez. Era concentrato sulla guida e scrutava la strada alla ricerca di Wil e Julia. Stavamo controllando la strada nella direzione in cui li avevamo visti correre, senza riuscire però ad avvistarli. Mi vennero in mente le rovine di Celestino. Provai a immaginare il luogo: gli scavi, le tende degli studiosi e le strutture piramidali sullo sfondo.

«Sembra che non si trovino da queste parti», osservò Sánchez. «Forse avevano un mezzo di trasporto. Dobbiamo decidere cosa fare.»

«Credo che dovremmo dirigerci verso le rovine», suggerii.

«Lo penso anch'io. Non abbiamo nessun altro posto in cui andare.»

Sánchez si diresse a est.

«Cosa sai di queste rovine?» gli chiesi.

«Sono state costruite da due diverse civiltà, come ha detto Julia. I primi sono stati i Maya, che avevano sviluppato qui una grande civiltà anche se la maggior parte dei loro templi si trova più a nord, nello Yucatan. Le loro tracce scomparvero misteriosamente intorno al 600 a.C., senza nessuna ragione apparente. Anni dopo, gli Incas svilupparono in questi stessi luoghi un'altra civiltà.»

«Tu cosa credi sia successo ai Maya?»

Sánchez mi guardò di traverso. «Non saprei.»

Viaggiammo in silenzio per alcuni minuti, finché a un tratto mi ricordai che padre Sánchez aveva detto a Sebastián di aver letto un altro brano della Nona Illuminazione.

«Come sei riuscito a leggere un altro pezzo di Illuminazione?»

«Il soldato che ci ha aiutati sapeva dove era nascosto. Quando noi due ci siamo separati, mi ha portato in una stanza e me l'ha mostrato. Il frammento che ho letto aggiunge solo alcuni concetti a ciò che hanno detto Phil e Dobson, ma mi ha fornito gli argomenti che ho usato contro Sebastián.»

«Cosa diceva esattamente?»

«Che il Manoscritto può chiarire molte religioni, oltre che aiutarle a mantenere le loro promesse. Tutte le religioni si occupano del modo in cui l'umanità si mette in contatto con una fonte superiore, e parlano anche della percezione di Dio che abbiamo dentro di noi, una percezione che ci carica e ci rende superiori. Le religioni si sono contaminate quando i capi delle varie Chiese sono stati incaricati di divulgare la volontà di Dio tra gli uomini, invece di mostrare loro come trovare dentro di sé questa direzione.

«Il Manoscritto dice che nell'arco della storia umana può accadere che un individuo capisca il modo esatto di mettersi in collegamento con la fonte di energia divina, e diventi così un esempio duraturo della possibilità di tale connessione.» Sánchez mi guardò. «Non è forse ciò che ha fatto Gesù? Egli non ha forse aumentato la sua energia e la sua vibrazione fino a essere abbastanza leggero da...?» Sánchez si bloccò, interrompendo la frase senza finirla, improvvisamente assorto.

«A cosa stai pensando?» gli chiesi.

Era perplesso. «Non saprei. La copia del soldato finiva così: diceva che questo individuo avrebbe illuminato un sentiero che l'intero genere umano avrebbe seguito, senza però specificare dove ci avrebbe portati.»

Viaggiammo in silenzio per un altro quarto d'ora. Sperai di ricevere qualche indicazione su ciò che stava per accadere, ma non mi venne in mente nulla. Forse mi stavo sforzando troppo.

«Ecco le rovine», annunciò Sánchez.

Davanti a noi, in mezzo alla foresta sul lato sinistro della strada riuscii a scorgere tre grosse strutture di forma piramidale. Dopo aver parcheggiato ci avvicinammo, e potei vedere che le piramidi, distanti circa trenta metri una dall'altra, erano costruite in pietra. In mezzo c'era un'area lastricata di pietra liscia, e alla base di ogni piramide c'erano numerosi scavi.

«Guarda laggiù!» Sánchez mi indicò la piramide più lontana.

Una figura solitaria era seduta di fronte alla costruzione. Mentre ci avvicinavamo mi accorsi che la mia energia stava aumentando. Quando arrivammo al centro della zona lastricata mi sentivo incredibilmente carico di energia. Guardai Sánchez, che corrugò la fronte. Ci avvicinammo ancora e finalmente vidi che la persona vicino alla piramide era Julia. Era seduta a gambe incrociate e aveva in grembo alcuni fogli.

«Julia!» gridò Sánchez.

La donna si voltò verso di noi e si alzò in piedi. Il suo volto emanava una strana luce.

« Dov'è Wil? » le chiesi.

Julia fece un cenno alla sua destra. A qualche metro di distanza scorsi Wil. Anche il suo viso era illuminato dalla luce del tramonto.

« Cosa sta facendo? »

« La Nona Illuminazione », rispose Julia, passandoci le carte che aveva in mano. Sánchez le disse di aver letto la parte che preannunciava un mondo trasformato dall'evoluzione consapevole.

« Ma dove ci porterà questa evoluzione? » domandò Sánchez.

Julia non rispose. Si limitò a tenere in mano i fogli, quasi si aspettasse che noi le leggessimo la mente.

« Cosa? » domandai.

Sánchez mi sfiorò il braccio. Dovevo saper aspettare.

« La Nona rivela il nostro destino finale », esordì Julia. « Rende tutto chiaro come il cristallo. Ripete che in quanto esseri umani noi siamo il punto d'arrivo dell'intera evoluzione. Parla della materia che all'inizio ha una forma debole e diventa poi più complessa, elemento dopo elemento, specie dopo specie, evolvendosi in uno stato di vibrazioni sempre più elevate.

« Quando gli uomini primitivi fecero la loro comparsa, continuammo inconsapevolmente l'evoluzione conquistando gli altri, assorbendo energia in un lento progresso, finché qualcun altro ha conquistato noi, e noi abbiamo perso la nostra energia. Questo conflitto fisico è proseguito fino a quando abbiamo inventato la democrazia, un sistema che non ha messo fine al conflitto ma lo ha solo spostato dal livello fisico a quello mentale.

« Adesso », proseguì Julia, « stiamo diventando consapevoli di questo processo. Riusciamo a vedere come l'intera storia del genere umano ci abbia preparati per raggiungere l'evoluzione consapevole. Adesso siamo in grado di aumentare la nostra energia e avvertire coscientemente le coincidenze. Tutto ciò fa avanzare più velocemente l'evoluzione, e le nostre vibrazioni diventano ancora più elevate. »

Esitò un attimo, guardandoci entrambi, poi ripeté lo stesso concetto con altre parole: « Il nostro destino è di continuare a incrementare il nostro livello di energia. E con l'aumentare dell'energia sale anche il livello di vibrazione degli atomi del nostro corpo ».

Si interruppe di nuovo.

«Questo cosa significa?» le domandai.

«Vuol dire che diventiamo più leggeri e spirituali.»

Guardai Sánchez, il quale era intensamente concentrato su Julia.

«La Nona Illuminazione», riprese la donna, «dice che se noi uomini continuiamo ad aumentare le nostre vibrazioni, accadrà qualcosa di sorprendente. Interi gruppi di persone, una volta raggiunto un certo livello, diventeranno improvvisamente invisibili a chi sta ancora vibrando a livelli inferiori. Questi esseri superiori non si accorgeranno di essere scomparsi, ma si sentiranno ancora presenti – solo più leggeri – mentre quelli rimasti saranno certi di averli visti sparire.»

Mentre Julia parlava mi accorsi che il suo aspetto era mutato. Il suo corpo aveva cominciato ad assumere le caratteristiche del suo campo d'energia: i lineamenti erano ancora chiari e distinti, ma non era più un insieme di muscoli e pelle quello che vedevo. Julia sembrava fatta di pura luce, e brillava dall'interno.

Guardai Sánchez, e anche lui aveva lo stesso aspetto. Con mia grande sorpresa tutto sembrava luminoso: le piramidi, i sassi sotto i nostri piedi, la foresta che ci circondava e persino le mie mani. La bellezza che percepivo attorno a me era aumentata superando qualsiasi concetto di bellezza sperimentato in passato, superiore addirittura a quella vista sul crinale.

«Quando gli uomini cominciano a raggiungere il livello di vibrazioni che li rende invisibili», riprese Julia, «è segno che stanno travalicando la barriera tra questa vita e l'altro mondo, quello da cui proveniamo e dove ritorneremo dopo la morte. Questo attraversamento consapevole è la via mostrata da Gesù. Egli si è aperto all'energia diventando così leggero da riuscire a camminare sull'acqua. È andato oltre la morte proprio qui sulla terra ed è stato il primo ad attraversare, a espandere il mondo fisico in quello spirituale. La sua vita ha dimostrato come si possa riuscire a farlo: se noi ci colleghiamo con la sua stessa fonte, possiamo percorrere la medesima strada, passo dopo passo. A un certo punto ognuno di noi vibrerà a un livello abbastanza alto da arrivare fino in paradiso, mantenendo però la nostra forma.»

Mi accorsi che Wil stava camminando lentamente verso di noi. I suoi movimenti sembravano insolitamente aggraziati, quasi stesse scivolando.

«L'Illuminazione dice», riprese Julia, «che la maggior parte degli uomini raggiungerà questo livello di vibrazioni durante il terzo millennio, e le persone più collegate fra loro si uniranno in gruppi. Alcune civiltà hanno già raggiunto tale livello di vibrazione: secondo la Nona Illuminazione, i Maya hanno compiuto tutti insieme il grande passo.»

Julia si interruppe bruscamente. Alle nostre spalle si sentì il suono soffocato di voci che parlavano in spagnolo. Decine di soldati stavano entrando nelle rovine, diretti verso di noi. Con mia grande sorpresa mi accorsi di non essere per nulla spaventato. I militari continuarono ad avanzare, ma stranamente non nella nostra direzione.

«Non possono vederci!» esclamò Sánchez. «Stiamo vibrando a un livello troppo alto!»

Guardai ancora i soldati. Sánchez aveva ragione: camminavano a soli due metri di distanza, e non notavano la nostra presenza.

A un tratto sentimmo gridare qualcosa in spagnolo vicino alla piramide sulla nostra sinistra. I militari a noi più vicini si fermarono e corsero in quella direzione.

Cercai di capire cosa stava succedendo. Un altro gruppo di soldati stava uscendo dalla foresta. Reggevano due uomini per le braccia: Dobson e Phil. Assistere alla loro cattura mi sconvolse, e sentii che il livello della mia energia stava precipitando. I miei occhi cercavano Sánchez e Julia, e mi accorsi che anche loro stavano guardando i militari, in preda alla stessa angoscia.

«Aspettate!» mi sembrò che stesse gridando Wil dalla direzione opposta. «Non perdete la vostra energia!» Le sue parole, leggermente confuse, mi provocarono una strana sensazione fisica.

Ci girammo e vedemmo Wil che ci correva incontro. Aggiunse qualcos'altro, ma questa volta le parole erano del tutto incomprensibili. Mi accorsi che facevo fatica a concentrarmi. La sua immagine era diventata confusa, indistinta. Cercai di mettere a fuoco, incredulo, ma Wil scomparve del tutto.

Julia si rivolse a me e Sánchez. Il suo livello d'energia sembrava più basso ma lei appariva ancora sicura, come se ciò che era appena accaduto avesse chiarito le sue affermazioni.

«Non siamo riusciti a mantenere il livello delle vibrazioni», disse. «La paura le abbassa tremendamente.» Guardò il punto in cui Wil era scomparso. «La Nona Illuminazione dice che mentre alcune persone possono travalicare quel limite di tanto in tanto, un'estasi generale potrà verificarsi solo quando avremo abolito la paura e saremo riusciti a mantenere un livello sufficientemente elevato di vibrazioni in ogni situazione.»

La sua eccitazione aumentò. «Non capite? Noi non riusciamo ancora a farlo, ma il compito della Nona Illuminazione è quello di aiutarci a creare fiducia. Questa Illuminazione ci fa sapere dove siamo diretti. Tutte le altre creano un immagine del mondo di incredibile bellezza ed energia, e noi stessi aumentiamo il nostro collegamento vedendo tale bellezza e integrandoci in essa.»

«Più riusciamo a vedere la bellezza, più ci evolviamo. Maggiore è la nostra evoluzione, più elevate sono le nostre vibrazioni. La Nona Illuminazione ci mostra che la nostra percezione così acuita e le vibrazioni elevate ci porteranno in un paradiso che è già davanti a noi. Semplicemente, adesso non riusciamo a vederlo.

«Ogni volta che dubitiamo del nostro cammino o perdiamo di vista il processo, dobbiamo ricordare verso cosa stiamo evolvendo, qual è lo scopo della nostra esistenza. Noi ci troviamo qui per raggiungere il paradiso in terra, e adesso sappiamo come può essere fatto... come sarà fatto.»

Si interruppe un istante. «La Nona parla dell'esistenza di una Decima Illuminazione. Credo che questa riveli...»

Prima che potesse finire, un'esplosione di colpi d'arma da fuoco colpì i sassi intorno a noi. Ci gettammo a terra con le mani alzate. Nessuno di noi parlò quando i soldati si avvicinarono per sequestrarci i fogli. Ci separarono portandoci in direzioni diverse.

Trascorsi le prime settimane dopo la mia cattura in uno stato di terrore costante. Il livello della mia energia era in costante diminuzione. Subivo un interrogatorio dopo l'altro in cui venivo sottoposto a minacce continue.

Recitai la parte del turista all'oscuro di ogni cosa. Dopo tutto, era vero che non avevo idea di chi tra i sacerdoti fosse ancora in possesso di copie, o quanto fosse diffusa fra la popolazione la fede nel Manoscritto. Grazie alla mia perseveranza, la mia tattica ebbe successo. Col tempo i soldati sembrarono stancarsi di me, e mi passarono a un gruppo di autorità civili.

Questi altri ufficiali cercarono di convincermi che il mio viaggio in Perù era stato una follia fin dall'inizio, poiché, secondo loro, il Manoscritto non esisteva. Ripetevano che in realtà le Illuminazioni erano state inventate da un piccolo gruppo di sacerdoti allo scopo di istigare una rivolta. Mi dissero che ero stato ingannato, e io li lasciai parlare.

Dopo un po' le conversazioni diventarono quasi cordiali. Cominciarono a trattarmi come la vittima innocente di un complotto, uno stupido americano che aveva letto troppi romanzi d'avventura e che aveva finito per perdersi in una terra straniera.

Il livello della mia energia si era notevolmente abbassato, forse sarei rimasto vittima del loro lavaggio del cervello se non fosse accaduto qualcos'altro. Senza un motivo apparente venni trasferito dalla base militare a un edificio del governo nei pressi dell'aeroporto di Lima – lo stesso luogo in cui tenevano prigioniero padre Carl. La coincidenza mi fece riacquistare un po' di fiducia.

Stavo passeggiando nel cortile quando lo vidi, seduto su una panchina e intento a leggere. Mi avvicinai, cercando di nascondere la mia eccitazione nella speranza di non attirare l'attenzione dei funzionari governativi. Quando mi sedetti accanto a lui, Carl sollevò lo sguardo e mi sorrise.

«Ti aspettavo», disse calmo.

«Davvero?»

Appoggiò il libro, e vidi che il suo sguardo era colmo di gioia.

«Dopo che io e padre Costous siamo arrivati a Lima», mi spiegò, «siamo stati catturati e separati, e da allora mi trovo in prigione. Non ne capivo il motivo, poiché sembrava non succedere mai nulla. Poi ho cominciato a pensare a te, così ho immaginato che ti saresti fatto vivo.» Mi guardò con un'aria misteriosamente saggia.

«Sono contento di trovarti qui. Ti hanno raccontato cosa è successo alle rovine di Celestino?»

«Sì», rispose padre Carl. «Sono riuscito a scambiare due parole con Sánchez. L'hanno tenuto qui un giorno prima di portarlo via.»

«Sta bene? Sa forse cosa è successo agli altri? E lui, dove l'hanno portato?»

«Non sapeva nulla degli altri, e io non so cosa gli sia accaduto. Il governo sta cercando metodicamente di distruggere tutte le copie del Manoscritto, facendo passare l'intera faccenda per un grosso imbroglio. Immagino che tutti noi verremo screditati, e poi chissà cosa ci faranno.»

«E le copie di Dobson?» gli chiesi. «Sai se la Prima e la Seconda Illuminazione sono arrivate negli Stati Uniti?»

«Le ha il governo. Padre Sánchez mi ha raccontato che gli agenti del governo hanno scoperto dove erano nascoste e se le sono prese. A quanto pare gli agenti peruviani erano ovunque: fin dall'inizio sapevano tutto di Dobson e della tua amica Charlene.»

«Credi che quando il governo avrà finito non esisterà più nemmeno una copia?»

«Se qualcuna si salverà, sarà un vero miracolo.»

Mi girai, e sentii che l'energia appena ritrovata stava già svanendo.

«Sai cosa significa, vero?» mi domandò padre Carl.

Lo guardai senza rispondere.

«Significa», continuò, «che ognuno di noi deve ricordare esattamente cosa dice il Manoscritto. Tu e Sánchez non avete convinto il cardinale Sebastián a rendere pubblico il Manoscritto, ma almeno siete riusciti a trattenerlo finché la Nona Illuminazione è stata compresa. Ora deve essere diffusa, e tu devi collaborare alla sua diffusione.»

La sua affermazione mi diede un senso di pressione, provocando l'insorgere del mio dramma del controllo. Mi appoggiai alla panchina e distolsi lo sguardo. Il mio comportamento destò l'ilarità di Carl. Proprio in quel momento ci accorgemmo entrambi che alcuni funzionari dell'ambasciata ci stavano osservando dalla finestra di un ufficio.

«Senti», disse rapidamente padre Carl, «da questo momento le Illuminazioni devono essere condivise da tutti. Dopo aver sentito il messaggio e aver compreso la veridicità delle Illuminazioni, ogni persona deve trasmettere il messaggio a chiunque sia pronto a riceverlo. Per riuscire a collegarsi con l'energia gli uomini devono essere disponibili, così come devono parlarne e sapere che tutto ciò può accadere. In caso contrario l'intera razza umana rischia di regredire, fingendo di credere che la vita consista nell'avere potere sugli altri e nello sfruttare il pianeta. Se torniamo a comportarci così, non sopravviveremo. Ognuno di noi deve compiere il proprio dovere per diffondere il messaggio.»

Mi accorsi che i due ufficiali erano usciti dall'edificio e si stavano avvicinando.

«C'è un'altra cosa», continuò a bassa voce padre Carl.

«Quale?»

«Padre Sánchez mi ha riferito che Julia ha parlato di una Decima Illuminazione, che non è ancora stata trovata e nessuno sa dove sia.»

Gli ufficiali erano sempre più vicini.

«Ho pensato», riprese Carl, «che stanno per rilasciarti, e tu potresti essere l'unico in grado di cercarla.»

I militari interruppero bruscamente la nostra conversazione e mi scortarono all'interno dell'edificio. Padre Carl sorrise, mi salutò con un gesto e disse qualcosa che non riuscii a sentire. Infatti, appena aveva nominato la Decima Illuminazione io avevo pensato a Charlene. Per quale motivo pensavo a lei? In che modo era collegata all'ultima Illuminazione?

I due uomini mi costrinsero a impacchettare i miei pochi averi e a seguirli all'ambasciata. Con un'automobile messa a disposizione dal governo andammo direttamente all'aeroporto. Mi trovai così al cancello d'imbarco, dove uno dei militari mi sorrise a stento guardandomi attraverso un paio di occhiali molto spessi.

Il suo sorriso svanì quando mi porse il passaporto e un biglietto d'andata per gli Stati Uniti... dicendomi con un pesante accento peruviano di non tornare mai più.

RINGRAZIAMENTI

La stesura di questo libro ha coinvolto così tante persone che sarebbe impossibile nominarle tutte. Ma devo un grazie speciale a Alan Schields, Jim Gamble, Mark Lafountain, Marc e Debra McElhaney, Dan Questenberry, BJ Jones, Bobby Hudson, Joy e Bob Kwapien, Michael Ryce, autore delle cassette « Why is this happening to me again » e, soprattutto, a mia moglie Salle.

INDICE

Storia di un libro che è diventato un fenomeno

Dopo un tranquillo viaggio turistico in Perù, James Redfield, avvocato e psicoterapeuta infantile, scrive un romanzo d'azione filosofica e decide di investire tutti i suoi risparmi per stamparlo in proprio e distribuirlo nelle piccole librerie alternative. Uscito nel 1993 in sole 3000 copie, *La profezia di Celestino* diventa in poche settimane, grazie al tam-tam dei lettori entusiasti, un best-seller vendendo 100.000 copie. L'editore Warner per 800.000 dollari ne acquista i diritti e a fine febbraio 1994 fa una prima tiratura di 250.000 copie. In sole sei settimane escono nove ristampe... ed è in testa a tutte le classifiche americane.

Ben presto il libro viene venduto all'estero e pubblicato in Germania, Inghilterra, Olanda, Svezia, Finlandia, Norvegia, Danimarca, Francia, Spagna, Portogallo, Giappone, Brasile, Messico, Argentina, Australia, Nuova Zelanda, Grecia, Corea, Israele, Polonia e naturalmente in Italia da Corbaccio.

Nel frattempo l'autore prepara insieme alla scrittrice Carol Adrienne la *Guida alla profezia di Celestino*, prezioso manuale di supporto per ampliare la conoscenza contenuta in ciascuna delle Nove Illuminazioni della *Profezia*.

In tutto il mondo cresce l'entusiasmo e la voglia di approfondimento dei temi trattati nella *Profezia di Celestino* e si vanno costituendo gruppi di studio.

James Redfield comincia a pubblicare mensilmente una newsletter, *The Celestine Journal*, che contiene le sue riflessioni sulla rinascita spirituale del nostro pianeta e di ciascuno di noi, aprendo così un filo diretto con i numerosissimi lettori.

Intanto arriva in libreria il tanto atteso seguito della *Profezia*, *La Decima Illuminazione*: il grandissimo popolo della New Age può finalmente aggiungere un prezioso tassello in quel cammino di ampliamento degli orizzonti, un ulteriore passo per raggiungere la consapevolezza e per scoprire la propria missione nel mondo.

Si fa urgente anche la necessità di aiutare le persone in questo percorso e di nuovo con l'efficace collaborazione di Carol Adrienne, Redfield scrive anche la *Guida alla Decima Illuminazione*. In Italia, dove il successo del fenomeno Celestino è strepitoso, come nel resto del mondo, vengono organizzati seminari, conferenze, corsi di studio e approfondimento.

Per capire, con l'aiuto delle cifre, l'entità del fenomeno Celestino, basta dire che negli Stati Uniti fino ad oggi, *La profezia di Celestino* ha venduto oltre otto milioni di copie. In Italia ha superato le 750.000 ed è alla trentacinquesima edizione. *La Decima Illuminazione* ha superato le 250.000 copie, la *Guida alla profezia di Celestino* e la *Guida alla Decima Illuminazione* hanno raggiunto le 150.000 copie.

Nel 1998 è uscita *La Visione di Celestino*, manuale teorico della nuova spiritualità.

Attesissimo, è in arrivo a febbraio 2000, il nuovo romanzo: *Il segreto di Shambhala*.

Finito di stampare
nel mese di dicembre 1999
per conto della Casa Editrice Corbaccio s.r.l
dal Nuovo Istituto d'Arti Grafiche - Bergamo
Printed in Italy

Mandala

Periodico mensile, anno II, n. 1
Registrazione n. 13 del 17.1.1998 presso il Tribunale di Milano
Direttore responsabile: Stefano Mauri